ジョセフ・ルドゥー

存在の四次元

意識の生物学理論

高橋 洋訳

みすず書房

THE FOUR REALMS OF EXISTENCE

A New Theory of Being Human

by

Joseph E. LeDoux

First published by The Belknap Press of Harvard University Press, 2023

本書をナンシーと、彼女とのこれまでの四三年間の生活に捧げる

きみの心の地図に、針路を刻む
力強い風を受け、その深くまで漕ぎ出した
きみの胸の温度が、ぼくを寒さから守る
きみの意志の流れをつかまえて、その魂にたどり着いたんだ
——「きみの心の地図」ザ・アミグダロイズ

存在の四次元　目次

凡例

・本文に付した＊は、訳者による注である。
・訳者による補足は、〔　〕で示した。

まえがき

私は本書を、新型コロナ感染症のパンデミックがピークを迎え、ニューヨーク州北部のキャッツキルに籠って難を逃れていた頃に着想した。二〇二二年の夏には草稿をブルックリンの自宅に持ち帰り、その年の秋にロンドン・スクール・オブ・エコノミクスに招かれた折にまとめあげ、感謝祭の週の週末に提出した。二年半の完璧に衛生に配慮した歳月を経たあとで本書が発刊の運びとなったちょうどそのとき、気の緩みからかコロナに感染してしまった。

私は、あらかじめスケジュールを立てて本を執筆しているわけではない。とにかく書くことが好きで、暇を見つけては執筆に勤しむようにしている。そうやって頭に思い浮かんだことを見つけては書いているのだ。自分が探究しているテーマを前もって徹底的に調査しておく几帳面な著者であろうが、目の前にある素材に飛びついて、執筆中に自分の考えを適宜整理していく私のような著者であろうが、書き上げられた文章は、おのおのの言葉、語句、概念をいちいち吟味したうえで生み出されるわけではない。

本書を読み進めれば、その点こそが、私が語るストーリーの鍵であることが見えてくるはずだ――その鍵とは、「自分の心に関する意識的な理解は、非意識的なプロセスから自然に流れ出てくる解釈、すなわち物語《ナレーション》である」というものだ。これは、フロイト流の暗い深層の無意識を指しているのではない。それによって私が念頭に置いているのは、「あらゆる意識的な思考には、非意識的な、あるいはもっと正確に言えば前意識的な認知処理が先行している――つまり意識的な思考はそれらに依拠する」と述べた、先駆的な心理学者で脳研究者のカール・ラシュリーの考えから受け継いだ、はるかに日常的なプロセスである。

本書の目的の一つは、意識がいかに脳の非意識的な処理に依存しているかを明らかにすることにあるが、私はそこに留まらず、はるかに大きなストーリーを紡ぐつもりだ。そのストーリーとは、私たちの生物的構成は神経的構成の基盤をなし、神経的構成は認知的構成を基礎づけ、さらには意識的構成を可能にしているというものだ。とはいえ私には、意識を認知に、認知を脳に、そして脳を生物学的特徴に還元するつもりはない。そうではなく本書で展開されるストーリーの主旨は、生きた存在である人間について言えることのすべてが、生物的存在、神経生物的存在、認知的存在、意識的存在の相互作用に包摂されるという点を明確にすることにある。つまり人間は、これら四つの存在次元で構成されているのだ。

あらゆる生物、あらゆる有機体が生物的に存在している。しかしその一部、つまり動物は神経系を進化させ、神経生物的に存在している。さらにそのなかには、思考し計画を立案する能力を持ち、よって認知的に存在する動物もいる。また、認知的有機体のなかには意識的に存在している動物もいる。私たちの誰もが、相互に絡み合ったこれら四つの存在次元に包摂されているのである。

すばらしい書き手で編集者でもある私の妻ナンシー・プリンセンタールに感謝の言葉を捧げたい。彼女の鋭い目と知性は、本書の執筆に大いに役立った。息子のマイロ・ルドゥーは、動物の意識やＡＩの意識など、主要なトピックに関して鋭い問いを投げかけてくれた。嬉しいことに、再びロバート・リーと仕事をすることができた。彼には前々著の『不安（*Anxious*）』でイラストを担当していただいたが、本書でも独創的な図を描いてくれた。

本書の内容に関して語り合ったり、草稿を読んでくれたりした私の同僚たちに大いに感謝している。タイラー・フォーク、リチャード・ブラウン、マティアス・ミシェル、ハクワン・ラウ、スティーヴ・フレミング、ケネス・シャフナー、ニック・シア、デイヴィッド・ローゼンタール、オーウェン・フラナガン、フレデリク・ド・ヴィヌモン、カリン・ルーロフス、そしてマックス・ベネットの諸氏である。また、カリナ・クリストフ、ナサニエル・ドー、バーナード・バレイン、ニッキー・クラウトン、ソンギャオ・レン、ピーター・ミネケ、ポール・シセク、トッド・プリウス、スティーヴ・ワイス、ジョン・カース、シャラン・ランガナス、オヌル・ギュントュルキュン、ブライアン・キー、そしてデボラ・ブラウンの諸氏からは、それぞれ特定の主題に関して助言をいただいた。

ハーバード大学出版局のアンドリュー・キニーと知り合い、ともに仕事ができたことはとても光栄であった。彼の洞察力と、簡潔さを求めるプレッシャーのおかげで、はるかに良い本に仕上げることができた。ハーバード大学出版局のキャスリーン・ダミーとクリスティーン・ソースタインソンにも、執筆の過程でお世話になった。校正者のジュリー・カールソンにはすばらしい仕事をしていただいたが、彼女と一緒に仕事をすることは喜びでもあった。一九九六年以来、私の代理人を務めているブロックマン社のカティンカ・マトソンは、いつも通り、最初から最後まで私を手助けしてくれた。

ニューヨーク大学は、一九八九年以来、私の学問のすばらしい拠点になっている。大学と、所属部門である神経科学センターからは、さまざまなあり方で支援をしていただいている。科学者かつ物書き、そしてミュージシャンとして活動できているのは彼らのおかげである。

ウィリアム・チャンは二〇年以上にわたって私の個人的なアシスタントを務めている。彼がすべてを可能にしてくれた。同じく数十年にわたってスタッフのメンバーを務めているクロード・ファーブとミアン・ハウは、言葉では言い尽くせないほどの貢献をしてくれた。私のいくつかのウェブサイト——本書のウェブサイト*を含む——の製作に貢献してくれているミアンには大声で感謝の言葉を述べたい。

科学に関する本を書くためには、書く対象になる科学を知っていなければならない。しかし私の最初の三冊の著書（『エモーショナル・ブレイン——情動の脳科学』、『シナプスが人格をつくる——脳細胞から自己の総体へ』、『不安』）とは異なり、最近の二冊（『情動と理性のディープ・ヒストリー——意識の誕生と進化40億年史』と本書）はより概念的である。そのことは、最近の二冊が私の研究とは無縁であることを意味するのではない。私の著書はすべて、数十年にわたってわが研究室で私と研究をともにしてきた多くのすばらしい研究者たちによってなし遂げられた実証的な発見なくしては生まれなかったはずだ。彼らの一人ひとりに感謝の言葉を捧げたい。

＊ https://www.cns.nyu.edu/ledoux/The-Four-Realms-of-Existence.html

存在の四次元

はじめに――あなたは誰？

一九七六年のある日の午後、私はバーモント州ベニントンで、キャンピングトレイラーのなかでポールという名のティーンエイジャーと一緒に座っていた。私は大きな声で「誰（who）」と言い、それと同時にボタンを押すと、プロジェクターのスクリーンの左側に、「あなたは？（are you?）」という言葉が一瞬映し出された。すると少年の左手は、スクラブル*の文字駒の山に向けて伸びていった。彼は山から四つの駒を取り出し、それらを順に並べて「Paul」という単語を綴った。

ポールはわれわれの業界ではPSとして知られているが、この研究はニューヨーク州立大学ストーニーブルック校で、博士研究の一環としてマイケル・ガザニガの指導のもとで私が行なったものだった。マイクは私より一〇歳ほど年長にすぎなかったが、カリフォルニア工科大学で博士研究として行なった、いわゆる分離脳患者の研究によって、一九六〇年代には科学界のスターになっていた。当時はてんかんの症状を緩和する抗てんかん薬がなかったために、てんかん患者は脳の両半球を離断する手術を受けることがあ

*単語を作成して得点を競うボードゲーム。

った。脳の二つの半球をつなぐ神経線維、脳梁を切断することで、てんかん発作が治療しやすくなったからだ。

一九七四年の秋に私が初めてストーニーブルック校に通うようになった頃は、マイクは私の指導教官ではなかった。マイクが私の指導教官になるきっかけになったのは、学友の一人が私に、マイクが二年前に発表した「脳はひとつ——心は二つ?」というタイトルの論文を見せてくれたことだった。その論文に魅了された私は、幸運にもマイクの研究室の一員になることができた。ちょうどその頃、何人かの患者たちが、ダートマス医科大学院に所属する神経外科医の執刀する「分離脳」手術を受けていた。私がストーニーブルック校に通うようになった一年目に、マイクは先述したキャンピングトレイラーを手に入れ、われわれはそれを移動実験室に改造した。その後数年にわたり、私と別の二人の学生は、マイクと一緒にニューイングランドにたびたび出掛けては、「分離脳」手術を受けた患者を対象に実験を行なっていたのだ。

マイクは博士研究で、脳が離断されると、右半球に提示された情報は右半球に留まったままになることを示した。それを示した実験は、スクリーンの中央に表示された小さな点に両目の焦点を合わせるよう被験者に求めるというものだった。目から脳に至る神経経路の構造のゆえに、スクリーンの左側からの入力刺激は脳の右半球に、そして右側からの入力刺激は左半球に送られる。また言語機能に関しては左半球が優位を占めているために、患者は右半球のみに提示された情報については語ることができない。たとえば、右半球だけにリンゴの絵を提示すると、患者は「何が見えますか?」と尋ねられても、「何も見えません」と答えるだろう。というのも発話能力を持つ左半球が、その情報を処理できないからだ。しかし優先的に右半球に結合している左手は、いくつかの物体が入った袋の中からリンゴを取り出すことができた。

マイクの博士号研究は、二つの脳半球のおのおのに存在する、合わせて二つの心が、頭部に並行して宿っている可能性を示した。しかし当時は、それを裏づける決定的な証拠がなかった。おしゃべりな左半球と少しでも会話すれば、完全な人間を相手にしているという印象を受けるだろう――当人の口から意見、信念、思い出、怖れ、希望などについて聞くことができるのだから。ところが右半球と会話するとなると、そこに有感性を持つ存在が宿っているか否かがはっきりしなくなる。というのも、右半球との会話のほとんどは、左手が選んだ物体をもとに、被験者が何を見たかを判断するという手順にならざるをえないからだ。

ポールを対象にスクラブルを用いて行なった研究は、分離脳患者の右半球には意識的な自己の感覚が備わっている可能性があることを示した。彼の右半球は、自分がポールであることを知っていたのだから。これは些細なことではない。人の名前は自己同一性《アイデンティティー》の主たる標識であり、それに自己認識の多くがかかっているからだ。

しかしポールは、尋常ではなかった。分離脳患者はふつう、左半球にしか言語能力を備えていない。だがポールは、左半球でしか会話はできなかったにせよ、どちらの半球でも話し言葉や書き言葉を理解することができたのだ。だからわれわれは、彼の右半球に「あなたは誰？」と尋ねて、その答えを得ることができたのである。質問の一部を話し言葉で、また残りをスクリーンに視覚的に提示した理由は、一瞬のうちに処理できる情報の量には限りがあるからだ。その結果、「誰」という言葉は両半球が聞き、「あなたは」という文字は右半球のみが見ることになったのである。

ポールを被験者とした別の研究では、われわれはその種の単純な方法を用いて、彼の右半球が未来を思い浮かべる能力を備えていることを示せた。人生の目標を尋ねると、右半球の行動主体たる彼の左手は、「カー・レーサー（race car driver）」と綴ったのだ。驚いたことにわれわれとの会話では、彼の左半球は

「設計者になりたい」と語っていた。同一の脳から二つの異なる答えが返ってきたことは、驚嘆すべきことだと言わざるをえない。

また別の研究では、われわれはポールに二枚の絵を見せた。二枚の絵は、おのおのスクリーンの反対側に表示された。そして、見た絵と一致する絵を指で差すよう求めた。* たとえば左半球がニワトリの爪を、右半球が雪景色を見たとする。すると彼は、それに反応して、左手がシャベルの絵を、右手がニワトリの絵を指した。その理由を尋ねられた彼は、「ニワトリの爪を見たからニワトリを指しました。また、ニワトリ小屋を掃除するにはシャベルが必要です」と答えた。つまり彼の左半球は、右半球が取った行動をそれ（左半球）が持つ知識に合致させるストーリーをひねり出し、ポールという全人格が取った行動を理解可能なものにしたのである。

その夜われわれは、一日の仕事を終えるといつも通っていた、バーモント州ベニントンにある、「ブラッスリー」という名の小さな洒落たバーでジャックダニエルを啜っていた。そのとき交わした会話を通じて、人は誰も、ストーリーを紡ぐことで自分自身や周囲の世界を理解しているという考えが生まれた。この考えは、一九七八年の共著『二つの脳と一つの心――左右の半球と認知』〔邦訳は一九八〇年〕の主題として結実することになる。

ポールの研究以来、私は、とりわけ情動や記憶との関係において、脳内でいかに意識的経験が生じるのかという問いに関心を抱き続け、何冊かの著書を通じて、それに関する最新の見方を要約してきた。しかし本書と前著の『情動と理性のディープ・ヒストリー』には、特別な関係がある。というのも、前著のタイトルにある「ディープ・ヒストリー」とは、「これまでの私たちのあり方」――いかに人間は進化してきたか――に関するものであり、本書は「現在の私たちのあり方」――人間として生きるとはどのようなことなのか――に関するものだからだ。

宴の内容

本書は五部から構成される。第I部は、以後の部の概観を示す。そこでは、人間の本質を規定する手段として古来より深く根づいている「自己（self）」や「人格（person）」の概念の意義に関する問いが提起される。その際私は、このトピックに関する実証研究によって得られた有益な情報を再考し、それを哲学的原理ではなく科学的原理に基づいた新たな枠組みのもとに置き直す。とりわけ、人間であるとはどのようなことかをめぐるあらゆる問いが、生物的、神経生物的、認知的、意識的な存在次元という観点から理解できることを見ていく。この観点は、思考し、計画を立案し、意思決定を下し、内的思考や感情を経験する能力を持つ、神経系を備えた生物的存在として人間を見ることを可能にする。

その後の四部は、これら四つの存在次元に分け入っていく。まず、すべての生物は生物的に存在しているが、神経系を備え神経生物的に存在する（動物のような）生物もいることを示す。それに加え認知的に存在する動物や、意識的に存在する動物もいる。とはいえ私の主要な目標は、進化の系統樹に登場する生物のさまざまな存在様式を特定することにあるのではない（その目標もわずかながらあるが）。本書の焦点は、私たち人間、および人間であるとはどのようなことかを説明してくれる四つの存在次元にある。

本書が終わりに近づき、宴が終わる頃には、再びポールの研究の話に戻り、人は誰も、自己の経験を自

＊後者の指で差す絵はカードで提示されている。

分自身や他者に語ることで自己を認識しようとするという見方をもう一度検討する。しかしそこに至るには、またそれを十全に理解するためには、まず四つの存在次元について十分に理解しておく必要がある。

最後にもう一点指摘しておくと、私は、専門家と一般読者の双方を対象に本書を執筆した。したがって本書は、「読みやすさ」を第一に考えて、各章は短く簡潔で、具体的な論点に的が絞られている——ただし、その原則からはずれる章がいくつかある。また本書には、巻末の参考文献を除けば、脚注や巻末注のたぐいは加えられていない。参考文献に関しては、本書のウェブサイト*にも掲載したので、そちらも参照されたい。

* https://www.cns.nyu.edu/ledoux/The-Four-Realms-of-Existence.html

I　人間の存在次元
Our Realms of Existence

1　人間とは何か？

古代から、人は身体と心をそれぞれ別の存在領域として考えてきた。つまり、身体は物質の領域に属し、痛みや苦痛の源泉をなすと、また心は精神の領域に属し、知覚、記憶、思考、信念、感情、想像力の源泉をなすと見なされてきた。

今日、多くの人々は人間の本質に関わる心的な側面を、脳と呼ばれる身体の部位に宿り、したがって物質的、身体的な側面の一部をなすものとして考えている。それでも、心の物質性をほんとうに信じている人々でさえ、心には何らかの特別な性質、すなわち脳を含めた他の身体システムにはない特質が備わっていると感じることがある。たとえば、私たちは知覚、記憶、思考、情動と呼ばれる心の状態に関する直接的な知識を持っていても、消化、呼吸、心拍、そして多くの行動を制御している脳内のプロセスに関する知識は欠いていると考えているのだ。ならば、残りの身体領域とはまったく異なるように思われる、人間の本質を構成する心の領域とはいったい何なのか？

心が脳に依存するのとまったく同じように、身体の一部をなす脳は、身体の他の構成要素《コンポーネント》が持つ生命維持機能に依存している。心臓の鼓動が止まったり、肺がつぶれたりすれば、脳を含めた他のすべての身体器官が機能を停止し、生命を保てなくなるだろう。身体から生命が失われれば、脳は機能しなくなる。脳が機能しなくなれば、心も存在しなくなる。

ならば、いかにして人は、このような物質性に規定された生物存在から、自分がかつて生まれ、たった今生きており、いつの日か死を迎えることを知る存在になるのか？

個人性をめぐるその種の問いに対する標準的なアプローチは、「自己」や「人格」などといった心理的な概念や構築物に焦点を絞ることだ。これらの概念や構築物は、長らく科学的な理論や研究とともに、人間であるとはどのようなことかをめぐる哲学的な考察を導いてきた。ところが、自己や人格とはいったい何を指すのか、それどころかそれらが、数々の心理学的に興味深い現象をひとことで表す包括的なレッテルではなく何らかの実体なのかに関してさえ、見解の一致がほとんど得られていない。それらの問いに明確に答えることが重要である大きな理由の一つは、それによって心の障害やその治療に関する見方が左右されるからである。

何を探しているのかがわからなければ、何も見つけられない

物理学、人工知能、遺伝学などの分野における、ここ数十年の科学的発見は、人間の持つ生物学的システムの機能に関する新たな考えをもたらしてきた。人間の本性に関する深く根づいた既存の見方に挑戦するこれらの発見は、認識論的な空隙を生み出した。そのおもな理由は、「人間の本質」に関する考えが、古代に提唱されたものを含む伝統的な見方からあまり進歩していないからだ。

事実、心は長らく哲学の領域に属していた。しかし、一九世紀後半における心理学の誕生とともに、心

は科学的な主題として扱われるようになる。多くの心理学者たちが、人間や他の動物における内面の研究に、頻繁に生理学の実証的方法を適用するようになったのだ。しかし、客観的な観察が不可能な心の領域に関する哲学的な概念は、科学の方法論に簡単には馴染まないと結論し、単純な解決方法を提起する科学者もいた――彼らは客観的な測定が不可能な、とらえどころのない心の領域を一掃し、行動を基軸とする心理学を築こうとしていた。行動主義と呼ばれるこのアプローチは、とりわけアメリカで、数十年にわたって学問分野としての心理学を支配することになる。

その間、心の探究は心理学以外の分野、とくに精神医学で隆盛する。精神医学ではジークムント・フロイトが心理障害を治療するにあたって心の領域を重視していた――それ以外によい治療方法があるだろうか？　しかし二〇世紀半ばになると、精神医学に対する、より厳密な科学的なアプローチ、すなわち有害な化学作用によって引き起こされた脳疾患の状態として心理的な問題をとらえるアプローチとして、精神薬理学が登場する。この分野の研究の多くは、行動主義の背景を持つ科学者たちによって進められていた。そこには、人間の心理的な問題を治療するための薬は、ラットやマウスを始めとする動物の行動反応に対する効果に基づいて発見することができるという想定があった。「心の障害」という特異な用語は維持されていたものの、心的症状より行動異常のほうが強調されるようになり、その状況は現在でも変わっていない。

一九五〇年代や六〇年代に考案された治療法を凌駕する治療法を考案しようとする試みは、繰り返し失敗してきた。しかし、それに関与する科学者は増え続けた。彼らの考えによれば、問題は、治療薬の発見は間近であっても、薬理学的に厳密な検証が行なわれていないことに、あるいは関連する脳の部位の解明が十分になされていないことにあった。彼らは、遺伝学の知見を取り入れた新薬の開発などの新たなテクノロジーと、「スマートドラッグ*」の開発や、脳画像法という新たな技術を組み合わせれば、遅れを取り戻せると確信していた。ところが、そうは問屋が卸さなかった。なぜか？　私見では、客観的な測定が可能な行動反応とは、せいぜいのところ心の障害と呼ばれる心の状態に相関するにすぎないからだ。問題は技術的な限界よりも、人間とは何かに関する、科学に基づく厳密な理解を欠いていた点にある。

デジタル革命は、私たちに類似の教訓を与えてくれる。哲学者のスーザン・シュナイダーは、著書『あなたは人工物——AIとあなたの心の未来（*Artificial You: AI and the Future of Your Mind*）』で、心／脳の増強と人工知能に関する技術的な進歩に依存するようになればなるほど、自己、意識、心に関する理解の不足のせいで多くの苦痛がもたらされ、人類の種としての存続すら危うくなるだろうと主張している。ChatGPT や Bing の卓越した能力は、人間性《ヒューマニティー》に対する潜在的な脅威への懸念をただちに喚起する。

私たちの存在次元

「自己」や「人格」などといった心的構築物の研究によって発見されてきたさまざまな現象のおかげで、人間の本性に対する重要な洞察が得られたことに間違いはない。しかし、人間の本質に関する科学的な理解が混乱していたとしたらどうだろう？　とりわけこれらの心的構築物に関する概念が、実証主義の名のもとで得られた実証的な発見が依拠すべき概念的枠組みとして不適切だったとしたらどうか？　何世紀も前の、この古びた概念には何かを解明するより隠蔽する傾向があるため、これらの現象は、最新の科学の

＊脳の機能、あるいは認知能力や記憶力を高めるとされている薬。

概念や実証研究に依拠する、新たな概念的枠組みに基づいて捉えたほうが有効かもしれない。

人間の本性はさまざまな観点から述べられてきたが、私はこの永遠の謎に切り込む新たな手段を手にしている。私の考えでは、人間は、進化的な過去を反映し、現在の存在様式を説明することのできる、互いに絡み合いつつ並存する四つの基本的な存在次元の複合体として特徴づけることができる。

私たちは、人生のあらゆる瞬間（とりわけおとなになってから）を通じて、四つの存在次元――生物的次元、神経生物的次元、認知的次元、意識的次元――の内部に存在している。しかし、それぞれの次元によって支えられる存在の種類は互いに異なる。四つの次元とも、根底では生物的である。しかし神経生物的次元は生物的次元を、認知的次元は神経生物的次元を、意識的次元は認知的次元を超越する。以上四つの次元は合わせて、自己や人格などの概念で示される側面を含めて人間の本質の何たるかを説明してくれる。

これら四つの存在次元から生じる複合的な組織の状態は、「次元のアンサンブル」として考えることができる。そしてこの複合体は、その瞬間に各次元が関与している活動に応じて一生を通じて刻々と動的に変化していく。

ここまでの短い説明は何かに答えるというより、問いを喚起するたぐいのものであることは、十分に承知している。だが、問題を明確化する前に、その解決策を提示することなどできはしない。したがって続く数章では、「自己」や「人格」という概念には、人間の本質の説明として致命的な欠陥があることを検討していく。そしてその作業を通じて、四つの存在次元、ならびにそれによって私たち一人ひとりの内部に形作られる次元のアンサンブルに深く分け入っていく準備を整える。

2　「自己」を疑う

読者の多くは、人間には脳と身体を貫流する自己が宿っているという考えを全面的に支持するのではないか。しかし「私たちには自己が備わっている」と言うとき、私たちは実のところ、何が備わっていると考えているのだろうか？　また「備えている」とは、「所有している」という意味なのか？　もしそうであれば、私たちは所有されるもの（自己）であるとともに、所有者（自己を所有する実体）でもあるということにならないか？　この議論はきわめて哲学的であるように響くだろうが、それには確かな理由がある。

自己の誕生

古代のギリシャ人は、「汝自身（thyself）を知れ」という言葉を着想したとよく言われる。しかしクリストファー・ギルによれば、「古代ギリシャ語（やラテン語）には、〈自己（self）〉に明確に対応する語彙は存在しない」のだそうだ。それにもっとも近い言葉は、「人（person）」や「性格（character）」を意味していたらしい。「自己（self）」という言葉が見られるようになったのは、古英語からである。それは他のヨーロッパ北部の言語を経由して成立したもので、「自分自身の人格」を表現する手段として用いられていた。一四世紀に入る頃には、「自己」は、文の主語と目的語が同一の人物や物体を指す場合に使われる再帰代名詞（myself, herself, himself, itself など）の一つとして用いられるようになっていた（「私は私自身を非難する（I blame myself）」「彼自身こそが称賛に値する（he, himself, is the one who deserves credit）」など）。

今日、少なくとも西洋文化のもとでは、「自己」という言葉は一般に、人間を一人称的な視点を持つ意識的な存在にする特徴を指す。その種の思考様式は、ルネ・デカルトの著作を通じて一七世紀に形作られた。博識家だったデカルトは、哲学者であったばかりでなく数学者や物理学者でもあり、心理学や神経科学が当時存在していれば、これらの分野でもすぐれた業績を残したであろうことに疑いの余地はない。

デカルトは、心を非物質的な不死の魂と見なしていた。彼にとって心は（神と結びついた）霊的なものでもあり、心的なもの（自分自身に関する意識的な思考を含めた思考の場所）でもあった。「*cogito, ergo sum*（われ思う、ゆえにわれあり）」という有名な言葉によって、彼は個人としての存在を意識的な思考に結びつけ、この意識を魂と同一視した。彼が描いた構想では、意識的な心は行為主体性を持つと――つまり物質的な身体の行動をコントロールする主体であり、よって最後の審判の日における審判の対象になると――考えられていた。身体的に存在しているだけの他の動物は意識的な行為主体性を欠き、天国にせよ地獄にせよ死後の生とは無縁だった。

デカルトが活躍していた時代から数十年が経過した頃、ジョン・ロックは個人の中心には非物質的な魂ではなく継時的に存続する意識的な自己が存在すると主張して、キリスト教世界を揺るがせた。ロックの立場の鍵は、今日の自分が昨日の自分と同一であることを人はいかにして知るのかという問題に対する彼独自の考えに見出すことができる。ロックが暮らしていたイングランドでは、自己同一性《アイデンティティー》は社会的な地位に基づいていた。それに対してロックは、「自己同一性は継時的な自己の連続性に由来する」と主張した。そしてそれは、思考を過去に巡らせる――つまり意識的に想起された記憶を介して、現在の自己と過去の自己を同一の自己として確立する――ことで達成されたのである。

ロックはまた、身体、ならびにすべての行動能力や心的能力を包む「人間の構成」という概念を提起している（前述の「次元のアンサンブル」という概念はロックの哲学的な概念に似てはいるものの、彼が知ることのできなかった、厳密に生物学的、心理学的に特徴づけられた現象に基づいている）。古代ローマのキケロ同様、ロックは個人が異なる人格《ペルソナ》を持つ――さまざまな状況のもとで、本人がそのとき何を意識しているかに応じて異なる存在様式、異なる自己を持つ――可能性を考慮に入れていたのだ。

一八世紀になると、自己の概念はさらに精緻なものになっていく。たとえば道徳主義者で主教でもあったバトラーは、二種類の自己――冷静で落ち着いた自己（自己の関心に左右されないその瞬間の感情）と情熱的、もしくは感覚的な自己（自己の関心に由来する感情）――について語っている。近代経済学の父と呼ばれる哲学者アダム・スミスも、「私は、自己をいわば二つの人格に分ける」と述べ、バトラーと類似の境界を設けて自身の行動の探究について記している。アダム・スミスはこれら二つの自己を、審査官と判事と呼んでいる。また自己を社会的な領域に持ち込み、自分自身の他者との関係を自己との関係に対応するものと見ていた。その後アレクサンダー・ベインは、「私たちは自分の思考を、それが他者のものであるかのごとく、〈愛情ある暖かいまなざし〉と〈やさしい感情〉をもって見る」と書いた。

バトラーはまた、人間の本性の正常性を維持する監視システムの中枢として自己を捉える概念を提起している（この考えは、今日の認知科学に広く浸透している）。そのため心の病や犯罪性などの逸脱は、監視の失敗、したがって自己の脆弱さの現れと考えられるようになった。

一八世紀になると、自己に関する語彙は、「自己の価値（self-worth）」「自己肯定（self-esteem）」「自己意識（self-conscious）」「自己愛（self-love）」「自己称賛（self-praise）」「自尊心（self-pride）」「自己完結（self-contained）」「利己心（self-regard）」「独立独行（self-made）」「自己利益（self-interest）」「自信（self-confidence）」「自己認識（self-aware）」「自己監視（self-monitoring）」「自己陶酔（self-involved）」「自己のケア（self-care）」「利己的（selfish）」などといったように日常言語のなかで増えていた。以上の言葉は、自己と呼ばれる何らかの実体、あるいは事物が存在するという考えを強化した。

非物質的な魂というデカルトの概念は、個人性や自己責任の基盤に魂を据えるキリスト教の伝統を受け継ぐものだった。そして自己という新たな言葉を手にした庶民は、独立した生命と選択権を持つ自律的な実体（行為主体性と責任を持つ実体）としての「私たち自身（themselves）」という、より包括的な観点を持つようになった。

科学的な自己

ロックはデカルトに比べ、自己が物質的か、非物質的かという問いには関心を抱いていなかった。それより、自己がいかに意識によって構成されるのかに関心を抱いていた。彼が言う自己は、デカルトの魂とは異なり、他の自然物と同様に経験的に知ることを可能にする性質を帯びていた。このロックの見方によって、意識的な自己は科学の探究の対象になりうるという考えの種が蒔かれたのだ。

しかしロックの考えを実際に追求する科学的な試みは、一九世紀後半になるまで出現しなかった。自然科学の方法論、特に生理学が、心に関する哲学的な問題、とりわけ意識の問題に適用されるようになったのはその当時のドイツにおいてであり、その結果実験心理学という分野が誕生した。

科学的志向を持つこれらの心理学者たちが採用した主たるアプローチは、哲学者たちが意識の分析に用いていた方法と同じもの――内観――であった。ドイツの心理学者たちがそこにつけ加えたものとは、内観の方法とその観察結果を記録する方法の両方に対して厳密なルールを適用して、得られた結果を科学的なデータとして扱うための方法であった。

アメリカにおける新たな心理学の開拓者の一人は、ウィリアム・ジェイムズであった。哲学と生理学の両方の訓練を受けていた彼にとっては、意識の実証研究はごく当たり前のものだった。彼は心理学に対して重要かつ色褪せることのないさまざまな貢献をしており、そのほとんどは一八九〇年に刊行された二巻からなる教科書『心理学原理（*Principles of Psychology*）』に記述されている。この本には、一九世紀後半になされた心理学の業績が余すところなく取り上げられているが、さらに重要なことに、のちの心理学者たちによって検証されることになる多くの洞察が含まれている。

ジェイムズの教科書には、自己に関する記述がかなりある。たとえば彼は、観察者と観察対象を分ける、当時出現しつつあった伝統を継承した。そこでは経験する実体（観察者）である「主格の私（*I*）」と、経験の対象になる実体（観察対象）である「目的格の私（*me*）」が区別して捉えられた。また、人は意識的な心について語る際にこれらの人称代名詞を使いたがるが、無意識や身体について語る際には「それ（*it*）」のような非人称代名詞を使うと指摘した。今日の司法はこの伝統を受け継いでおり、意図した意識的な行動には責任が問われるのに対し、――一時的狂気を根拠にした弁護のように――意識的な意図なくして生み出されたように見える行動は罪に問われないことがある。

ジェイムズにとって、自己には大きく分けて四つの種類があった。つまり、物質的な自己（身体的特徴のみならず、家族、衣服、家屋、銀行口座、ヨットなどの所有物も含む）、社会的な自己（社会的な状況に応じて異なる自己を装うなどといった他者との関係）、精神的《スピリチュアル》な自己（道徳基準などの内的思考）、純粋な自我《エゴ》（「暖かさと親密さ」で自分の思考を認識すること――愛情ある暖かいまなざしとやさしい感情で自分の思考を見るというベインの言葉を思い出されたい）――の四つである。なお、ジェイムズの言う「精神的な自己」は、宗教や死後の生に対する関心を含む彼の形而上学的な傾向を反映している。第Ⅱ部で見るように、「生気論者」と呼ばれる一九世紀の生物学者のあいだでは、精神的という観点と科学的という観点が矛盾なく並存していた。生命は、ときに「エラン・ヴィタール（生命のインパルス）」とも呼ばれる何らかの非物質的な実体のおかげで存在していると、彼らは信じていたのだ。

一九二〇年代には、意識的な自己や他の心の諸側面の探究は脇に置かれる――実質的に禁止される――ようになり、その後数十年間、行動主義者が支配するようになる。行動主義者は、内観している本人以外には誰にも観察できないという理由で、意識的な心が人間の心理に果たしている根本的な役割を否定した。行動主義者の主張によれば、心理学者は実験者であるとともに実験の対象であってはならなかった。同様に彼らは、内観している本人でさえ観察することのできない無意識的な心をめぐるジークムント・フロイトの見方も否定した。行動主義者の観点からすると、心理学は他の科学分野と同様、観察や測定が可能な変数、心理学で言えば刺激と反応に基づいていなければならなかったのだ。

二〇世紀半ばにおける認知科学の登場は、心理学に対する行動主義者の支配を弱体化させ、実のところ心理学に心という概念を取り戻した。しかしそれは、心理学の創始者たちが関心を抱いていた自己を意識する心と同じではなかった。認知的な心は、主観的な経験を作り出すシステムというより、情報処理システムとして描かれたのだ。ある意味で無意識的ではあったものの、それにフロイトが与えた深い意味はなかった。認知における無意識的な側面はおもに、顕在的な意識的内容なくして背後で心や行動を支えるプロセス――象徴《シンボル》を操作することで表象を生成するプロセス――として枠づけられた。認知科学は反意識の科学ではなく、意識を持ち出さずとも非常に多くの事象を説明できるので、その探究をあえて行なわない科学なのだ。やがて心理学における行動主義の影響が退潮していくにつれ、意識ある自己を含めた意識は、ゆっくりと復活を遂げていく。

物質的な世界の自然な実体として自己を客観化し、自己と意識を融合したものとしてとらえる一七世紀の西洋哲学の見方は、今日でも存続している。だから私たちは、個人としての人間の本質を自己という用語でとらえているのだ。また自己を、さまざまな性質を持つ実体としてとらえ、この実体に基づいて思考や行動を説明しようとする。さらには自己という概念が哲学、心理学、精神医学、神経科学、生物学などのさまざまな分野で大規模に、そして盛んに研究されている理由もそこにある。

「自己」批判

では、問題はどこにあるのか？　まずあげられるのは、自己とは何かに関する合意がほとんど得られていない点だ。自己を、ロックが主張するように意識的なものと考える人もいれば、隠された無意識的な側面と考える人もいる。事実、自己に関する理論は数多く存在し、それを語る方法も、測定する手段もあまたある。しかし科学的に記述することのできる真の事物として何かが自然界に存在するためには、その何かは、測定手段からも、記述に用いられる言語からも独立していなければならない。私たちは自己を研究するのではなく、自己に関する概念を研究しているのだ。なぜか？　なぜなら、自己それ自体が一つの概念にすぎないからである。

リアルな実体としての自己という考えの批判者は、私が初めてではない。ロックが生きていた時代からわずかしか経っていない頃、哲学者のデイヴィッド・ヒュームは、「内観によって探究しようとするや否や消えてしまうという由々しき傾向を有する、とらえどころのない〈私（I）〉」として、自己に言及した。科学的な心理学の誕生とともに、「自己」の概念の主題としての価値について、盛んに議論されるようになった。最近では、類似の文脈で、哲学者のダニエル・デネットらが自己を錯覚と呼んでいる。自己に関する議論は、実際にはそれとは別の何かをめぐる議論だと主張する人もいる。彼らにとって、自己とは無根拠な概念なのだ。思うに、「自己を持つ人や自己である人など、かつて一度も存在したことがない」と述べたトーマス・メッツィンガーは、まさにこの問題の核心をついていると言えよう。同様な視点は、心理学者のゾルタン・ディーンズによっても提起されている。

自己に関する従来の概念におけるもう一つの明らかな問題は、それがヨーロッパの哲学者によって提起された概念に焦点を絞ったうえで、現代の心理学や神経科学に持ち込まれた点にある。それとは異なったあり方で自己や他の人間存在の諸側面を扱う文化的な伝統は、さほど世の関心を集めてこなかった。

種々の批判を回避しようとする試みがなされてきた。たとえば哲学者のショーン・ギャラガーの指摘によれば、よくある戦略は、他の用語を先頭に加えることで直接的に自己に焦点を絞らないようにするというものだ。他の用語には、「意識的」「無意識的」「核心的」「自伝的」「ナラティブの」「実存的」「社会的」「身体化された」「シナプス性の」などといったものがある。

同様に心理学者のウルリック・ナイサーは、自己それ自体ではなく自己の諸側面に焦点を絞るべきだと主張している。また哲学者のポール・サガードは、自己に関係する八〇以上の用語を一覧して、それらを「自己現象」と呼んでいる。これらの試みは、自己の研究によって得られた発見について語る方法として有用である。というのも諸側面や現象は、人間の本質をめぐって私たちがいかに考え、想像し、記憶し、望み、後悔し、信じているかに関して、重要な側面を捉えているからである。しかし、その範囲を超え、自己に関連するそのような発見を用いて、自己とは何かに関する概念をボトムアップに作り出そうとする人々がいる。彼らは自己を、創発する特性として捉えているのである。

創発する自己

アスペン研究所が二〇一七年に刊行したテクノロジー・レポートには次のようにある。「創発は、小さな事物――ニューロン、細菌、人間など――の集まりが、それを構成するいかなる個体の能力をも超えた性質を呈するときに生じる」。頻繁に取り上げられる他の例には、アリのコロニー、都市、身体、脳、生物それ自体がある。創発は、生物に限って見られる現象ではない。たとえば山は、土壌、鉱物、水分、腐敗した有機物、気候の相互作用から生じる自然の状態を記述するものだ。

創発には、明らかに異なる二つのバージョンがある。弱い創発は記述的なものである――このバージョンでは、自己とは、自己に関して発見されてきたあらゆる基本的な現象が合わさって生じる効果をひとことで述べる言葉にすぎない。それに対し強い創発では、自己は所与の行為主体性であり、何かを実行する力だとされる。弱い創発はごく普通に見かけられる。というのも、一般に考えられているとおり、複雑なものはより単純なものがいくつも組み合わさってできるからだ。論争が絶えない強い創発では、複雑な事象は、複数の部位が集まって作用することで得られる明々白々たる結果だとは考えられていない。

自己に関するモデルの多くは、少なくとも暗黙的に強い創発の概念を取り込んでいる。たとえばサガードは、「認知能力や行動能力を持つ自己システムは自己現象から生じる」と主張している。アンジェイ・ノヴァクは、動的に自己組織化する能力を持ち、下位レベルの心理プロセスの制御主体をなす認知構造の創発に、下位レベルの心理プロセス自体が寄与すると見なす「自己の社会」という概念を提起している。ギャラガーは、自分に対する認識やその時々の行動に影響を及ぼす脳の活動の組織化されたパターンから生じるものとして自己を規定している。エリック・ラロックらも、強い創発によって自己が生じるとする見方をはっきりと支持し、「創発するものとは、特定の機能に特化した脳の分散ネットワーク内で生じる単なる心的性質なのではなく、新たに形成される還元不可能な単一の実体（つまり創発する自己）なのである。そしてそれは、再帰的に（つまりトップダウンに）機能しつつ、さまざまな心的性質を統合し、脳を配線しなおす」と述べている。強い創発の見方では、自己は、それを構成しその基盤をなすさまざまな現象を超越して、その上に存在するのだ。『情動と理性のディープ・ヒストリー』では、私自身その方向で考えていたことを認めざるをえないが、現在の私の見方はそれとは異なる。

ジェイムズは「自己とは知られるものであるとともに知るものでもある。つまり客体であると同時に主体でもある」と述べることで、「自己」の概念化が困難である理由を簡潔に説明している。ジェイムズの死から一世紀以上が経過した今日でも、状況は変わっていないどころか、悪化しているとさえ言える。ギャラガーが指摘するように、現在では自己に関する議論が気軽になされているにもかかわらず、その内容はたいてい論争的だ。アニル・セスは『なぜ私は私であるのか——神経科学が解き明かした意識の謎』で、「自己は外界を知覚する主体であるように思えるかもしれないが、実際にはもう一つの知覚対象にすぎない」と述べている。哲学者のオーウェン・フラナガンは、次のような言い方で同様なことを述べている。「〈自己〉という言葉が存在するからといって、それが心の科学において何らかの説明的な役割を果たしているとは限らない」

自己とは何かという謎は、次のように考えれば解消するだろう。すなわち、個人の内部にあって個人のために何かを実行する実体としてではなく、個人に関する抽象的な概念として自己を捉えるのである。自己に関する現在の研究や理論化はその方向でなされているとは思えないので、一からの出発が求められるだろう。以下の章で見るように、自己の概念と対をなす、人格《パーソナリティー》という、より新しい概念も同様な問題に蝕まれている。

3　人格

二〇世紀後半は心に関する研究が盛んになった時期である。実験心理学、精神医学、脳研究はすべて、その頃に隆盛を見るようになった。また、人間とは何かを考える方法として、「自己」の代わりに「人格《パーソナリティー》」の概念が提起されるようになった時期でもある。

人格という言葉は、役者本人のものとは異なる性格を表現する劇場用の仮面を意味するギリシャ語のペルソナ（*persona*）にその起源を持つ（古代ギリシャ人は自己それ自体を指す言葉は持っていなかったものの、人々（persons）については言及していたことを思い出されたい）。のちになると、人格（person）という言葉は精神的、法的、倫理的な意味を持つようになる。しかし、一九世紀後半に、フランスの哲学者シャルル・ルヌーヴィエが身体化され経験的に知ることのできる個人を指して用いるまでは、人格という用語が今日におけるような心理的な意味を持つことはなかった。当時のフランスの医師たちは、人格を病気や疾患にかかりやすいもの、よって他のあらゆる医学的な問題と同様、治療の対象になるものとして扱っていた。一八八五年に刊行されたある本には、「交替する人格」という概念が導入されている。この概念は、のちに「多重人格障害」と、また最近では「解離性同一性障害」と呼ばれるようになった。

一九世紀における人格の医療化は、本人の内観によってしか知りえない消えやすい意識的な自己というロック流の概念のみによってではなく、身体や行動に基づく、より根源的な概念によって人間の本質をとらえようとする試みと見なすことができる。したがって身体性は、人であることの重要な要件の一つになったのだ。しかしこれから見るように、自己と同様、人格とは何かをめぐっては、さまざまな理論が存在する。人格という用語は、自己を含んだより包括的な概念として用いられることがあるとはいえ、自己という言葉の代わりとして使われることもある。

フロイトとフロイト派

一九世紀後半においては、神経症《ニューロシス》とサイコシスを区別するのが普通だった。不安やヒステリーなどの神経症は、神経系の問題だと考えられていた（だから神経症と言われたのだ）。ジークムント・フロイトは、脳科学者を目指す若手医師だった頃、神経症の神経基盤に関心を抱いていたが、当時の脳科学がきわめて初歩的なものにすぎず、役に立たないことにすぐに気づいた。彼はさまざまな患者を診察することで、心理的な問題として神経症をとらえ直すようになり、ドイツの哲学者ライプニッツやカント、あるいはヘルバルトらの前時代の哲学者から拝借した「無意識」の概念を世に知らしめた精神分析と呼ばれる治療法を考案した。

フロイトは心に言及する際、ドイツ語の表現「*Das Ich*（主格の私）」を用いたが、人格の中心には継時的な意識的自己が存在すると見なすロック流の概念は否定した。意識的な自己、すなわち自我《エゴ》は、イドや超自我《スーパーエゴ》とともに心の一部をなすにすぎなかったのだ。フロイトにとって、心や行動の無意識的な側面（本能的な衝動やイドの欲求）は意識より重要であった。だから彼は、「氷山の一角」として意識を下に見ていたのだ。彼の考えによれば、神経症の無意識的な起源は、多くは性的な発達をめぐる経験との関係で、通常は幼少期に出現した。一般にフロイトの見方は、単なる自己（自我）の問題より、人格の問題に関連する考えに親和性があった。だから彼が提起した精神分析的な心のモデルは、人格理論の一種と見なされているのである。

フロイトの弟子の精神分析家たちは、さまざまなあり方で彼と袂を分かち、そこに独自の考えを追加していった。性的衝動に対するこだわりを捨てた者もいれば、本能自体の役割を最小限にしか認めなくなった者もいた。さらには無意識をあまり強調しなくなった者もいた。人格に関する精神分析的な見方は、次第に折衷的になり、やがてそこでは自己が重要な役割を担うようになる。

たとえばカール・ユングは、無意識をネガティブな状態の貯蔵庫《リポジトリ》と見なすフロイトの説を狭すぎると考えていた。それに対してユングは、フロイトが強調した個人的なタイプの無意識ではなく、あらゆる人が共有する元型を宿す集合的無意識という概念を提起した。ユングにとっての自己とは、少なくとも事態がうまく展開すれば、集合的無意識のランダムなプロセスから統合的な人格へと分化することで生じるものであった。

自我心理学と呼ばれる潮流を生み出したフロイト派の精神分析家もいた。その一人ハリー・スタック・サリヴァンは、特定の行動を承認したり思いとどまらせたりすることで不安から当人を守り、意識の門番として機能する一連の監視プロセスからなる「自己システム」の概念（これはすでに述べたバトラー主教が提起した自己監視システムを思わせる）を提起した。またサリヴァンは大胆にも、人格は錯覚だと、つまり人と人とのあいだで結ばれる社会的な関係のもとでしか意味をなさない仮説的な構築物にすぎないと主張した。

別の精神分析家エリク・エリクソンは、硬直した本能を強調するフロイトの見方を否定し、その代わりに文化という文脈のもとで学習する自我や「可塑性」の重要性を強調した。彼は自我の同一性を文化的な同一性に依存するものと見なし、「アイデンティティー・クライシス」という用語を造語した。そしてエリクソンと他のポスト・フロイト派精神分析家たちの業績によって、自己と人格の差は縮まっていった。

行動としての人格

人格に関する一般的な見方の一つは、社会的な行動を観察する他者によって個人が見られるあり方としてとらえるものだ。したがって心理学における行動主義の潮流は、いくつかの点でこのバージョンの人格理論に完全に整合する。

行動主義は、人間や動物の行動を説明するにあたって、外から観察することのできない、意識的、無意識的な心の状態に過度に依存するそれまでのアプローチに対抗することを一つの目的として、二〇世紀前半に誕生した。行動主義が支配していた時代のほとんどを通じて、その第一人者であったB・F・スキナーは、行動とその結果の関係を説明する記述的なアプローチを好み、形式的な理論にはほとんど関心を抱いていなかった。たとえばある行動が有用な結果をもたらしたとすると、その行動が将来類似の状況のもとで繰り返される可能性は高まる。スキナーは、動物と人間のどちらを対象にしても同じ方法で研究できる普遍的なプロセスとして学習を見ていた。だから彼は、自分の研究のほとんどを、ハトを用いて行なっていたのだ。彼は晩年になると、それらの研究による発見を人間の好ましくない行動の矯正に役立てようとした。彼の小説『心理学的ユートピア（*Walden Two*）』は、自分の考えを世に知らしめるためのものだったが、自画自賛に終始しているわけではなかった。行動主義は、心理学への冷徹で非人格的なアプローチだと見なされていた。それでも、他の行動主義者たちは治療の分野に入り込み、のちに「行動療法」と呼ばれるようになる治療法を生み出した。

人間性心理学

一九五〇年代に誕生した人間性心理学の潮流は、フロイトとスキナー両者の見方——フロイトの暗い側面（不安のようなネガティブな情動を強調する）と、スキナーの冷徹な客観主義（主観的な経験を否定する）や還元主義（動物の研究によって人間の複雑な行動を説明しようとする）——からの進路の修正を意図していた。

アブラハム・マズローは、人間の社会的な目標に関わるポジティブな価値を強調する、人間主義的な人格理論を発展させた。彼の主張によれば、私たちは誕生時から、成長や健康、すなわち自己実現を求める意志を持っている。神経症は、社会の病理によって個人の能力が阻害されることと見なされた。かくしてマズローは、彼が「自己実現を果たす人」と呼ぶ人々、つまり「至高体験」を経験している人々を見つけ出して研究するという革新的な探究の第一歩を踏み出したのだ。そこには、自己実現を果たせていない人々の生活を、その研究を通じて向上させることができるはずだという想定があった。

他の人間性心理学者にカール・ロジャーズがいるが、彼は個人の「内的生活」と私的な視点を重視する「人格中心的理論」を提起した。彼にとって世界は、意識的（象徴化された）経験と無意識的経験の両方からなる「主観的現実」によって成立していた。とりわけ重要なのは、内的自己と、主観的現実のもとで知覚された自己の調和であった。また不安は、主観的に知覚された自己と理想的な自己の不一致によって生じると見なされた。

マズローとロジャーズの見方は、広く人口に膾炙した「ポジティブ心理学」という形態で今日でも生き残っている。

特性と気質

人格は、その人を特徴づける深く根づいた性格と結びつけられることが多い。性格は、そのほとんどが遺伝、もしくは融通の利かない習慣に基づいて無意識的に発露するものであるため、変えることがむずかしいと言われている。それに関して、セオドア・ミロンは次のように述べている。「人格は、選択肢を特定の行動戦略に狭める。その結果、その戦略が優位を占め、他者や自己に対処するその人特有のあり方を特徴づけるようになる」

人格に対するアプローチとして、特性論ほど多くの研究を生み出してきた理論は存在しない。その起源は古代にある。古代ギリシャの哲学者ヒポクラテスと古代ローマの医師ガレノスはともに、体液（現代ではホルモンと呼ばれているもの）に基づいて人格のタイプを定義した。現代の特性論は、一九世紀後半にフランシス・ゴルトンの業績によって始まった。彼は質問票を用いて個人の経歴や行動に関するデータを集め、統計的な分析技法を駆使してその結果を解釈しようとした。また心や行動に関する日常言語の言葉を用いて、ボトムアップの統計技法によって得られた人格に関する発見を分類するというアプローチを導入した。ダーウィンの業績から大きな影響を受けていたゴルトンの考えでは、人間の身体能力や心的能力は、遺伝的に受け継がれる特性であった。彼はまた、劣っていると見なせる人々を社会から排除することで、人類の遺伝子の質を向上させようとする優生学を擁護した人々の一人でもあった。

　優生学に染まった前例があるにもかかわらず、特性論は二〇世紀に入ってからゴードン・オルポートの手で蘇生される。彼は若い頃にフロイトを訪ねており、そのときに、人格を理解するためには、無意識の深みに隠されている要因より、もっと明白な要因に焦点を絞る必要があるという印象を抱いた。彼はゴルトンと同様、ボトムアップのアプローチを採用し、人格に関連する四〇〇〇以上の用語の一覧を作成した。レイモンド・キャッテルも、統計解析を用いて質問票に対する被験者の自己報告を分析した。

　現在の特性論では、いわゆるビッグファイブモデルが広く受け入れられている。このモデルでは、開放性、誠実性、外向性、協調性、神経症傾向という五つの分類項目が提起されている。また、高次の「クラスター」の下に「側面因子《ファセット》」がある（たとえば外向性特性には「明朗性」や「社交性」などのファセットが含まれる）。なお遺伝子と経験の両方が、これら五つの特性に影響を及ぼすと考えられている。

　特性論には批判もある。人格に関する動機づけ理論を「パーソノロジー」と呼んだヘンリー・マレーは、「特性論研究では、個人や人格はいったいどこにいったのか？」と問い、人格を統計的事象に還元しているとして特性論者を揶揄した。

　今日人口に膾炙している特性論のバージョンは、遺伝的な相違に基づく安定的な気質の重要性を論じている。たとえばジェローム・ケーガンは、いかに抑制的な気質が幼少期に始まり、のちになって不安を発達させるかを強調している。C・ロバート・クロニンジャーの三つの気質領域理論もよく知られており、神経的、遺伝的な相関関係に関連づけられてきた。

状況的な人格

一九七〇年代、行動主義者アルバート・バンデューラは、新たに出現しつつあった心理学の社会認知的なアプローチに傾斜した「予期」や「観察学習」などの要因を導入した。バンデューラの同僚ウォルター・ミシェルは、社会認知的なアプローチをさらに発展させた。彼は特性論の断固たる批判者で、「行動はその人が置かれている状況によって形作られる」と主張した。そしてとりわけ、行動は状況があまり変化しなければ非常に一貫したものになっても、さまざまに変化すれば一貫性をまったく欠くものにもなりうると論じた。なぜなら特定の状況下でいかに行動するかは、その状況に対する個人的な関係を当人がどう認識するかによって変わるからだと、ミシェルは言う。たとえば、職場では内向的に振る舞っていても、家族や友人と過ごすときには外向的になる人もいる。言い換えれば、人は状況に応じてさまざまな仮面《ペルソナ》を被るのであり、この考えはキケロやロックにまで遡る。

関連する見方に、人類学を始めとする社会科学に起源を持つ社会構成主義がある。この見方によれば、人格は社会的、文化的な文脈によって形作られるため、それらの要因を考慮せずに自己や人格を理解することはできない。このような社会認知的観点には、精神分析家のサリヴァンやエリクソンの見方を思い起こさせる部分がある。

身体化

人格に関心を持つ哲学者たちは、伝統的にロックの立場を踏襲し、人であることを、基本的に自己に関するさまざまな意識的状態からなるものとして扱ってきた。初期の人格理論の提唱者と同様、「人格（person）」と「自己（self）」を分けてとらえる哲学者は、最近でもいる。たとえばピーター・ストローソンは、人格には意識的自己と身体的特徴の両方が備わっていると主張し、「自己」より、あるいは少なくとも意識的自己より包括的な概念として「人格」を扱っている。

実際、心を脳だけでなく、それ以外の身体部位にも結びつけてとらえる「身体化された認知」と呼ばれる学問潮流が、現在隆盛しつつある。それどころか、心を外界と結びつけてとらえる、いわゆる拡張された認知を唱える研究者さえいる。人格を身体化されたものとしてとらえる見方は以前から存在していたが（フランスで、意識的自己の代わりとして身体化された状態という考えが提起されるようになったことを思い出されたい）、身体化された認知の見方では、自己でさえ、部分的に身体化されていると考えられている。

一例をあげよう。哲学者のマーク・ジョンソンは、「〈身体〉という言葉によって私たちは何を言おうとしているのか？」と問う。この問いは妥当なものだ。というのも、「身体」という言葉は、脳以外の身体の構成要素を含意するからである。彼がこの問いを提起したのは、身体化された認知の一形態として自己を理解しうる（彼の立場からするとそう理解すべきである）ことを――自己認知は神経系以外の身体部位にも拡張されることを――論じるための舞台をしつらえるためだった。

トーマス・メッツィンガーは、意識的かつ現象的〔主観的〕な自己が脳と身体からなる自己身体化の階層に依存するという考えを提起し、またショーン・ギャラガーは、意識的な自己より原初的な、身体化された最小限の自己《ミニマルセルフ》という考えを導入している。神経科学者のアントニオ・ダマシオは「原自己《プロトセルフ》」に言及するなかで、自己の身体的な構成要素という考えを長らく擁護してきた。また別の神経科学者ヤーク・パンクセップは、それを「核となる自己《コアセルフ》」と呼んだ。しかしダマシオもパンクセップも、自己を認識している、より高次の認知的で意識的な自己の概念も提起している。

私は二〇〇一年に刊行された著書『シナプスが人格をつくる——脳細胞から自己の総体へ』〔邦訳は二〇〇四年〕で、自己には意識的な側面と非意識的な側面があると主張した。なお非意識的な自己とは、何らかのあり方で自己を規定しているものの、自覚意識には達していない潜在的なプロセスを意味する。ダマシオやパンクセップが論じているような、身体化された自己の原初的な側面は、私のモデルでは潜在的な自己の一部をなす。私は、これらの自己の無意識的な側面を人格になぞらえている。

ところで、この議論には二つの錯綜した問題が含まれており、それらを切り分けて考える必要がある。一つは、身体に対する自己の関係である。プロト／コア／ミニマルに身体化された自己という概念に関連する根元的な現象が、人間の本質の基本的かつ比較的原初的な諸側面をとらえているという点に関しては、私も全面的に認めるが、それらの現象に「自己」というレッテルを貼って、この言葉に付随するあらゆる概念的な重荷を負わせる必要はないと考えている。もう一つの問題は、身体化という用語の意味に関するものだ。初期の認知科学においては、認知という用語には、外界の表象の形成に関する意味しかなかった。今日では、脳の認知的な機能が、目や耳から送られてくるシグナルを用いて外界を監視し理解するのとほぼ同様な方法で、身体から発せられるシグナルを監視して、身体の内部環境を理解しているとする見方に疑義を差し挟む人はほとんどいない。脳の認知的な機能は、身体それ自体の内部にあるのではないとしても、身体の生存に依拠している。同様に、身体の生存は認知を含めた脳のさまざまな神経的機能に依拠している。

流動的な人格の概念

人格（person）とは何か？　もっとも単純な意味では、個人を指す。生物学的な、とりわけ遺伝的な構成は人によって異なる。しかし、ほとんどの人はたった一人で生きているのではない。家族や地域社会《コミュニティ》、あるいは文化がそこには関与している。事実、性別は、これまで長いあいだ不変の生物学的特徴と見なされていたが、現在ではそれのみが性別を規定しているとは考えられていない。

人格とは何かという問いは、法的な問題になる場合もある。人間の生命は受精の瞬間に始まるのか、それとも胎児期のどこかで始まるのか？　あるいは誕生時なのか？　心理的に成熟してからなのか？　認知症がどの程度重くなれば、一人の人格としての法的地位が失効するのか？　ピーター・シンガーを始めとする哲学者たちは、人間（humans）と人格（persons）を区別する。シンガーの主張によれば、――重度の認知症者など――人格を持たない人間は存在しうる。また人格を備えた動物は存在しうる。人工知能の時代においては、サイボーグも高度になれば、さまざまな権利を持つ人格として見なされるに値するような存在になるだろうと予測する人さえいる。

人格／自己を見直す

人格理論は、人とは何かに関して、自己に関する理論より幅広い視点を提供してくれる。しかし、自己の概念が人格理論に入り込み、場合によってはそこに焦点が絞られるようになると、自己と人格の区別は縮まり始めた。次に自己の概念が身体化されると、無意識と自己と人格さえ、ときに理論的に区別がつかなくなった。

私は、自己とは私たちの内部に存在する、何かを行なう実体などではないと述べた。人格理論を唱えるヘンリー・マレーは、人格とは、人々の心や身体のなかにあるというより、理論家の頭のなかに存在する抽象的な概念であると述べて類似の指摘をしている。学問の世界で自己と人格をめぐってほとんど合意が得られていないのも、そのあたりに理由があるのだろう。だが自己や人格の概念は、個人、社会、文化に関する重要な目的に資する。それゆえ、自己や人格に関して世に流布している強い創発の見方——人間の本質や行動の理由を説明する、行為主体性を備えた実体として自己や人格をとらえる見方——を切り捨てることになったとしても、それらの概念を正しく理解しておくことは重要なのである。

4　たかが言葉、されど言葉

われわれ科学者は、方法論的に厳密であることに誇りを抱いている。研究プロジェクトの設計、データの収集、結果の統計的な分析の方法に非常にうるさい。しかしこれらすべてがいったい何を意味するのかに関する解釈は、あまり厳密ではない。この欠点については、人格心理学者のジャック・ブロックが、自身の経歴を終えようとしていた一九九五年に次のように述べている。

私は人格心理学に対して、機能不全とさえ言えるほど重い症状を呈している用語の問題に断固として向き合うよう求めたい。この学問の評価を困難にしている多くの問題は、性急であいまい、そしていい加減な用語法から生じている。心理学者たちは、言葉の使用がぞんざいになりがちだ。われわれは、明示的であれ、暗示的であれ、言葉の意味にもっと精通する必要がある。なぜなら性急に選択されたレッテルや省略表現によって、――たいていは知らず知らずのうちに――思考が支配されるからだ。この問題は不可避の部分があるとはいえ、改善できるはずである。

ブロックのこの嘆願は同僚に対するものではあるが、もちろん自己に関する研究を含め、心理学や神経科学の多くの分野に向けることができるだろう。思うに、いかに人間の本質を特徴づけ、理解すべきかに関する混乱は、少なからず言葉の用法に起因する。「それは言葉の意味《セマンティクス》の問題にすぎない」と、あたかもさほど重要な問題ではないかのごとく言う人もいる。しかし言葉は重要であり、その意味は大きな問題になる。言葉は意味を規定し、概念の基盤をなしているのだから。とりわけ心理学の用語には、問題がある。

心理学の用語

心理学は、長い年月を経て受け継がれ日常言語に取り込まれてきた常識的な知恵に依存する度合いが大きいため、他の科学とは異なると指摘する人は多い。たとえばジョージ・マンドラーとウィリアム・ケッセンは一九五九年に刊行された著書『心理学の言語（*The Language of Psychology*）』で次のように述べている。「日常言語には、エセ心理学的な表現が多数含まれている。（…）人が人を研究するという事実、また人は日常生活に残存している時代遅れの概念を心に抱いているという事実は、科学的な心理学の進路を妨害する大きな障害と化している」

物理学者や生物学者による日常言語の使用は、さほど大きな問題にはならない。ひも理論の「ひも」や、遺伝学の「ヘッジホッグ*」という用語が、それが指し示している対象（それぞれ粒子と遺伝子）を正確に表現しているなどとは、誰も思わない。「ひも」や「ヘッジホッグ」などの用語は、実在する事物を隠喩

＊シグナル伝達に関する用語だが、一般にはハリネズミを意味する。

的に表現した、単なるウケのよい言葉にすぎないからだ。ところが、心の状態を表す用語を使って、脳内の機能プロセスや神経回路を名づけるとなると、その心の状態が、脳や神経回路の機能や作用を指していると取られやすい。言い換えると、脳の機能や神経回路が、心の状態の特質や、その名称が含意する概念的な重みを背負わされる結果になってしまうのだ。

カート・ダンジガーは洞察に満ちた著書『心を名づけること――心理学の社会的構成』で、次のように述べている。「心理プロセスをめぐって今日私たちが使っている用語の多くは、脳に関する知識をほとんど、あるいはまったく持っていなかった、遠い過去の時代の哲学者や科学者たちが、行動反応と意識的経験が同時に生じれば、後者が前者を引き起こしたはずだという想定のもとで使っていたものだ」。特定の考えが、何世代にもわたって同じようなあり方で議論されていると、その考えは、きわめて自然で直感的なものと化し、あたかも真実であるかのように思われるようになって、疑いの目で見られなくなる。科学者は、その道に足を踏み入れたときから、相関関係と因果関係を混同してはならないと教え込まれるにもかかわらず、その科学者でさえ、直感を事実と取り違えることがある。

あとで詳しく紹介するが、ここで私にとってもっとも身近な例をあげておこう。それは、危機に直面すると、怖れの感情がその人を不動化《フリーズ》させたり、逃走させたりするという概念に関するものだ。このような「素朴心理学」とも呼ばれる民衆の知恵は、研究者にも一般人にも受け入れられているとはいえ、脳の働きに関する最新の知識を反映していない。誤解されないように述べておくと、私には素朴心理学を否定するつもりはない。素朴心理学に基づく心の状態の記述が有用になるケースもある。繰り返すと、そうした素朴心理学の用語は怖れなどの心の状態や、そのような意識的状態の基盤をなす神経回路について記述するために用いることができるし、用いるべきである。しかし、非意識的に行動を制御する神経回路を記述するために用いるべきではない。

名づけによる説明

科学者が日常言語を扱う際のもう一つの問題に、具象化がある。通常科学研究を行なおうとすると、その対象は、岩や木や建物や動物のように物理世界における自然現象として存在しているものと想定する。研究対象が物理世界の一部をなしていなければ、それを測定することはできない。測定のプロセスによって、名づけられた事物の現実存在を検証することができる。しかし、命名は説明と混同されやすい。フランシス・ベーコンは一六二〇年に次のように書いている。「科学者は用心するべきだ。（…）とりわけ、対応する言葉があるというだけの理由で、概念を現実に存在するものと思い込まないようにすべきである」。要するに、哲学的な概念や科学的な結果を名づける際には、名前に含意されているさまざまな性質を付与することで、私たちは対象を具象化するリスクを冒しているのだ。

ここで心理的な「本質《エッセンス》」という、現実に存在する実体として想定されている仮説的な概念、あるいはプロセスを取り上げよう。キャメロン・ブリックらは、「心理学的な概念（知性、注意力など）は、基盤をなす本質を持つ客観的で定義可能なカテゴリーを表すと見なされやすい。かつて動物の生命を表すものとして考えられていた〈生命力〉のように、本質の存在を想定することは、理解したという幻覚を生み出す」と述べている。本質が直感に訴える理由の一つは、それが世代を超えて文化的に受け継がれてきたものだからだ。しかし思慮深い心理学者たちが指摘してきたように、その種の概念は、たいてい私たちを理論的な袋小路に追い込む。

精神医学に関連する哲学的な問題を専攻する哲学者ケネス・シャフナーによれば、精神疾患に関する概念（統合失調症、不安、うつなど）は、石に刻まれているようなものではなく、偶然的で変えることができるもの、さらには知識が変化すれば捨て去ることさえできるものと見なすべきである。また彼は、精神疾患を考える際、実体としてではなく、似通った原型《プロトタイプ》の集まりとして見なすべきだと主張している。

知性という概念は、命名や測定によって具象化が生じることを示す格好の例になる。一九世紀後半にフランシス・ゴルトンは、身長や体重と同じように個人に備わり、人によって程度が異なるもの――したがって測定が可能なもの――として知性を定義した。そのためのテストが考案されるようになり、かくして知能指数（ＩＱ）が誕生したのだ。知性は遺伝的な因子と見なされるようになり、優生学を始めとする人種差別的な思想の擁護にそれを利用する、ゴルトンのような人物もいた。やがてＩＱテストは、他の標準化されたテストと同様、文化的に偏向していることが示されるようになった。人間の知性を構成する、測定可能な実体など存在しない。知性とは知能テストが測定するもの以上ではなく、つまるところ知性とは何かについてどこかの誰かが提案した考えに基づいてなされた判断にすぎないと主張する人もいる。このように知性が測定行為や見る観点と独立して存在しないのであれば、それは実体ではないことになる。つまり知性とは、認知／情動／社会的なスキルを始めとするさまざまな能力を反映する抽象物なのだ。人が「知的に」行動するのは、その人の持つさまざまな能力が、問題の解決に役立つような様態で結びつくからであって、それらの能力が本人の知性の程度の賜物だからなのではない。これらの能力の個人差や、それが心や行動のプロセスに及ぼす影響を理解しておくことは重要だが、その理由は、脳内に集合的に存在する、知性と呼ばれる実体がそれに関与しているからではない。

最近の研究によって、知能テストや性格診断《パーソナリティーテスト》をもとに測定される能力を求める課題が与えられると、神経ネットワークの一時的な連合が動的に形成されることが示されている。このネットワークを、知性や人格を本人に付与する脳内の実体として考えてはならない。このネットワークは、課題遂行中に動員される基盤プロセスの活動を反映するにすぎないのだから。これは、強い創発より弱い創発に該当する。

主体性という工作員

自己や人格のような用語は、心や行動の特定の側面に関するさまざまな事実を整理する際に重要な役割を果たしてきた。しかし行為主体性、すなわち行動を制御する内なる実体として自己や人格を客観化し始めると、そこに問題が生じる。

行為主体性を人間の内部に存在する実体として考えてしまうと、自らの業績や失敗の原因がすべて自己にあると考えるようになる。しかし、たとえばあなたが一流のピアニストになれなかったのは、手の骨や、それを制御している筋肉を動かす神経に些細な不備があったからだとしよう。あるいはシェフとして成功したのは、並外れた嗅覚を備えていたからだとする。また一生懸命努力したときには、それによる成功は自己のおかげだとされ、あまり努力せずに失敗すれば自己のせいにされるのが普通であることを考えてみよう。しかし働き者には、個人的な事情で長時間働く余裕があるのかもしれないし、そうでない人にはそれだけの余裕がないのかもしれない。これらはいずれも、個人の特徴に相当する。だが、以上のような生物学的、状況的、社会的要因による成功や失敗の多くは、その人の全人格に起因するのではない。

成功や失敗の責任を個人が負うことなど決してないと言いたいのではない。そうではなく、自分がした行動の全責任を負う、たった一つの主体的な自己などというものは存在しないと言いたいのだ。のちに述べるように、脳内には多数のレベルからなる行動制御のメカニズムが存在し、そのほとんどは自己を意識する心の支配下にはない。また意識の支配下に置かれている行動制御の階層に関して言えば、それを説明するために自己を持ち出す必要はない。

「自己」という言葉のもっとも一般的な用法は、人称／指示代名詞（I, me, him, her, they, it）、再帰代名詞（myself, himself, herself, themselves）、形容詞とともに用いられる代名詞（self-assured, self-aware, self-inflicted, self-hating）、あるいは名詞（conscious self, narrative self, social self, spiritual self）によるものである。以上の用法のすべては、個人や個人の特徴に関する記述にすぎず、そこには個人をコントロールする実体などまったく関与していない。「I ate the cake myself（そのケーキを食べたのは私自身だ）」という発言は、myself（私自身）と呼ばれる実体が存在していて、その実体がケーキを食べたことを意味するのではなく、他の誰でもなく、I（私）として言及されている私自身がケーキを食べたと指摘しているにすぎない。自己とは、私たちの内部に存在する、何かを行なうシステムを指す、単なるニックネームや記述のたぐいにすぎない。

要するに自己は、身体や心の状態を監視し、現在の自分のニーズ、期待、能力、限界に照らしつつ、自分自身に対する認識に関する記憶を用いて行動のあり方を予測する認知能力に還元される。当然、それらすべてを実行するのは自分（自分の脳や身体）なので、自らの行動を説明するために自己を持ち出すことは冗長であり、よって不必要である。あなたはあなたの自己のことであり、あなたの自己はあなたのことだ。あなたの内部に、それ以外の実体など存在しない。あなたの内部にはあなたしか存在しない理由は、あなたの自己とは、自分自身を認識するにあたってあなたが作り出した一つの観念にすぎないからである。認知心理学の開拓者ジェローム・ブルーナーは、それに関して次のように述べている。

自己とは恒久的に書き直されるストーリーである。このストーリーを十分に紡ぐためには、過去の記憶が必要とされる。新たな状況が生じて、この十分に紡がれたストーリーの維持が困難になると、より明瞭な意味を確定する試みのなかで、ナラティブを明確化し「デバッグ」する必要が生じる。

ここではっきりさせたいことがある。行為主体としての自己という、あいまいに理解され誇張されすぎた概念と、自己が行なっていることを実際に実行している、具体的かつ実体的な心理プロセスや神経プロセスを区別する必要がある。これらのプロセスが自己のコントロールのもとに置かれていると考えることは、冗長かつ不必要なばかりでなく、科学的に有害でもある。

とはいえ私は、人間には意識的な行為主体性、いわゆる自由意志が備わっていないと主張したいのではない。私が言いたいのは、数多くの行動制御が非意識的に生じているにもかかわらず、その多くが意識的な自己によるものだと誤解されているという点だ。意識的に制御されている行動と非意識的に制御されている行動を明確に区別することが、今や決定的に必要とされている。私は以後の章で、人間の存在次元という観点から行動制御を捉えることで、その理解が得られることを示していく。

個人化された身体や脳

身体や脳は個人化されている。脳を含めたあなたの身体をあなただけのものにしている遺伝子とまったく同一の遺伝子を持ち、あなたとまったく同じ後成的《エピジェネティック》なできごとを経験してきた人など誰もいない。また、あなたとまったく同じ心理的特徴、言い換えるとカール・ロジャーズが言う「個人的視点」を持つ人もいない。この「あなた性」が、「あなたの過去」、すなわち日常生活を送るなかであなたが築いてきた記憶によって形作られていることは明らかだ。あなた自身のものとそうでないものを区別するために、人格という言葉を用いることに意味はない。あなたの脳や身体の内部に存在するものはすべて、すでにあなたのものなのだ。

個人化された脳と身体は、人格を備えていると言い張る人もいるだろう。自分に関する記述という意味で人格という言葉を使っているのであれば、それは正しい。しかし人格という言葉に、行動をコントロールする実体などといった、余計な意味を持たせると、そもそも存在しない本質を具象化する結果になる。

5　四つの存在次元

ある考えが伝統として根づき、必ずや真実であるにちがいないと思わせるほど人口に膾炙し強く信じられるようになった場合、とりあえずその考えを脇に置き、当該の現象を説明する別の方法がないかどうかを問うてみることが有用になる。明らかに、自己や人格にも同じことが言える。

私の考えでは、人間の本質に関する最善の理解は、哲学的な推論の高みから得られるのでも、また自己や人格のような高次の概念を対象とする、ボトムアップの実証科学的な観点から得られるのでもない。私たちがとるべき道は、人間という生物の理解を目指すことだ。

四階層に統合された存在様式

私は、地球上の進化の歴史の現段階においては、生物的、神経生物的、認知的、意識的という四つの基本的な存在様式があると考えている。これらの「存在次元」によって、個々の生物の生存のあり方が規定されるのだ。

これまでに存在してきたあらゆる生物が、生物的に存在してきた。あらゆる生物、あらゆる有機体が、代謝、さらには種の保存を可能にする複製能力などの、生命を維持するための基本的なプロセスを備えている。なお、生きとし生けるもののほとんどが生物的にしか存在していない。

しかし生物的存在には、その存在様式を補助する神経系を備えているものもある。その点では、動物界のメンバーは生物的存在のなかでも独自の地位を占める。動物は、そして動物だけが神経系を備えており、それゆえ唯一の「神経生物的存在」でもある。神経系は、それを備えていない有機体と比べて、より素早い動作や、より緻密な身体の制御を可能にする。

また、外界の内的表象を生み出し、それを用いて外界に関する予測を行なうメンタルモデルを構築する能力によって、単純な神経生物的存在が補完される動物もいる——この能力を持つ動物は、生存していく際に生じる脅威や好機に対して、より柔軟な行動によって反応することができる。さらには、すべてではないとしてもいくつかの認知的生物は、意識的に存在している。どの生物が認知的存在で、どの生物が意識的存在なのかに関しては論争があるが、それについてはあとで検討する。

もちろん、二つの動物のグループが同じ一般的な様態で存在しているからと言って、まったく同じあり方で存在しているとは限らない。蠕虫類、ミツバチ、魚類、カエル、トカゲ、鳥類、ネコ、イルカ、サル、人間はすべて、神経生物的存在であるとはいえ、脳や身体が、行動による外界との相互作用を可能にするあり方は、動物ごとに大幅に異なる。同様に、認知の存在を示す証拠は、脊椎動物にも特定の無脊椎動物にも見出されているものの、認知の種類や複雑さの度合いは、脊椎の有無だけでなく、そのグループ内の動物同士でも大幅な違いがある。意識的存在についても同じことが言える——二つの異なる動物が、どちらも意識的存在であったとしても、同じあり方で意識的であるとは限らない。認知や意識などといった用

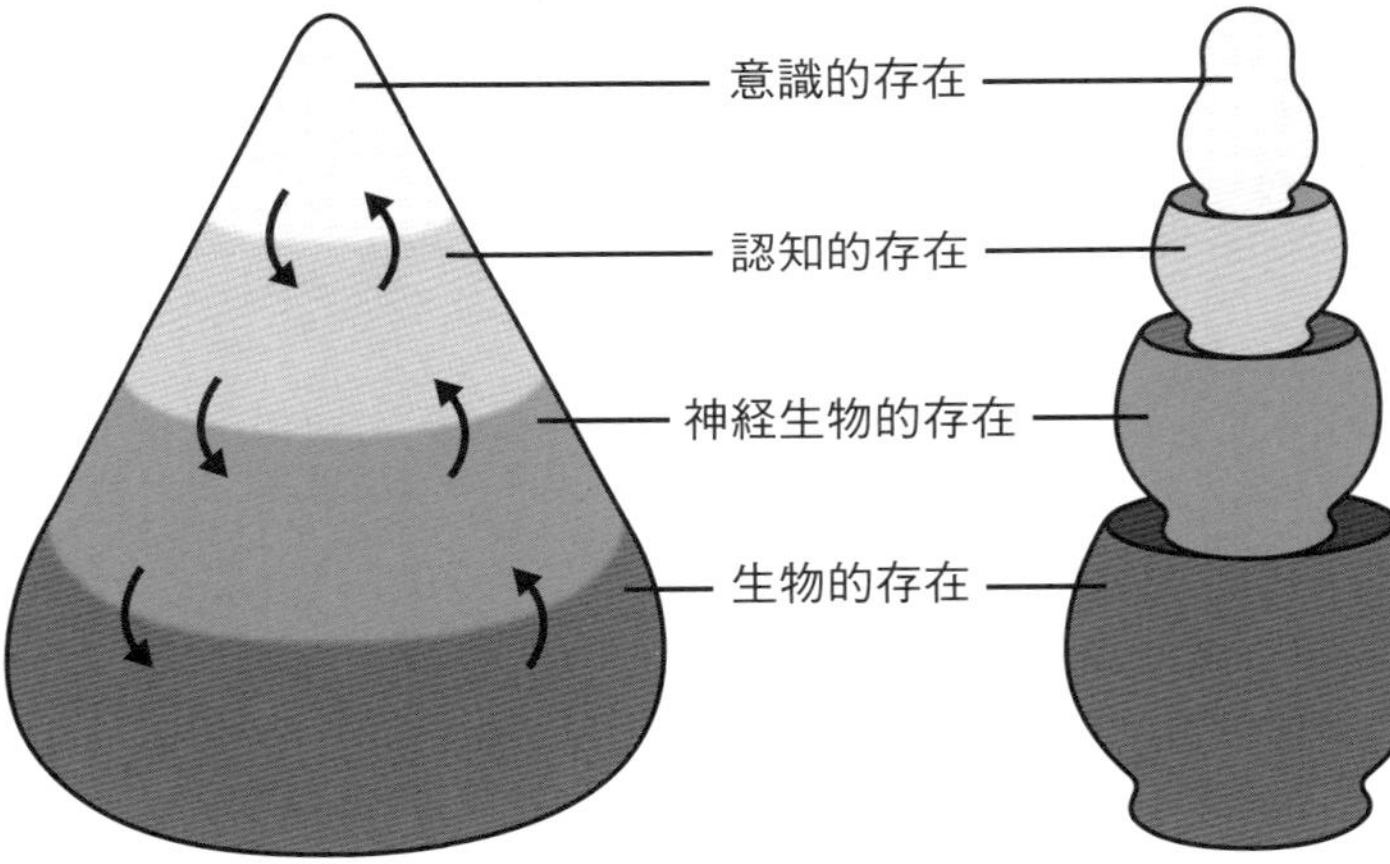

図５・１　複雑に絡み合った四つの存在次元と積み重ねられたマトリョーシカ人形

語は、人間の脳内で生じている事象を記述するために考案されたものなので、人間以外の動物を対象に議論する際には、慎重に用いる必要がある。

四つの存在次元は、互いに階層的な関係をなしている。私の見方に従えば、意識的次元は認知的次元に、認知的次元は神経生物的次元に、神経生物的次元は生物的次元に依存する。各次元は解剖学的に重なり合い、上位次元の生理機能の基盤をなす。それと同時に、下位次元の生存可能性は上位次元によって高められている。

ある意味で、四つの存在次元はロシアのマトリョーシカ人形に似ている。しかし、入れ子状に積み重ねられたマトリョーシカ人形とは異なり、互いに結合し依存し合う。

進化の歴史の貯蔵庫としての身体

動物個体の存在次元は、数十億年にわたる進化の歴史によって得られてきた無数の結果を反映する、複雑に絡み合った原形質の生きたかたまりとして構成されている。既存の動物のボディプランは、自然選択を介して、つねに変化する環境のもとで、それによって優位性が増すような方向へと適応を遂げ変化してきたものだ。もちろんそのような変化によって、やがて新たな種が誕生することもある。

そのなかでも漸進的ではなく劇的な変化は、「主要な移行」と呼ばれている。ニューヨーク大学（NYU）の私の長年の同僚で、私と一緒にロックバンド、ザ・アミグダロイズを組んでいるタイラー・フォークは、進化的な移行を比較的連続的な段階からなるものと見なし、各段階は状態の変化によって区切られてつなぎとめられていると考えた。また、その結果として生じる状態の変化を「動的次元」と呼んでいる。私の「存在次元」の概念はそれに啓発されている。

原初的次元、つまり生物的次元は、およそ三七億年間存在してきた。生物的次元は生命を支え、細菌のような単細胞微生物であれ、植物や動物のような複雑な多細胞有機体であれ、あらゆる種類の生物が存続するための前提条件をなす。神経生物的次元は、六億年から七億年前に動物が神経系を備えるようになったときに出現した。神経系は生物的な生存様式を拡張、補完するものとして進化し、空間的に離れた場所にある数々の内的な身体機能を協調させて、外界に向けられた行動をより効率的に制御できるようにした。次にこの基本的な神経プロセスがひな型になって、そこから、内的表象やメンタルモデルを用いて、現実の環境のもとで危険を冒して実際に行動を起こすことなく、仮説として立てたいくつかの行動オプションのなかから適切なものを柔軟に選択することで、生存に必要な条件を満たす能力を備えた動物が進化した。この能力が洗練されることで、私たち人間が備える意識的な心の状態の認知的基盤が整えられたのだ。そして、この認知的基盤のおかげで、私たちの一人ひとりが、個人的な過去と未確定の未来を持つ生きた存在として自分自身を意識的に自覚しているのである。だからと言って、人間以外のすべての動物は意識を欠いていると主張したいのではない。意識を備えた動物は、人間と同じようなあり方で意識しているのではないと言いたいのだ。これは、そのような動物が人間と同じように歩いたり、コミュニケーションを図ったりしているのではないのと同じことである。言うまでもなく、身体は動物ごとに異なる。意識はその身体の一部なのであり、よって他のいかなる身体機能とも同様、意識を持つ動物のあいだでもそのあり方は異なるはずだ。

成人には、これら四つの存在次元のすべてが存在しており、痛み、快さ、空腹、のどの渇き、嫌悪、欲望などのごく単純な経験や、愛情、憎悪、憐れみ、希望、絶望、陶酔などの、より複雑な感情に寄与している。生物的にも心理的にも人を一人の人間にするもののすべてが、四つの存在次元という複雑に絡み合った階層的な組織の内部に包摂されているのである。

ここで四つの存在次元間の相互作用の例として、人間の意識的な経験の基盤について考えてみよう。そのような経験のすべては、それに先立つ非意識的な、より正確に言えば前意識的な認知プロセスのおかげで生じる。また意識も認知も、その基盤となる神経活動に依存している。その神経活動は、エネルギーを生成するための代謝能力を必要とする。代謝では、消化と呼吸の産物（栄養素と酸素）が、心臓の働きによって循環器系を介して脳に送られる必要がある。しかし身体へ栄養素を分配するためには、採餌行動によって、まず食物を確保しなければならないが、この行動は脳が制御している。さらに採餌行動は、身体の代謝機能に依存する。人間のような動物では、多くの場合認知が、ときには意識が、何を食べるか、どこで食物を手に入れるか、いつ食べるかをめぐる計画に関与する。以上のプロセスのおのおのに、存在次元の各階層が関わっているのだ。

人間の本質に関してこのような描き方をするのは、私が身体化の概念を擁護しているからだと考える向きもいるだろう。しかし私にとっては、心も脳も身体化されてはいない。むしろ、身体が「脳化されている」と考えている。「脳化（embrain）」などという言葉が存在しないことは十分に承知しているが、このような言葉を使う理由は、「身体は神経生物的次元の能力を介して脳内で表象される」という点を明確にしたいからだ。この神経生物的な身体の表象は、さらに認知的次元に属するプロセスを介して心の内部に再表象され、この認知的な身体表象の一部は、意識的次元によって主観的に経験される（もしくはされうる）。かくして認知と身体は相互作用するのである。

社会的要因や文化的要因を存在次元に加えることができるのではないかという考えもあろう。しかしその発想は、存在次元という言葉で私が言いたいことを誤解していると言わざるをえない。社会や文化は人間が四つの次元を用いて構築するもの、あるいは構築してきたもの——さらに上位の次元ではなく、生活、行動、思考、感情、そして一般には存在のあり方に関するもの——なのだ。

存在論的モード

存在次元の概念は、哲学者が言うところの「存在論的モード」に似ている。たとえばアリストテレスは、人間には植物的、動物的、理性的な存在論的モード、もっと単純な言い方をすれば存在様式が備わっていると主張した。その種の主張は、何世紀にもわたって哲学者、心理学者、神経科学者、生物学者が提起してきたものだが、それをここで跡づけることはしない。おそらく私の立場にもっとも近いのは、第3章で言及した、トーマス・メッツィンガーの著書『自己の階層（*Hierarchy of Self*）』で提起されている考えだ。またダニエル・デネット、シモーナ・ギンズバーグ、エヴァ・ヤブロンカの考えも、私の立場に関連がある。以上の著者は、進化の歴史を通じて生じた、さまざまな有機体を区別する特徴に焦点を絞っている。同じことは私も『情動と理性のディープ・ヒストリー』で行なったし、本書でもある程度行なっている。しかし本書の焦点は、動物ごとにどの次元が備わっているかを列挙することより、四つの次元、とりわけ神経系に依存する三つの次元が、いかに人間を人間たらしめているのかを示すことにある。

人間と同じ脳を持つ動物は他には存在しない。人間と重なる存在次元を持つ動物にしても、その存在次元の機能のあり方は人間のものとは異なる――たとえばサルと人間は類似の認知領域を備えているが、サルの認知と人間の認知は異なる。また、脳の機能を阻害する疾患を持つ人を除くあらゆる人が備える四つの次元のすべてが、人間独自のあり方で備わっているが、それとともに、他の身体特徴と同様、その人独自のあり方でも備わっている――各人はその人独自のあり方で四つの次元を備えている。その理由の一端は、前述のとおり脳を含めた身体がその人の生物的（遺伝的）構成によって影響を受けること、ならびにその人独自の生活経験が記憶として蓄積されることにある。

その瞬間の四つの次元が次元のアンサンブルを形成する

人間の存在次元は、瞬間ごとに合わさって「次元のアンサンブル」を生み出す。ここで読者は、なぜ自己や人格に劣らず抽象的な「四つの存在次元」から「次元のアンサンブル」が生じるのかと疑問に思うかもしれない。事実、「次元のアンサンブル」は「四つの存在次元」から生じるのではなく、自己や人格と同様、記述的な概念にすぎない。しかし、自己や人格に関する見方によくある主張とは異なり、私は、その都度出現する次元のアンサンブルが、何かを実行する実体だと主張するつもりはない。次元のアンサンブルは、人間の本質や行動を組織化したり制御したりするシステムではないし、自覚意識も行為主体性も備えていない。またそれのみが、人間の本質の核心をなすのでもない。そうではなく、次元のアンサンブルとは、生物的、神経生物的、認知的、意識的な諸次元における、相互に独立しながらも複雑に絡み合うさまざまな活動の統合を記述したものにすぎない。そして人間の四つの存在次元は動的である――つねに変化している――がゆえに、次元のアンサンブルもつねに変化している。

神経科学者たちは、知能テストや性格診断に関連する課題を被験者が遂行しているあいだに生じた神経活動の瞬間的な連携をすでに記録できているのだから、それと同様にして、その都度生じる次元のアンサンブルを特徴づける、神経学的な兆候を発見できるはずだ。おそらく測定を繰り返すことで、個々の神経学的な兆候を発見できるだろう。とはいえ、知能や人格に相関する神経パターンの存在が、その人に知能や人格を付与するのではないのと同じように、次元のアンサンブルに相関する神経パターンは、自己認識の反映ではあっても、自分を自分たらしめているのではない。つまり神経パターンはあくまでも相関関係を示すだけであって、あなたをあなたにしているわけではないのである。

その都度生じる次元のアンサンブルは何も実行しないので、いかなる事象の原因も説明しない。それは、現時点で得られている以下の四つの知見を総合する、一つの抽象的な記述にすぎない。その知見とは、①有機体の進化の歴史を通じて生命に必要とされてきた生物学的な条件、②脳や、身体の生理機能や行動に対する脳の制御に関する神経生物学的な理解、③認知に関する神経生物学的／心理学的な理解、④意識に関する神経生物学的／心理学的な理解の四つである。

なぜわざわざ？

では、次元のアンサンブルは何も実行しないのなら、なぜわざわざそれについて考慮する必要があるのか？　各存在次元を構成するさまざまなメカニズムやプロセスは、有機体の活動の一つの明確なカテゴリーをなす。それらは私たちの生存、行動、知識の探求、感情、想像を可能にし、もっと一般的な言い方をすれば人間を人間たらしめているのである。つまり次元のアンサンブルについて考慮すべき理由は、それが四つの存在次元でつねに生じている複合的な活動を反映するものだからだ。

次元のアンサンブルという概念は、人間存在の個人的、私的な本性の基盤に関する新たな見方を提供することで、「人はただ生存するのではなく、繁栄する」という考えの意味をめぐって新たな視点を育んでくれる。たとえば人間の存在次元が、生物的、神経生物的、認知的、意識的という複雑に絡み合う四つの次元にわたって存在している点を理解することは、「身体の健康」対「心の健康」、言い換えると「生物的な健康」対「心理的な健康」などといった時代遅れの愚かな区別を捨て去ることにつながる。より一般的に言えば、ある存在次元の問題は他の存在次元の死活にも関わるので、健康の成就や維持は断片的になされうるものではないという点を私たちに教えてくれるのだ。私たちは、四つの存在次元が一つに統合されるとき、個人として繁栄することができ、さもなければ苦しむ結果になるのである。

II　生物的次元
The Biological Realm

6　生命の秘密

生物的次元は、もっとも単純な微生物からもっとも複雑な植物や動物に至るまで、あらゆる生命形態に見出される。生命形態は、生命のない物質と共存して生きている。では何が両者を分かつのか？

生物

人間が住む世界は、私たちが特別な存在として区別しているもので満ちている。おそらくそのような区別の最たるものは、生き物（植物や動物など）と生命のない物質（岩や水など）の区別だろう。人間とは何かを理解するにあたっては、この区別を説明することが非常に重要になる。なぜなら、生物的存在のおかげで他のすべての存在次元の成立が可能になるからだ。

アリストテレスは、生物と非生物の違いを、魂の有無によって説明している。彼は、魂という言葉を現代的な意味――生きているあいだは身体に結びついている不死の精神的な本質という意味――で用いているのではなく、身体に生命を与え、自身を維持するために環境内を動き回れるようにする、身体内の何かに言及していた。彼によれば、たとえば植物には、成長や繁殖を可能にする「植物的魂」が宿っていた。動物も成長や繁殖のための植物的魂を宿していたが、それに加えて空間内における運動（行動）や知覚（有感性）を可能にする「動物的魂」も備えていた。人間は植物的魂や動物的魂のみならず、話したり、推論したり、熟慮したりする「知性的魂」をも備えていた。

古代ローマの哲学者で医師でもあったガレノスは、アリストテレスの考えを拡張した。「プネウマ（*pneuma*）」という言葉（ギリシャ語で息を意味する）を用いて、アリストテレスの魂の考えを説明したのだ。ガレノスによれば、肺から取り込まれたプネウマは全身に運ばれ、身体に生命を与えたのである。

ガレノスが生きていた頃のローマ帝国ではキリスト教が拡大しつつあり、体内の魂や精神の概念に基づく彼のアリストテレス流生命観は、身体から分離した永遠の魂というキリスト教の概念へと転じていった。その後千年にわたり、キリスト教会はローマ帝国における人々の生活を支配し、のちにヨーロッパと呼ばれるようになる地域へと広がっていく。しかし一五世紀から一六世紀にかけて、キリスト教会の権威は、信仰ではなく証拠に基づく信念体系をもたらした科学革命の挑戦を受けるようになる。

実証的なアプローチに向かう傾向は、啓蒙の時代として知られる一七、一八世紀になってからも続く。とはいえ信仰と科学のあいだの不安定な関係のゆえに、進展の度合いは遅々としていた。たとえば啓蒙時代への橋渡しに重要な役割を果たしたルネ・デカルトは、強い宗教的信条を抱いており、科学への献身と宗教的な信仰を調和させるのに苦心した。それに対する彼の解決法は、「人間は二つのあり方で存在し、それぞれが異なる基質に依存している」と考えることであった。

デカルトの考えでは、身体は物質的な基質からなり、その死は単純に機械的な、ただし物理法則に基づくとりわけ複雑なメカニズムの所産であった。それに対して永遠の魂は、デカルトの見立てでは神との精神的な結合を含む非物質的な基質と、物質的な身体と相互作用する意識から成っていた。そして、人間は物質的で機械的な死すべき身体と非物質的な永遠の魂の両方を持つが、人間以外の動物は身体しか持たないとされた。

デカルトは人間存在を説明するために心と身体という二つの基質を持ち出したため、二元論者と見ることができる。とりわけ意識を介して魂が身体と相互作用《インタラクト》すると考えていた点で、彼はインタラクティブ二元論者だった。彼によれば、相互作用する場所は、魂を脳に、よってそれ以外の身体部位にも結びつけていると彼が見なしていた松果腺であった。

ジョン・ロックはデカルトに似た傾向を持っていた――一方では経験主義や科学に傾斜しながら他方では宗教的でもあるという、どっちつかずの態度を取っていた。宇宙に関する機械論的な説明によって物理科学に革命をもたらしたアイザック・ニュートンは、神こそが彼や他の科学者たちが発見しつつあったメカニズムの創造主であると考える敬虔なキリスト教徒でもあった。

啓蒙時代の後期に入ると、科学はより世俗化し、神を完全に排除した機械論的な説明が広く浸透するようになった。とはいえ、純然たる機械論的原理による生命の説明に対する反論も多かった。しかもそのような反論は、キリスト教会のみならず科学の内部からもなされた。

生物学につきまとう生気論

一八世紀には、生気論と呼ばれる潮流が、生物学の比較的若い分野として隆盛を極めるようになる。生気論者は、何らかの特殊な非物質的性質、すなわち生気が、生物を非生物から区別していると信じていた。

ただし彼らは、生物の基盤には非物質的な本質である生気が存在すると考えてはいたものの、必ずしも宗教的な意味でのスピリチュアリストではなかった。

一八世紀から一九世紀にかけて活躍していた生物学者の多くは、実のところ生気論者でもあった。なかでもルイ・パスツールやヨハネス・ミュラーらの生物学者は、非常に有名だ。パスツールの発見は、疾病への罹患を防ぐための予防接種やミルクの「低温殺菌《パスチャライズ》」の考案を導いた。また発酵に関する業績を残しているが、それにあたって、発酵プロセスは生物にのみ存在する非物質的な力を必要とするため、有機的な（生命のある）物質を用いることによってのみ可能になるとする生気論の考えを採用していた。彼のこの考えは、非生物的な化学物質によって発酵が起こりうることを他の科学者たちが示したときに反証された。

また、別の重要な生気論者として、一八世紀のフランスで活躍していた、当時勃興しつつあった実験生理学の開拓者の一人グザヴィエ・ビシャがあげられる。ビシャは、実験生理学の方法論を用いて身体組織の構造や機能を分析していた。彼のこの研究は、現代生物学への重要な移行を画するものだった。だが、自らが特定した二一の身体組織のおのおのが、独自の生命力の源泉であると主張した彼は、生気論者の範疇に入る。

有機物質と非有機物質の区別は当初、生物、すなわち有機体が、生命を付与する何らかの隠れた力に基づく有機物質の反応によって作り出されるとする仮定に依拠していた。有機物質が、生命ではなく炭素化合物に関するものとして再定義されるのは、尿の主成分である尿素を非有機物質から生成できることが発見されてからである。この発見は生気論に大打撃を与えた。

内部環境

身体組織に関するビシャの業績に大きな影響を受けた、一九世紀フランスの生理学者クロード・ベルナールは、史上もっとも重要な実験生理学者の一人とされている。ベルナールは、自分が行なった実験をもとに、外界が私たちの身体を包んでいるのとちょうど同じように、身体組織を構成する細胞が、液体に満たされた内的な環境に浸り、そこから栄養を得ていると結論した。彼はその環境を「内部環境（*le milieu intérieur*）」と呼んだ。

ベルナールは「内部環境の恒常性や安定性は、生命が自由で独立していられることの条件をなす」――つまり人間の健康には安定した状態が必要とされる――と考えた。彼の研究が示すところによれば、体内の体液は、一定の恒常性を有するイオン構成（塩類溶液）をなし、外部環境が変化すると、内部環境でも外界と身体のバランスを保つべくそれを埋め合わせる変化が生じる。このような生理的状況の起源を説明するために、彼は次のような説を提起した。海洋をあとにした人類の祖先の生物には、「海洋を持ち運ぶ」手段を発達させる必要があった。そのため、祖先の生物の細胞が、それまで進化を遂げてきた海洋の状態に非常によく似たイオン性液体に浸されるようになったのだ。

ベルナールは、ダーウィンの『種の起源』にはさしたる印象をもたなかった。完璧な実験主義者だったベルナールは、ダーウィンの考えを、いかなるデータの裏づけも存在しない単なる憶測と見なしていたのだ。生物種は互いに異なるというダーウィンの見方とは対照的に、ベルナールは、すべての生物種に、同一の基本的な特徴が備わっており、違いは程度の問題にすぎないと考えていた。それゆえ生物学の問題はすべて、どの動物を用いても解決できると仮定していた。また人間を対象にする臨床研究を極度に粗雑なものとして退け、他の生物種を緻密に研究すればすべてを学ぶことができると主張した。彼の観点からすれば、人間を対象にする疫学は科学ではなかった。彼がこのような立場を取ったために、生理学の分野で人間の臨床研究に対する否定的な態度が二〇世紀まで持ち越され、小児麻痺《ポリオ》のような疾患の治療の進歩が妨げられる結果になった。

ベルナールの反ダーウィン主義は、当時の創造論者の見方と一致すると言われてきた。当時の創造論者は、動物間の差異を共通の設計からの小さな変化の証拠と考え、人間と他の動物の主たる相違を魂に見出していたからだ。彼はまた、生気論に肩入れしていたとしてそしりを受けることがある。しかし事実を言えば、彼は創造論者でも生気論者でもなく、生物学における宗教と生気論の役割に疑義を呈していた。彼は次のように書いている。

生気論の名のもとにひどく間違った判断を下す人々がいる。（…）彼らは、恣意的に活動し決定論から解放してくれる謎に満ちた超自然的な力として生命をとらえている。（…）生気論の考えは、超自然的存在への信仰以外の何ものでもない。

生命の起源

実験生理学における反ダーウィン主義の傍流を除けば、自然選択による進化の概念が、生物種間の関係に関する科学的な説明として扱われるようになった。また、すべての生命は数十億年前に原初のスープのなかで生じた物理的なできごとのおかげで誕生したとするダーウィンの見解は、生命のない物質からいか

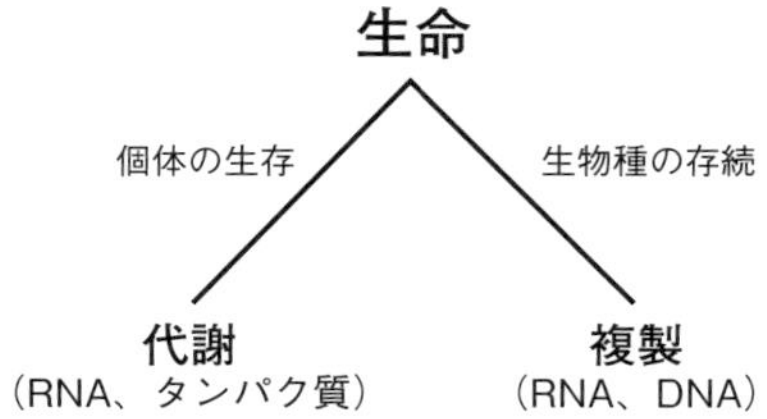

図6・1　代謝と複製は生命の根本的な基盤である。次の文献に基づく。Paul Cisek, "Resynthesizing Behavior through Phylogenetic Refinement," *Attention, Perception & Psychophysics* 81 (2019): 2265-2287, figure 8.

に生命が生じたかを示す科学的な仮説を提供した。

二〇世紀にＤＮＡとＲＮＡの複製能力が発見されると、生命の起源に関する理論は、より洗練されていった。そして、それをめぐり二つの競合する説が登場した。一つは、生命に先立って存在していた自己複製する分子が、タンパク質の生成や代謝の維持を可能にする物質的な覆いに包まれて区画化されていったというものだ。それから時が経つにつれ、このいわゆる原細胞はそれ自体、生物的な囲い地になっていった、つまり皮膜を進化させていった。原初の細胞は生存するために、代謝によるエネルギー生成プロセスに基づいて内部環境と外部環境のバランスを取り、作り出されたエネルギーを用いて生命を維持し、ＤＮＡ複製による生殖を行なえるようにする必要が生じた。もう一つの主要な理論は、登場する化学物質に関しては同じだが、進化の歴史において代謝が複製に先立つと考える。

どちらのモデルが正しいかはここでは問わないとして、いったん進化の歴史に細胞が登場すると、代謝によって個々の細胞の存続を可能にする駆動力が得られ、個々の細胞の生存期間を超えて生物種が存続するために複製が必要になった。かくして代謝と複製は生命を規定する特徴になり、生物に関するそれ以外のすべての機能がこれら二つのプロセスに依存しているのである。

ホメオスタシスと代謝と生命それ自体

内部環境の安定性に関するベルナールの考えは、一九二〇年代後半にアメリカの生理学者ウォルター・キャノンによって日の目を見ることになる。ベルナールが身体による内部環境の恒常性の維持を示したのに対し、キャノンは証拠を整理して内部環境と外部環境のバランスの安定がいかに確保されているのかを説明した。

キャノンは緊急事態が生じた際に副腎髄質から分泌されるホルモン、アドレナリンの役割に研究の焦点を絞った。アドレナリンは、さまざまな身体器官の受容器《レセプター》に結合してその器官を活性化し、一部は肝臓や脂肪組織の保管庫からエネルギーを引き出すことで緊急時の必要性を満たす。緊急事態が収まると、バランスを回復するためにさらなる生理的変化が必要になる。彼はそれを「ホメオスタシス」と呼んだ。

キャノンや彼のあとに続いた生理学者の多くは、有害な極限状況に対する身体の反応に着目したが、ホメオスタシスという概念の意義はそれよりはるかに広く、いかにして身体が、平常時か緊急時かを問わず刻一刻とつねに自己調節して生存しようとするかを説明するものであった。

「アロスタシス」は、ホメオスタシスに関連する重要な概念であり、将来の必要性を予測し、それを満たすために自己調節する身体の能力を指す。ホメオスタシスが崩れたバランスを回復させるのに対し、アロスタシスは予測によって最適な機能を維持しようとする。

ホメオスタシスのおもな役割は、代謝に適した化学環境を確保することにある。真核細胞では、代謝の仕事はミトコンドリアと呼ばれる小さなエネルギー装置が請け負っている。体内の各細胞は、酸素を用いてブドウ糖《グルコース》を分解することでエネルギーを確保している。そのためには、細胞を包み込む液体に適量のグルコースと酸素、さらにはイオン（カルシウム、カリウム、ナトリウム）やミネラル（鉄、マグネシウム）が含まれ、適切なpH（酸塩基平衡）が保たれなければならない。これらの化学物質は血流を介して全身に運ばれる。血流の維持には、心拍が必要とされる。またグルコースを分解する化学反応が生じるためには、体温が狭い範囲に限定される必要があるので、その微調整も行なわれねばならない。以上のステップのそれぞれが、内部環境を安定化させるフィードバックプロセスによって制御されており、そのおかげで代謝によって効率的にエネルギーが生み出されているのだ。有機体の健康や活力は、代謝とホメオスタシスに依存している。なお、それらは合わせて「代謝恒常性」と呼ばれている。著名な科学者ブルース・マキューアンは、生物の代謝の役割について論じた共著書のなかで次のように述べている。

生命は、生物的構造がエネルギーによって活性化されたときに誕生する。エネルギーは、システム内に物理的な変化が生じる際に、システムの各部位間で受け渡され、通常は仕事を行なう能力と見なされている、自然に由来する基本的な実体として定義される。（…）エネルギーが存在しなければ、生命も存在しない――分子同士の相互作用のみでは意味がなく、多数の分子が集まって複雑な構造が形成されたり複製がなされたりすることもない。（…）全身に浸透し各部位間で受け渡される恒常的なエネルギーの流れを経験することは、生きた有機体の必要条件である。エネルギーを欠けば、（…）身体は死ぬ。

今日における生気論の残滓

代謝恒常性に由来する、生命を付与し維持するエネルギーは、生物的存在次元の中心をなす。代謝は、生気論者によって提起された謎めいた非物質的な力とは似ても似つかないものだ。しかし科学の発展にもかかわらず、生気論は現在でも生き残っている。

今日の生気論は隠れたスピリチュアリズムが顕現したものであり、生命の一部をなすと見なされている非物質的な本質を名づけるためのさまざまな用語をともなう。それらの用語には生気論の伝統から直接生まれたもの（*vis essentialis, vis vitalis, élan vital,* 生命力、ライフフォース、ライフスピリット）もあれば、古代のギリシャ哲学、キリスト教（魂、精神）、東洋のスピリチュアリズム（気、ブリオ、プラナ、シャクティ、プルシャ、与力、アストラル体）に由来するものもある。

魂や死後の世界に対する信念、あるいはスピリチュアリズム一般は、おそらくこれからも存続するだろう。私は、それを懸念しているのではない。私が懸念しているのは、その種の考えが正当な科学的説明として扱われる場合があることだ。ベルナールが述べたように、科学に生気論の居場所はない。

宗教に深く帰依する科学者や、霊的存在を信じる科学者はいる。しかしキケロやロック、あるいはそれ以後の多くの人々が主張してきたように、私たちは状況が異なれば、それに応じて異なる役割（ペルソナ）を演じようとする。科学者は、科学を遂行する際に科学者でありさえすれば、それ以外の状況のもとで非科学的な人生を送っても、それは本人の自由であり、そこに害悪は生まれない。しかし、科学者が科学者としての資格を、非科学的な観点や、場合によっては反科学的な見解の正当化に使えば、必ずやそれによって危害が生じるだろう。

だが科学者と、心身二元論や汎心論（生物であろうが無生物であろうが、あらゆる自然物に意識が宿っているとする信念）のような立場を取る哲学者が、科学をめぐって議論するとなると、事態はより複雑になる。それらの立場は哲学的な探究ではまったく正当なものであったとしても、だからと言ってそれらが科学的なトピックになるわけではない。

二元論と汎心論はいずれも生気論に結びついており、これらの哲学的な見方と整合する科学理論を提起する科学者もいる。たとえば「統合情報理論（ＩＩＴ）」として知られる理論は、意識の汎心論的なモデルと見なされており、「φ《ファイ》」と呼ばれる実体に物理システムの相乗効果や情報の複雑性が反映されると主張する。ＩＩＴによれば、情報を蓄積するいかなる物理システムもφ値を持ち、ゆえにある程度の意識を備えている。φと意識は宇宙全体に浸透しているため、星屑、岩、テーブル――そしてその他ありとあらゆるもの――が、意識の断片から構成されている。そう考えるのだ。

ＩＩＴには反論が多い。ＩＩＴに反対する科学者たちは、ＩＩＴ論者がせいぜい科学的実践の周縁に位置するにすぎない観念をもてあそんでいると主張する。そう言われている理由の一つは、ＩＩＴ論者たちが複雑な数学に身を包んでいることもあるが、検証不可能で反証の余地がない議論を展開しているように思えるからだ。ＩＩＴは非科学的な信仰の飛躍を必要とすると主張する者もいれば、エセ科学だと切って捨てる者もいる。

私はほとんどの生物学者と同様、およそ四〇億年前に化学物質の大嵐の結果として生命が誕生したと考えている。有機体と呼ばれるあらゆる生物は、生物的存在次元に属している。有機的な生命の秘密とは、謎めいた生命力や霊的な力ではなく、かつて存在してきたあらゆる有機体の誕生を可能にした、代謝と複製というありふれたプロセスにあるのだ。

7　身体

プラトンは、死を期待して身体的な情念やその他の限界から自らを解き放つよう哲学者たちに奨励したと言われている。しかし（取る立場によって）良くも悪くも、現代の科学は、心臓の鼓動が停止したあとでも持続する純粋な存在状態というプラトン流の考えを支持しない。生きとし生けるもののあらゆる側面は、身体に依存しそれとともに死滅する。プラトンには申し訳ないが、生物的存在次元が消滅すれば、神経系もシャットダウンし、よって認知的次元も、意識的次元も、それゆえ理性も失われてしまうのだ。

有機体

著名な進化生物学者エルンスト・ヘッケルは一九〇四年に刊行された著書『生命の不可思議（*Wonder of Life*）』で、「有機体《オーガニズム》」を次のように定義している。

科学が通常用いている意味においては、またここで用いる意味では、「有機体」という言葉は、「生きているもの」あるいは「生きている身体」と同義であり、その反対は、おおまかに言うと無機的、つまり非有機的な身体である。よって「有機体」という言葉は生理学に属し、基本的に代謝、栄養摂取、生殖の各作用からなる、身体の生命活動を意味する。

この定義に加え、有機体は、遺伝子によって制御される成長や修復のプロセスを通じて徐々に変化していくものだと言える。また遺伝的な活動は、成長や修復が生じる環境によって調節される。独自性（個体ごとにゲノムが異なること）と等質性（個体を構成するすべての細胞が一つのゲノムを共有すること）という、二つの遺伝的な性質がとりわけ重要である。

個体の身体が構築される際に特定の組み合わせの遺伝子が発現するあり方は、外観においても、内部の細胞構成や生理機能においても、種内におけるその個体の独自性をもたらす。また遺伝的な等質性のゆえに、有機体内のすべての細胞が生理的な互換性を持つ。その結果、代謝によってエネルギーを生み出し、そのエネルギーを使ってホメオスタシスや生殖を行なう際、有機体の内部は高レベルの協調性をもって運用され、生理的な齟齬は低レベルに抑えられる。身体部位を構成する細胞に影響を及ぼす疾患は、重くなると、この協調性を阻害し、有機体の統合性を損なったり、場合によっては生存能力を脅かしたりするほどの生理的な齟齬を引き起こす。

チリの生物学者ウンベルト・マトゥラーナとフランシスコ・ヴァレラによって、自己生産（自己の部位の生成）、自己組織化（自己の部位の正確な組み立て）、自己維持（栄養摂取や修復を自ら行なう）という、有機体が備える三つの重要な特徴が特定されている。機械は有機体と同様、単体として機能する複雑な実体であり、ともにエネルギーを用いて仕事を行なう自己調節プロセスを備えた開放系だが、機械は外部の主体、通常は人間によって設計され、組み立てられ、修理される。しかも機械は生物的ではなく物理的なので、代謝、成長、自己生産、自己複製、自己修復の能力を持たない。

プログラムを組み込まれた機械はそのようなものでしかなく、決してそれ以上のものではない。私たち人間は、三七億年の進化を通じて徐々に段階を積み重ねていくことで蓄積され複雑に絡み合ってきた身体設計の変化の産物であり、だからこそ現在の私たちのように存在し機能することができるのだ。

人工知能によって制御される機械はどうか？　そのような機械は、複雑な動物が持つものに似た特徴をいくつか備えている。たとえば情報を収集し、それを用いてルールを学習してそれに従うことで、比較的単純な形態のパターン認識、計画立案、意思決定を行なう能力などだ。認知、あるいは意識を備えている可能性さえ指摘する人もいる。いわゆるサイボーグは、倫理的、道徳的な責任を負い、権利を持つ「ポストヒューマン」だとする主張さえある。しかし私の信じるところでは、人工知能によって駆動される機械は、生物的、神経生物的な生命様式を進化させてはいないし、動物個体が備えているもののような生物的、神経生物的プロセスを始動させるに十分なほど成熟した経験を持たない。したがって「人工」という言葉が示すように、その種の機械が持つ能力は、単なる認知の模倣にすぎず（ChatGPT は人間の認知の精巧な模倣である）、その初歩的な原型などではない。なお、人工知能に関しては本書の最後で詳しく論じる。

生物的個体としての有機体

私たちと地球を共有している有機体が現在のような外観をしているのは、自然選択を通じてその有機体が進化させてきたボディプランを受け継いでいるからだ。つまり自然選択は、有機体の身体を変化させてきたのである。

リチャード・ルウォンティンによれば、自然選択は次のように作用する。類似の有機体からなる個体群の各個体間には差異がある。個体同士が生殖すると、その子孫は環境への適合をある程度可能にする特徴を受け継ぐ。環境（そこには物理環境のみならず他の有機体も含まれる）が変化すると、新たな環境下で有用な特徴を持つ個体が、数の上で優勢になる。生物種が環境の圧力に反応して変化し続けると、やがて祖先のグループから逸脱していき、変化が蓄積することで、ある時点で新たな有機体、つまり新たな生物種が誕生する。

レオ・バスは従来のダーウィンのアプローチを拡張して、自然選択の概念を新種の有機体が誕生する変化の階層という文脈のもとに置いた。彼の指摘によれば、新たな有機体は、新しい特徴を持つだけでなく、派生元の祖先のグループの特徴も維持する。この洞察で特に重要なのは、新たな（あるいは新たに変化した）特徴が、自然選択の第一のターゲットになることが多く、古い特徴は選択されにくくなる、あるいはそれどころか抑制されることを指摘した点である。一例をあげよう。哺乳類が体内に備える、生存するための基本的な生理機能は、生存に資する価値が自然選択によって繰り返しテストされてきたものであるため、新たな生物種が誕生しても通常あまり大きくは変化しない。変化の多くは、その生物独自の身体が、生存を維持するための内的必要性を満たすべく環境と相互作用するあり方を制御するプロセスに関係する。バスはこの説をまったく新たに着想したのではなく、その数十年前にA・B・ノビコフが次のように論じていた。

有機体の統合レベルという概念は、複雑性と統合性の連続的な階層を通じての物質の進化に関する一般的な記述である。（…）複雑性の新たなレベルは、数々の個体に重ね合わせられて一つのシステムを構成する。あるレベルでは全体であったものが、それより高次のレベルの部分になる。有機体の各レベルは、構造面や行動面で独自の特徴を備えている。これらの特徴は、構成要素の特徴に依存するにもかかわらず、それらの構成要素が新たなシステムの内部で結びつけられたときにのみ生じる。「メソ形（中間形態）」は、あるレベルから別のレベルへの転換点に見出される。

この考えに基づいて、ジョン・メイナード・スミスとエオルシュ・サトマーリは、進化を通じて下位の階層から上位の階層への移行がいかに生じたのかを説明する、機械論的で、とりわけ遺伝的な理論を考案した。その主張によれば、主要な移行が生じた際の変異や自然選択における変化の評価に、前述した二つの主要な遺伝的特徴（独自性と等質性）を適用することができる。

進化生物学者リチャード・ミコッドの言葉を言い換えると、自己複製する遺伝子から始まる主要な移行には次のようなものがある。遺伝子→遺伝子のネットワーク→原細胞→浮遊性のＤＮＡを持つ細胞（細菌などの原核生物）→有性生殖によって生み出され〔核内に〕隔離されたＤＮＡを持つ細胞（原生動物、藻類、アメーバなどの真核生物）→多細胞真核生物（植物、菌類、動物）。

進化生物学者は、祖先のグループと子孫の関係を「入れ子状の階層」として記述することが多い。たとえば古い特徴が新たな特徴に置き換えられて原核生物から真核生物が進化し、多細胞有機体の細胞はすべて真核細胞になった、などといった具合に。

ここで、三つの多細胞生物のグループのおのおのが異なる単細胞真核生物の祖先から進化したことを強調しておこう。たとえば動物の祖先は、単細胞生物の原生動物である。この事実は、本書の焦点をなす現存の動物がいかに進化したかを、また原生動物が、いかに人間を含めた動物を、数十億年前に誕生した初期の生命形態に結びつけているのかを理解するにあたって重要なポイントになる。

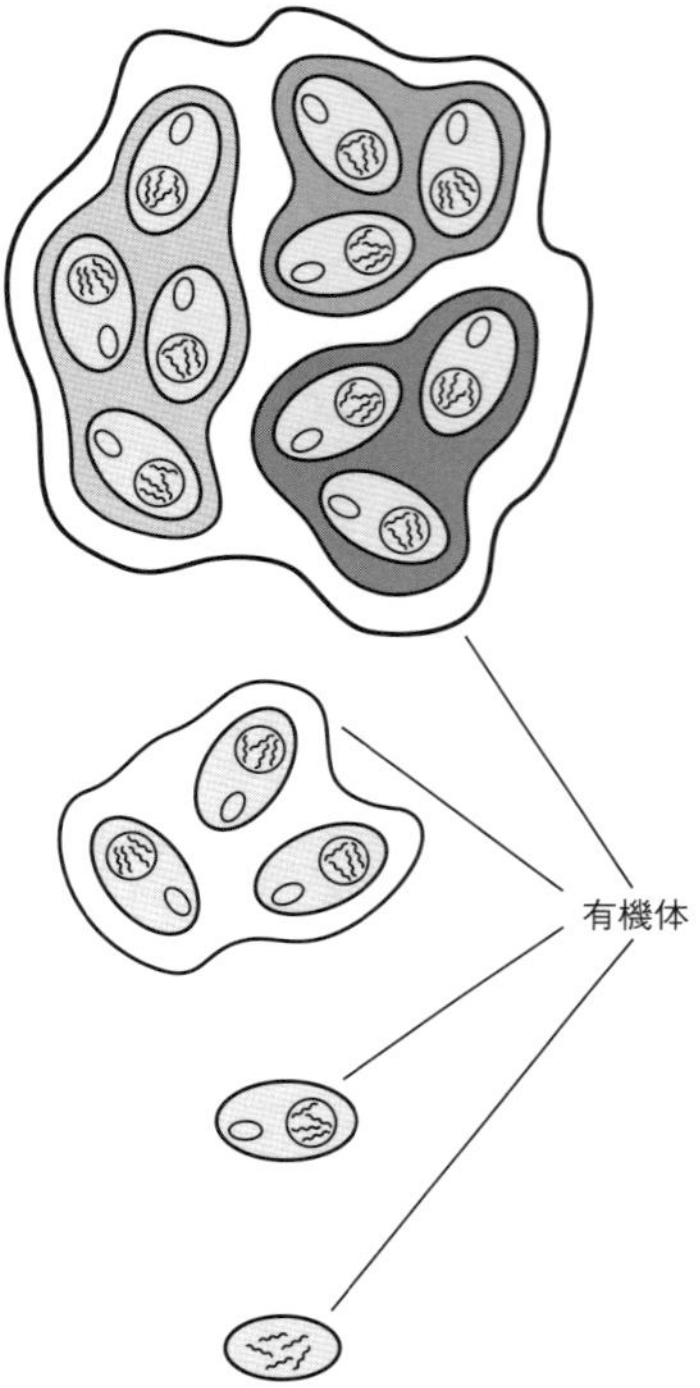

図7・1　進化における入れ子状の階層

生物個体の再考

ここまで取り上げてきた見方は、有機体が自然選択のターゲットであり、ゆえに生物個体の基本単位をなすことを前提にしている。有機体の定義は、それが出現した主要な移行ごとに異なる基準を適用する必要があるのかもしれないが、慣例に従えば、いかなるものであろうと有機体は、自然選択のターゲットになる。

しかし、有機体に焦点を絞るそのような見方には疑義が呈されてきた。たとえば生物哲学者デイヴィッド・ハルは、「有機体」や「生物個体」という用語のこれまでの使われ方に疑問を呈している。彼によれば、有機体とは統合化された機能単位ではあれ、生物種、個体群、個々の有機体、細胞、分子、遺伝子、染色体を含む生物個体の階層におけるいち構成要素にすぎない。したがって、ハルが提起する生物個体の階層のなかでは、個々の有機体は、中間レベルを構成するにすぎない。

ハルの議論の重要性は、一つの有機体の内部に他の生物個体が含まれる場合もあるという事実を指摘した点にある。母親の子宮内に宿る胎児はその一例である。消化管に宿り、私たちの健康や福祉を支えているマイクロバイオータ（細菌叢）はもう一つの例になる（私たちの体内には、私たち自身の細胞より多くの細菌の細胞が宿っている）。代謝などの生理的メカニズムを宿主《ホスト》と共有しているこれらの訪問者は、「共生生物《シンビオント》」と呼ばれている。また、その結果生じた生物個体の結合は「ホロビオント」と、さらにはそれによって結合されたゲノムの総体は「ホロゲノム」と呼ばれる。

体内の訪問者のすべてが、歓迎に値するわけではない。大腸菌や、単細胞の原生動物ジアルジアは、私たちの消化系に危害を加える。ウイルスは自己複製能力を持たないために通常は生物と見なされていないが、生物個体に居を構え、ホストのDNA合成機構を利用して自己複製し、ホストの生理機能を脅かす。また有機体の細胞ががんになると、その細胞は身体のために仕事をしなくなり、さながら有機体の統合された生理組織から意図せずして出現した裏切り者になる。がんは、多細胞生物の細胞が、個々の細胞が独立して機能する単細胞モードに先祖返りすることで生じるとする説もある。なおこの説は、がん患者では、人間と単細胞真核生物が共有する遺伝子の発現が増加することを示した研究によって支持されている。

ダーウィン的個体

有機体を生物個体の必須条件と見なす従来の見方に対するハルの挑戦は、生物個体の種類を見分けて定義する最善の方法をめぐる論争を巻き起こした。この議論における主要な論者の一人である哲学者のピーター・ゴドフリー＝スミスは、彼が「ダーウィン的個体群」と呼ぶものに焦点を絞っている。これは、さまざまな遺伝形質を持つグループを意味し、それらの遺伝形質のなかにはそれを持つ個体群のメンバーに生殖上の優位性を与えるものもある。そして、そのような特徴を持つメンバーは「ダーウィン的個体」と呼ばれる。しかし彼にとっては、「ダーウィン的個体群」も「ダーウィン的個体」も、必ずしも有機体ではない。というのも彼は、有機体の断片（遺伝子や染色体など）にもダーウィン的な個体としての資格を与えているからだ。

このモデルは、同様にダーウィンの理論に部分的に依拠する、利己的な遺伝子というリチャード・ドーキンスのよく知られた理論とは異なる。ドーキンスの理論もダーウィンの原理に部分的に基づいてはいるものの、彼にとっての遺伝子とは、有機体に居を構える自己複製子《レプリケータ》を意味する。彼の見方によれば、自然選択で重要なのは自己複製子の生存である。なぜなら、それによって信頼性の高い遺伝子の世代間での受け渡しが確保されるからだ。それに対してゴドフリー＝スミスは、自己複製子から複製プロセス（生殖）へと焦点を移す。彼にとっては、繁殖適応度（成功度）が自然選択のターゲットなのだ。したがって、繁殖適応度に貢献しない有機体は、ダーウィン的個体群の内部で他のダーウィン的個体とともに生存していたとしても、ダーウィン的個体ではない。繁殖適応度という見方は、子どもを産まない選択をした人や、子どもを産めない人にとっては厳しい評価に思えるかもしれない。しかし繁殖適応度は、種の活性化に他のさまざまなあり方で寄与する。

生理的個体——統合された代謝活動

科学哲学者トーマス・プラデュは、「生理的個体性」によって生物的個体性が決定されるとする考えの代表的な擁護者の一人である。この立場は、ダーウィン的個体の概念とは対照的に、有機体を前面に押し立て中心に据える。その際プラデュは、生物個体の機能統合の基盤をなす主たる要因として、統合された代謝活動の重要性を強調する。彼のモデルは、恒常的で組織的な免疫反応によって身体の代謝活動が刻一刻と制御されることを特に強調する。そしてそれによって、個体の生命や健康を維持する、複雑かつ異質な種々の生理プロセスの統合が確保されているのである。

もっとも印象的なプラデュの主張として、個々の有機体間は、皮膚などの膜組織のような解剖学的構造ではなく、免疫系が維持する化学的な境界によって画されるというものがあげられる。それについて、彼は次のように述べている。

> 免疫系は、有機体のあらゆる部位を監視し、その有機体の構成要素間の凝集力を維持している。それによって個体の独自性が保たれ、有機体と環境の境界がつねに再確立されているのだ。

プラデュの見方は、免疫学の主流の考え、つまり免疫系は外部から侵入してくる抗原を認識し排除することで、自己と非自己を区別しているという見方に反する。彼は、そのような立場をありえないものとして否定する。なぜなら、免疫系は私たちの腸に宿るマイクロバイオータのような共生生物を排除しないからだ。

プラデュは、「生物個体」という用語が有機体以上のものを指すという点に関してはハルやゴドフリー＝スミスに同意するものの、生物個体のなかでは、有機体が生物の個体化のもっとも統合された形態だと主張する。プラデュによれば、有機体内の胎児やマイクロバイオータの存在は、人間の生物個体の核には人間という有機体が存在するという考えを無効にするわけではない。また彼は、ある生物的な実体が、いかなる種類の進化的（ダーウィン的）個体であるかを知るためには、往々にしてそれがどのような種類の有機体であるかを知る必要があると指摘している。

ロバート・ウィルソンとマシュー・バーカーの手になる影響力の大きな論文の指摘によれば、免疫系の個体性に関するプラデュの挑発的な仮説の最終的な評価に関係なく、生物の個体性の単位として有機体に着目するその見方は、ダーウィン的個体に偏向した最近の学説を矯正するものとして歓迎できる。私は彼のこの見解に完全に同意する。何しろ本書は、徹底して有機体を主題としているのだから。

化学反応のセットとしての有機体

有機体で構成される生命体は、単細胞であろうと多細胞であろうと、一連の化学的相互作用によって特徴づけることができる。たとえば単細胞有機体の生命は、細胞内の（代謝などの）化学反応に依存するとともに、細胞内の化学反応と細胞近傍の外部環境における（ホメオスタシスなどの）化学反応の相互作用にも依存する。ここでいう外部環境には、ホメオスタシスを維持するために同じ環境内で他細胞と相互作用している、自己以外の細胞も含まれる。

単細胞真核生物から多細胞真核生物への移行は、より大きく複雑な有機体の統合を保つには細胞同士がいかに相互作用すればよいのかという問題の解決を必要とした。細胞同士の相互作用の基本的な原理には、複数の細胞が凝集してコロニーを形成することで達成されるものもある。しかしそれは、都合に応じて単に寄り集まっただけであり、真の多細胞有機体ではない。たとえばコロニーを形成すれば、真核生物の獲物は真核生物の捕食者を数で圧倒して安全を確保することができる。また、生存に対するコロニー化の別の利点として分業があげられる。単独で生存するたった一つの細胞は、移動、消化、複製などの制御をすべて自分で行なわねばならない。だがコロニーを形成すれば、多数の細胞が、おのおの別の課題を遂行することができる。この分業は、多様な細胞が、グループ内の遺伝子の活動を変えて、他の細胞が持つ通常の機能のいくつかを抑制する化学物質を放出することで達成できる。ただし、その結果生じる特殊化は、便宜的で一回的なものに留まる。つまり、ある細胞がコロニーから離脱すれば、その遺伝子は通常の機能を取り戻し、その細胞は単独で生存する状態に戻るのだ。

原核生物（細菌など）も真核生物（原生動物や藻類など）もコロニーを形成するが、真核生物のみが、真の多細胞有機体として存続する方法を見出した。実のところ、真の多細胞有機体は、単細胞有機体のコロニーを介して進化したのである。

真の多細胞生物は、やがて有機体を構成するようになる他のあらゆる細胞の母細胞である、たった一つの細胞（受精卵）としてその生命を開始する。多細胞有機体は、胚発生の時期に統合された一つの身体へと組み立てられていく。これは遺伝的にコードされているボディプランに基づいてなされる。こうしたボディプランが生じるのは、二つの個体に由来する遺伝子が生殖によって混合されることにも関係する。なおこれは、真核生物になって初めて出現した能力である。生殖による混合にともなう数学的な必然性によって、各個体は、同じ生物種に属する他のあらゆる個体と異なる身体を持つ。またあらゆる生物種の身体は、他のすべての生物種の身体と異なる。多細胞有機体は、さまざまな細胞がより大きな単位の一部を構成するにすぎないという形態で、誕生から死を迎えるまで一つの機能単位として生き続ける——たとえば皮膚細胞は、身体から離れて環境内で単独で生きていくことはできない。

多細胞有機体の身体が担う、生存を保つための厄介な仕事は、各システムに属する組織や器官を構成する遺伝的に特化した細胞（たとえば動物では皮膚、血液、心臓、肺、筋肉、免疫系を構成する細胞）によって遂行される。化学的な相互作用は、組織の内部で隣り合う細胞同士に限らず、異なるシステムのあいだでも生じる。一例をあげよう。肺によって空気から抽出された酸素は、代謝のために血流を運ばれ、全身に分布する組織や細胞に送り届けられる。また血流は内分泌系によって分泌されたホルモンを全身に運ぶ。かくしてホルモンは、有機体内で生じるさまざまな活動の調節に重要な役割を果たしているのだ。

以上の記述は、私たち人間のような動物にとりわけ的確に当てはまるが、一般には他の多細胞有機体にも当てはまる。たとえば植物の根が吸い上げたミネラルや水分は、循環系を介して葉に運ばれ代謝を支援する。

有機体は変化しつつも同一性を保つ

有機体は、毎日刻一刻とホメオスタシスやアロスタシスの原理に基づきながら代謝によってつねに自己を調節し、恒常的に変化している。誕生したばかりの頃は、それらの反応はあらかじめプログラムされており、自動的で柔軟性を欠く。しかし発達を遂げるにつれ、成熟や成長、あるいは状況の変遷に起因する、能力や生存条件の変化が新たに起こるため、それに適応する必要が生じる。時間とともに学習能力や適応能力が急速に発達し、周囲の世界と、それに対する自己の関係に関する情報を取得できるようになる。老衰した有機体は、能力の低下に対処しなければならなくなる（人間の場合には、聴力の喪失、白内障などの視覚障害、心臓疾患、記憶障害、がんなど）。

有機体はつねに変化しているという事実は、哲学者や科学者が個体性や自己同一性《アイデンティティー》に関する問題に頭を悩ませてきた理由でもある――私たちはつねに変化しているのに、いかにして同一性を保てるのだろうか？　デレク・スキリングスは、「個体性とアイデンティティーはコインの裏表のようなものだ」と述べている。本章の大部分の焦点をなす個体性は、境界に関する概念であり――何が生物個体同士を区別するのか？――、それに対してアイデンティティーは、何が一つの生物個体を、時間が経過しても同一の存在にしているのかに関する概念である。

遺伝子、免疫反応などの生物学的特徴はいずれも、各個体を生物的に異なる存在にすることと、時を超えた個体の生物的な同一性、すなわちアイデンティティーを維持することの両方に寄与している。しかし個体性とアイデンティティーだけが、人間の生物的な条件を規定しているわけではない。神経生物的、認知的、意識的な要因も、それに重要な貢献をしている。またそこには、認知的、意識的な要因とともに、文化的な要因も含まれる。

8　生物的存在の二重性

人間存在の多様さに関する私の考えは、突然の洞察によってまったく新たに得られたのではない。古代以来、科学者たちは動物が多様なあり方で存在していることを理解していた。たとえば、すでに述べたようにアリストテレスは、動物が植物的存在であるとともに動物的存在であると主張した——植物的機能は体内に関するもので、動物的機能は外界との相互作用に関するものだと見なした。

一八世紀の組織生理学者（で生気論者でもあった）ビシャはこの区別に基づいて、動物存在に関して類似の二重性を主張した。彼の見方によれば、動物は、植物的な内部組織を介した「栄養を取り込む生命（*vie de nutrition*）」であるとともに、感覚組織や運動組織を介した「行動によって外界と相互作用する生命（*vie de relation*）」でもあった。ベルナールはビシャの考えを拡張し、内部環境と外部環境という概念を提起した。またキャノンは、内部環境と外部環境のバランスを取る手段として、ホメオスタシスという概念を追加した。物質的（生物的）な身体と、非物質的な心の分離というデカルトの哲学的主張とは対照的に、彼らが主張する多様な動物存在は、いずれも単純に生物的なものであった。

この話題に関連する材料は尽きない。たとえば、現代の生物学や神経生物学の教科書は、内的組織の生理学や、外界で行動するために動物が用いている感覚メカニズムや運動メカニズムの説明に多くのページを割いている。とはいえ動物生命の二重性に関して、本書の内容にとりわけ大きな意義のある視点が存在する。

ローマーの身体二重説

本書を書き始めた頃、私は進化生物学の本のなかに、古生物学者のアルフレッド・シャーウッド・ローマーが一九五〇年代に発表し、一九七〇年代に進化生物学の本に再度掲載された論文を偶然見つけた。私が知る限り、この論文はそれから半世紀近く、私自身を含めたほとんどの神経科学者によって見落とされていた。

ローマーその人が忘れられていたのではない。彼は、魚類から両生類への進化的な移行に必要とされる解剖学的な変化に関する業績で広く知られており、二〇世紀におけるもっとも重要な進化解剖学者の一人と見なされてきた。彼が一九五五年に著した教科書『脊椎動物のからだ――その比較解剖学』〔邦訳は一九八三年〕は、比較解剖学のバイブルと見なされている。しかし私が今回見つけた論文は、脳解剖学に関する主要な論文にはほとんど引用されていないように思われ、たまに引用されていても、それは非常に特殊なテーマを扱った専門的な論文によるものがほとんどだった。だが私にとって、このローマーの論文は本書で提起する概念の重要な部分になった。

率直に言えば、私は何度もこの論文を読み直さねばならなかった。最初は、アリストテレス、ビシャ、ベルナール、キャノンらの考えのまったくの焼き直しであるように思えた。しかし何度も読み直してローマーの考えに深入りすればするほど、それだけ彼の見解に対する興味が強まっていったのだ。

ローマーは、脊椎動物が備えていることで知られる二種類の筋組織に焦点を絞っている。一方の横紋筋は身体の肉の部分の多くを占め、骨格に付着している。また外界での身体の動きを制御する際に迅速に反応し、行動の基盤をなす。それに対して平滑筋は、消化、呼吸、生殖などの生理機能を管理している内臓器官や腺に結びつけて一般にとらえられてきた。なお平滑筋は横紋筋よりゆっくりと収縮する。

二つの筋肉の違いは、収縮を制御している数種のタンパク質の相違に関係する。横紋筋を構成するタンパク質の混合は、効率的な収縮を可能にしている。また横紋筋は、それらのタンパク質の配分具合によって縞模様を呈しているため、その名がある。

しかしローマーは、横紋筋と骨格の動きを、また平滑筋と内的な組織を結びつけることが過度の単純化であることに気づいた。とりわけ縞模様の平滑筋を持つ脊椎動物も存在していた。縞模様の平滑筋の存在はすでに知られていたが、それは取るに足らない異常と見なされていた。だがローマーは、そこに重要な進化のプロセスが働いていることを見て取ったのだ。

ローマーはベルナールと同様、脊椎動物における海洋生物から陸生生物への移行の重要性に基づいて議論している。それによれば、新たな環境によって課された代謝の問題を解決するために、初期の両生類は、心臓、肺、消化器官に、より効率的な筋肉を必要とした。そのおかげで迅速に収縮するタンパク質が平滑筋に加えられ、その結果、骨格筋に類似する縞模様が与えられたのである。

ローマーの結論によれば、縞模様の存在は空間内で骨格を動かす筋肉のみに見られるわけではないので、身体機能に対する筋肉の関係は、横紋筋か平滑筋かという区別に基づいては考えられなかった。むしろ主要な区別は、体壁的《ソマティック》*（行動的）な体組織と内臓的（いわゆる植物的）な体組織のあいだにあった。その際、それぞれの体組織がどの筋肉を用いているかは関係なかった。ローマーの結論の意義は、彼自身の次の言葉にもっともよく現れている。

多くの点で、魚類であろうが哺乳類であろうが、脊椎動物はみごとに縫い合わされた単体構造をなしている。しかし見方を変えると、機能的にも構造的にも、二つの異なる存在のやや不完全な縫い合わせであるようにも思われる。二つの存在とは、外的な「体壁的」動物と内的な「内臓的」動物のことである。「体壁的」動物は身体の肉や骨のほとんどを含む。また「内臓的」動物は、基本的に消化管とその付属器官からなり、かなりの程度自律的に作用し、不完全ながら「体壁的」動物のコントロールを受ける。

ローマーの用語について

ローマーが、広く知られたアリストテレスの「植物的（vegetative）」ではなく「内臓的（visceral）」という言葉を使った理由は、組織の観点からすると、「内臓的」という言葉のほうが、二種類の活動において実際に働いている筋肉の種類を区別するのに都合がよいと考えたからなのだろう。「eviscerate」という言葉は、内臓を除去することを意味する。食材としての内臓は、食通のあいだでは「offal」と呼ばれている。

＊ somatic は比較解剖学者でもあったローマーに関する記述については「体壁的」とし、それ以外については「体性的」とした。

科学的に言えば、内臓（viscera）には三種類の組織がある。一つ目の組織は、主要な器官（心臓、肺、腸、肝臓、胆嚢、腎臓、脳）である。二つ目の組織は、ホルモンや体液を分泌する分泌組織（副腎髄質、副腎皮質、膵臓、生殖腺、甲状腺、副甲状腺、松果腺、唾液腺、涙腺、汗腺）からなる。三つ目の組織は血管（動脈と静脈）である。内臓組織のほとんどは、腹部、胸部、骨盤の体腔に存在するが、頸部、頭部に存在するものもある。血管は、骨を含めた全身の組織を貫いている。内臓組織は、全身のあらゆる細胞で刻一刻と生じている代謝作用を可能にする、ホメオスタシスを維持するためのプロセスを管理して私たちが生き続けられるようにしているのだ。

以上の科学的な理由のほかにも、「植物的」という言葉を避けるべき社会的な理由がある。「植物的」という言い回しは、「遷延性植物状態（persistent vegetative state）」という神経症状を指す用語として使われるようになってきた。この状態にある患者は、下半身の植物的機能は依然として生命維持能力を残しているものの、脳の損傷のために目覚めもしなければ、反応もしない。この言葉は侮辱的である。というのも、患者を植物にたとえているからだ。しかし「遷延性内臓状態（persistent visceral state）」という言い方をすれば、その種のスティグマをもたらさないだろう。

本章でローマーの考えに言及した理由は、そこから非常に重要な洞察を得ることができるからだ。つまり、彼が提起する内臓的機能と体壁的機能という概念は、単に生物的次元における二つの下位分類と見なせるだけでなく、進化的に構築された他のすべての存在次元の基盤にもなる。そのことは、神経系と神経生物的次元がどのように非神経的な組織から進化したかを検討する第Ⅲ部で明らかになるだろう。

III　神経生物的次元
The Neurobiological Realm

9　神経が必要だ

進化の歴史の尺度からすれば一夜とも言えるほど短い期間に、生命は単細胞微生物のみの世界からマクロな多細胞生物を含む世界へと移行した。植物界、菌界、動物界という三つのマクロな生命世界の登場のそれぞれが、一つの進化的な重大事であったことは言うまでもない。だがそのなかでも、動物への進化的移行はとりわけ重要だ。

驚異的な移行

およそ八億年前に登場した動物界は、多細胞生物の世界で最後に成立したものである。形勢を一変させる強力な武器を備えた動物は、周囲の環境を評価し、新たな生態環境《ニッチ》で遭遇した困難な状況に的確に反応する卓越した能力を発達させた。形勢を一変させる強力な武器とは、神経系のことだ。

神経系はさまざまな点から見て、単なる体組織の一つにすぎない。心臓は血液を送り出し、肺は大気から酸素を抽出する体組織であるのに対し、神経系は行動による環境との相互作用を制御する体組織と見なすことができる。神経による動物の行動制御は今ではごくありふれているため、私たちはそれを自明のものと見なしやすい。しかし、鋭利な岩を今にも踏みつけようとしたときに、あっという間に足を引いて、岩がなるべく足に深く突き刺さらないようにする私たちの能力の凄さを考えてみればよい。一瞬のうちに、足の裏の皮膚のセンサーが接触を検知し、その刺激が足を上方に伝って脊髄に達し、そこから再び足を下方に伝って筋肉に到達し足が上がる。あるいはカエルの神経系について考えてみればよい。カエルの視界をハエが横切ると、カエルの神経系は即座にその軌道を計算する。そして舌がつき出して引っ込み、その様子を観察している人間が、何が起こったかを知る頃には、カエルはすでに捕らえたハエを消化し始めているのだ。

神経系を持つことで、外界のみならず内的な身体組織をも感知してそれに反応する動物の能力が大幅に強化された。また生命の維持に不可欠の代謝の必要性を満たしながら、環境内で生存し繁栄するための新たな、もっと言えば革新的な手段を動物に与えた。やがて感覚と反応の相乗効果が素朴な学習へと、素朴な学習が連合学習へと、連合学習が思考へと、思考が知る能力へと、知る能力が経験する能力へと進化していった。

神経系が存在しなければ、生命は生物的次元に留まらざるをえない。なぜなら、神経生物的次元を欠き、よってさらには認知的次元や意識的次元も欠くことになるからだ。

動物的生命

動物は、基本的に栄養分を探して摂取し、他の生物の栄養分になるのを避けることで生存する。動物の祖先である原生動物は、栄養分や危険に対する鋭敏な感覚を備え、行動することで有益な資源に近づいたり有害な資源から遠ざかったりする能力を備えていたものの、刺激を検知しそれに反応する能力には、単細胞生物であるがゆえの限界があった。

多細胞有機体の空間内の動きの調節は、それよりはるかに複雑なプロセスを必要とする。というのも、外界からの刺激を検知する細胞群は、身体を動かす筋肉を制御する細胞群と、必ずしも隣り合っているわけではないからだ。単細胞微生物がコロニー内で用いている、進化的に古いコミュニケーションの手段――細胞間で化学物質を伝播する――だけでは、速くて正確な反応を旨として生きている多細胞有機体同士のコミュニケーションでは遅すぎる。

動物は、二つの革新的な手段を用いて迅速な反応を呈する主体になった。その手段の一つは遠く離れた細胞同士を結びつける軸索で、もう一つは、時速三二〇キロメートルを超える速度で軸索を伝わる電気シグナルである。ひとたび活動電位が軸索の末端に達すると、そこから化学的な神経伝達物質が放出される。すると神経伝達物質は細胞間の狭い間隙（シナプス）を伝わって受け手の細胞の表面にあるレセプターに届く。このプロセスによって受け手の細胞に小規模の電気インパルスが発生する。そして短時間に十分な電気が発生すれば活動電位が生じ、連鎖反応が継続される。以上のような特徴を持つ細胞は、ニューロンと呼ばれる。

活動電位は、新たに発明される必要がなかった。というのも、単細胞真核生物には別の目的のためにすでに活動電位が存在しており、細胞内での迅速な伝達の一手段としてそれを動物の神経系に適用するだけで済ませられたからだ。とはいえ神経系内での迅速な伝達は、身体それ自体が素早く反応できなければ用をなさない。

動物の祖先である原生動物は、繊毛を用いてランダムながら迅速に動き回り、検知された栄養分に向かったり有害物質から遠ざかったりしていた（細菌は鞭毛を用いて同様に振る舞う）。このような刺激に駆り立てられた原始的な行動は走性反応と呼ばれる。だが純然たる物理的理由によって、繊毛は多細胞の大きな身体を動かすための実用的な手段にはならない。しかし繊毛の収縮性は、動物の筋肉とニューロンの両方に並行して取り込まれた。感覚器官によって検知された刺激は、連続するニューロンに次々に活動電位を引き起こして横紋筋を迅速に収縮させる。それによって動物は、捕食者から逃げたり、獲物を追って捕らえたりすることができるようになったのだ。動物はまた、内臓（平滑）筋を発達させ、捕らえた獲物をそれによって消化して、エネルギーの生成、老廃物の管理、そして一般に代謝のホメオスタシス／アロスタシスの維持を行なえるようになった。

神経系の構成要素

最初の動物である海綿はおよそ八億年前に誕生した。海綿は、身体組織の種類が限られており、動物としてはきわめて原始的だ。現代の海綿は神経系こそ備えていないが、海綿から進化した動物が持つ神経系の基盤をなす遺伝的、分子的な構成要素を持っている。海綿は、これらの構成要素を単細胞原生生物の祖先から受け継いでいる。ただし海綿もその原生生物の祖先も、これらの構成要素を神経以外の目的で用いていた。たとえば重要な構成要素の一つに、接着分子と呼ばれる細胞タイプがある。接着分子は個々の原生動物を凝集してコロニーを形成させる。また、海綿や他の動物が持つ（神経組織を含めた）身体組織を構成する諸細胞を凝集させる。

その後、クラゲやヒドラを含む刺胞動物がおよそ七億年前に誕生する。刺胞動物は放射状の外観を呈し、上下の軸は備えているが、裏表と左右の区別は存在しない。また海綿とは異なり、神経系を備えている。これらすべては次のようなことを示唆する。刺胞動物にニューロンやシナプスの獲得を可能にした主たる理由は、新たな遺伝子が突然出現したからではなく、既存の遺伝子を新たな方法で用い始めたからだ。

刺胞動物の神経系は神経網で構成される。神経網とは、全身の皮膚に分散的に張り巡らされた、相互結合するニューロンの集まりをいう。ニューロンと皮膚のあいだのこの関係が現在でも維持されていることは、動物の神経系と皮膚が、発生の初期の段階において同一の胚葉（外胚葉）から生じるという事実に認められる。

刺胞動物のなかでも、クラゲはもっとも徹底的に研究されている。クラゲは傘の形状をしたドームの外皮に光、触覚、重力を検知するレセプターを、またドームの下に推進力を生むための筋肉を備えている。神経網は、感覚レセプターを筋肉の効果器《エフェクター》に結合し、行動のみならず代謝恒常性も制御する。クラゲは、触手を用いて獲物を捕らえ摂取する。次に神経系によって、摂取した食物をエネルギーに変換し、老廃物を除去するために必要な消化活動が促される。神経系による感覚と運動の統合は、捕食者から逃れる際にも用いられる。

クラゲのような原始的な動物は獲物を獲物として、あるいは捕食者を捕食者として実際に「知覚」しているわけではない点を、ここで強調しておくことは重要だ。それらの動物は、食物に向かって接近していく動きを開始することで、養分に含まれている化学物質に自動的に反応するセンサーを備えている。また皮膚に何かが触れると、逃走の推進力になる爆発的な筋肉の収縮が引き起こされる。食物摂取と防御に関係する、これら二種類の感覚と運動の統合は、微生物にさえ見られる接近と撤退という基本的なプロセスの直接的な拡張と見なすことができる。

クラゲの神経系による、筋肉の動きに基づく接近と撤退の能力の制御は、のちに出現した動物が持つ、より精巧な神経系に依拠する動作の原型になった。クラゲは特に、神経網内に二つの集中化されたニューロンの集合体を備えている――一方は口腔と触手を包み込み食物摂取に関与し、他方はドーム状の傘の縁に位置し逃走に寄与している。これら末梢ニューロンの集まりは、中枢神経系の基盤になる集中化された神経回路の先駆をなすと見なされている。

また刺胞動物は、睡眠を調節するホルモン、メラトニンなど、睡眠と覚醒の基本的なメカニズムを、刺胞動物から進化を遂げた、人間を含めた動物に受け渡した。

相称的な身体は神経網以上の何かを必要とした

集中化に向かう刺胞動物の試みの最初の受益者は、六億三〇〇〇万年前頃に分岐した扁形動物であった。扁形動物の身体は、今日のほとんどの動物に典型的に見られる三つの軸（上下、左右、裏表）を備えている。なお、その種の組織形態は「相称性」と呼ばれている。

初期の相称動物の前面は、前方を向いた――つまり運動方向を向いた（図9・1参照）――顔のある頭部を備えていた。またニューロンの集合体――初歩的な脳――を包含していた。人間を含めた現存動物のほとんどが、頭部に脳を抱く相称的な身体を備えている理由は、これらの動物が初期の扁形動物の子孫だからである。

次の進化的な段階の結果として誕生した相称動物の二つの主要なグループは、一般に無脊椎動物と脊椎

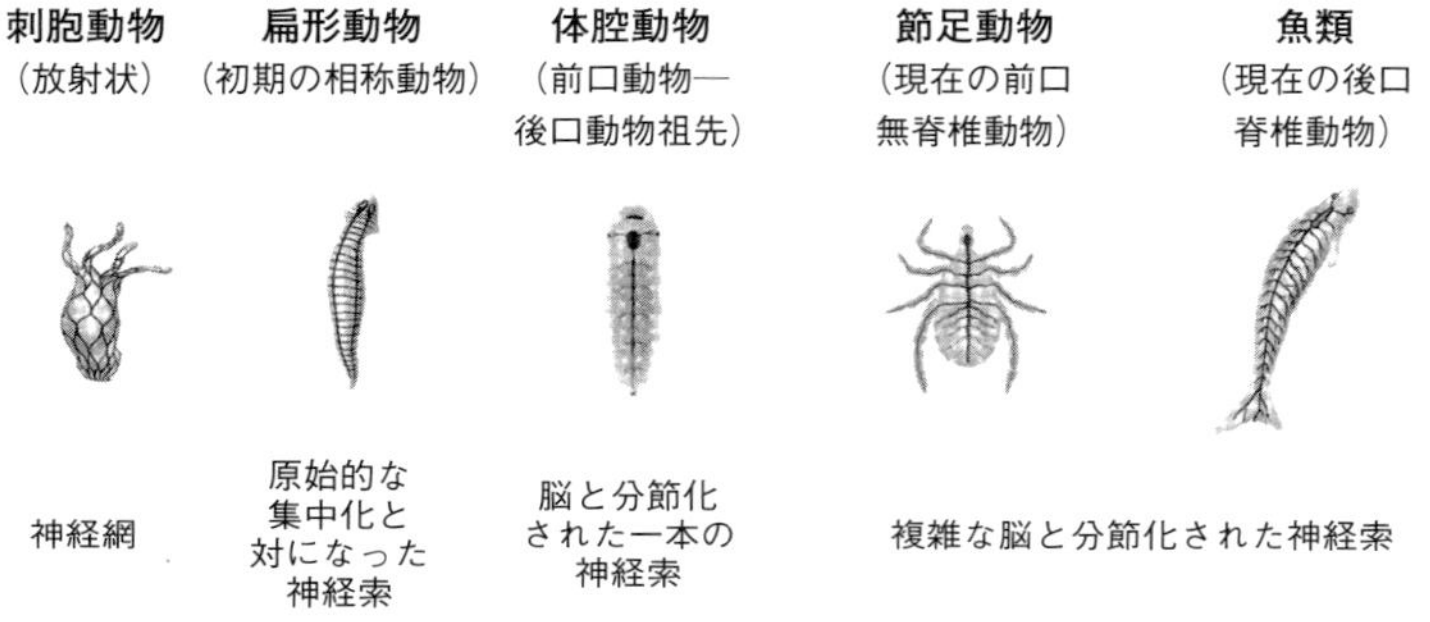

図９・１　神経系の進化。前著『情動と理性のディープ・ヒストリー』の図30・２を改訂。

動物と呼ばれている。脊椎動物は脊柱を持つ相称動物で、それには魚類、両生類、爬虫類、鳥類、哺乳類が含まれる。脊柱を持たない無脊椎動物には、軟体動物や甲殻類などの水生動物と、蠕虫類、昆虫類、クモなどの陸生動物の両方が含まれる。

相称動物はなぜ増えたのか？　その答えは単純かつ奥深いものだ。相称性には大きな優位性があり、だから進化によって好まれた。放射状の身体を持つクラゲが生き残るには、迅速かつ広範な筋肉の収縮、ならびにその結果得られる方向性のない逃走反応でも十分である。しかし右方向から危険が迫れば左を向き、右方向に獲物を検知すれば右に身をよじるなどといった、三軸からなる相称的な身体による方向のコントロールは、種々の刺激に反応して空間的に分散した多様な筋肉を制御するための何らかの手段を備えていて初めて可能になる。その能力を提供してくれたのが集中化である。

刺胞動物が持つ単純な刺激と反応のメカニズムは、実のところ反射――刺激と反応を可能にする神経系の配線によって固定化されている――である。反射は、微生物に見られる、採餌に関係する接近と撤退というさらに単純な動作の、神経による制御が加わることで速度と特異性が増大したバージョンと見なすことができる。また、反射はすべての相称動物に見られ、各動物種のボディプランに合わせられている。

初期の相称動物は、脳による集中的な制御に依拠する、より複雑な行動を進化させた。これらの行動は「種特有の固定的動作パターン」と呼ばれる。反射と同様、種特有の反応は特定の刺激によって自動的に引き起こされる。しかしそれは、身体の動作のはるかに複雑なパターンが関与し、なかには脳内の運動プログラムに制御された一連の反応からなるものもある。なお固定的動作パターンは、反射メカニズムが変更されることで進化したと考えられている。

種特有の反応パターンは、種の存続を支援するべく——たとえば食物を探し出して摂取し、体液のバランスを保ち、危険から身を守り、生殖するために——進化した、脳が介在する緻密な行動として見ることができる。どんな複雑な動作にも言えることだが、種特有の反応の実行においては、複数の反応が同時に生じる。

従来、固定的な反応は先天的な本能として考えられてきたが、それがほんとうに先天的なのか否かに関して激論が交わされてきた。今日では、その種の反応には生得的な構成要素《コンポーネント》が強く関与しているものの、個体の経験によっても影響されうるという考えが受け入れられている。

カンブリア爆発

およそ五億四〇〇〇万年前から四億八〇〇〇万年前にかけての時代は、「カンブリア爆発」が起こったことで知られている。この名称は、比較的短い期間に動物、とりわけ相称動物の迅速かつ広範な多様化が生じたことに由来する。現存するすべての主要な動物門は、カンブリア紀が終わるまでには存在していた。

ただし、各動物門内での種の多様化はその後も続いている。

種特有の強力な反応で武装したカンブリア紀のさまざまな相称動物は捕食者や獲物になり、「進化的な軍拡競争」を引き起こした。相称動物はこの競争のもとで、より大きな競争力が得られるよう、他の動物の特徴に反応して適応を遂げ続けていった――より強く大きくなり、すぐれた武器を備え、防御力を高め、新たなニッチに侵入する能力を高めていった。おそらく捕食や防御によってカンブリア爆発が引き起こされたのではなかろうが、それによって爆発の程度が大きくなったのは確かだ。

動物は目覚めている時間の多くを、最低でも反射と定型的反応の複雑な組み合わせを用いて、食物を探し摂取することに費やしている。動物は捕食者であろうが獲物であろうが、代謝恒常性を維持するために必要な栄養源を見つけ続けなければならない。食物はいつでも簡単に手に入るとは限らないので、採餌行動を起こすことで探し出す必要がある。

トーマス・ヒルズによれば、カンブリア紀の相称動物は非常に単純で原始的な採餌戦略を用いていた。これは「領域限定探索」と呼ばれ、そこには広範な領域の探索と局所的な資源の利用のバランスを図る二つの相互に関連するコンポーネントが関与している。探索コンポーネントは素早い動きで広範な領域をざっと検索する。食物が見つかると戦略を変更して、ゆっくりした動きと頻繁な方向転換を用いることで、資源が枯渇するまでより狭い領域を集中的に探索する。

この採餌パターンは、有機体が備える運動回路の反射コンポーネントや定型的反応コンポーネントによって制御されている。軍拡競争はこれらの運動システムに新たな武器を加え、それによって領域限定探索を強化した。領域限定探索は、人間を含めた現代の複雑な動物にも、食物を探すための基本的手段として残存している。

カンブリア爆発期に起こったもう一つの重要なできごととして、相称動物のあいだで脳を持つ神経系が進化したことがあげられる。脳を持つ神経系は、その動物に採餌や防御における優位性を与え、連合学習に基づく新たな軍拡競争の基盤になったのだ。シモーナ・ギンズバーグとエヴァ・ヤブロンカが論じるように、神経が集中化したことによってもたらされた結果の一つとして、食物の味とその外観などといった刺激間の関係、つまり連合を学習する能力が獲得された。二人によれば、この能力の発達は、動物の進化の流れに深甚な影響を及ぼした。

進化の過程における連合学習の登場は、既存の記憶メカニズムに小さな変更が加えられるだけで可能になったが、（…）ひとたびこのタイプの学習能力が進化の舞台に登場すると、生態的なレベルにおいて、極度の多様化をもたらす選択が生じるようになった。この能力はそれを持つ動物に新たなニッチの探索を可能にし、新たなタイプの関係の形成や軍拡競争、さらには遺伝的な適応のプロセスを通じて定型化した適応反応をもたらしたのだ。

連合学習は、ほぼ「強化学習」のプロセスと見なせる。そこでは、生物学的に重要な強化結果と、それとともに生じた神経刺激（視覚刺激や嗅覚刺激）が結びつけられる。そしてそれによって、神経刺激は、重要な刺激を予測して、有益な結果（栄養分の摂取）を享受したり、有害な結果（捕食者による攻撃）を前もって回避したりするための準備を整えさせる、先天的な予期行動や生理反応を喚起するきっかけになる。

読者はおそらく、「パブロフ型条件づけ」と呼ばれる形態の連合強化学習についてよく知っているのではないか。イワン・パブロフはイヌを用いた有名な研究で、食物を与える前に音を鳴らすと（実際にはベルの音ではなかった）、それら二つの刺激のあいだに連合が形成されることを示した。つまりこの条件づけがなされると、イヌはその音を聞くだけで、次に食物がやって来ることを予期して、唾液を分泌したのである。

連合学習は、二つの刺激のあいだの連合ではなく、たった一つの刺激のみが関与する「非連合学習」と好対照をなす。非連合学習の典型は馴化〔慣れ〕である。たとえばクラゲの傘の部分に繰り返し触ると、馴化が生じる（逃走のための筋肉の収縮が止まる）。非連合学習のもう一つのタイプは鋭敏化である。クラゲの身体の一部に強い刺激を加えると鋭敏化が生じ、別の身体部位に弱い刺激を与えても、強い反応を示すようになる。非連合学習では、連合学習とは異なり二つの刺激が同時に生じることはない――強い刺激は、弱い刺激に反応するようクラゲの身体に準備させるだけである。

既存の記憶メカニズムに小さな変更が加えられただけで連合学習が進化したとするギンズバーグとヤブロンカの主張は、非連合学習に関するものだ。二人の説は、連合学習であるパブロフ型条件づけの基盤をなす神経メカニズムが、非連合学習の鋭敏化に関与している神経メカニズムとわずかしか異ならないことを示した、ノーベル賞受賞者エリック・カンデルの発見によって支持される。

それとは別の種類の連合強化のプロセスが、カンブリア紀に誕生したと考えられる。それは「道具的学習（instrumental learning）」と呼ばれるものだ。パブロフ型連合強化学習では、生物学的に重要な刺激に新たな刺激が結びつけられ、〔後者の〕中立的な刺激が先天的な反応を制御するようになる。それに対し道具的学習では、動物は新しい（非先天的な）反応を獲得する。カンブリア紀に登場したと考えられる、もっとも単純な道具的学習は、「刺激と反応による習慣の学習」である。これは、強化刺激によって環境刺激が行動の結果に結びつけられる場合に生じる。そこでは、特定の行動が食物の獲得や危害の回避の成功につながった（道具として役立った）とき、強化刺激によって、神経刺激と新たな行動のあいだに連合が刻み込まれたと見なされる。この道具的学習は、無脊椎動物と脊椎動物の両方に高度に洗練された行動をもたらしたのである。

ヒルズによれば、道具的学習は領域限定探索のメカニズムに変更が加えられ、とりわけそれと連合学習のメカニズムが融合することで進化した。領域限定探索も道具的学習も、相称動物の運動回路におけるドーパミンの分泌に依存するという事実は、ヒルズの仮説と整合する。ここまで繰り返し見てきたように、既存のメカニズムが転用されることで新たなメカニズムが生み出されるのだ。

カンブリア爆発に続く数億年間、各動物門は広範に多様化を遂げ、今日私たちと地球を共有している一〇〇万を超える動物種が誕生した。そしてその多くが中枢神経系を備えた相称動物であり、連合学習を用いて生存するために必要な行動を支えているのである。

10　脊椎動物とその神経系

脊椎動物が動物の歴然たるグループをなすことは長く知られていた。生物学的な分類システムが洗練されてきた一八世紀に、脊椎動物は独自の門――Vertebrata――を割り当てられた。しかし次の世紀になると、Vertebrataは、いくつかの無脊椎動物の亜門を含む脊索動物の亜門に降格された。脊椎動物の神経系の進化的な起源を理解するためには、脊索動物とは何か、そして脊索動物というグループに脊椎動物がどう組み込まれているのかを理解する必要がある。

後口動物と脊索動物の出現

無脊椎動物のほとんど（蠕虫類、軟体動物、甲殻類、昆虫、クモなど）は前口動物であり、それ以外の無脊椎動物とすべての脊椎動物は後口動物である。これら二つの相称動物を区別する特徴は、消化管の両端をなす口と肛門のどちらが先に発生の初期段階で開くかにある。前口動物では口が発生競争に勝ち、後口動物では肛門が勝つ。

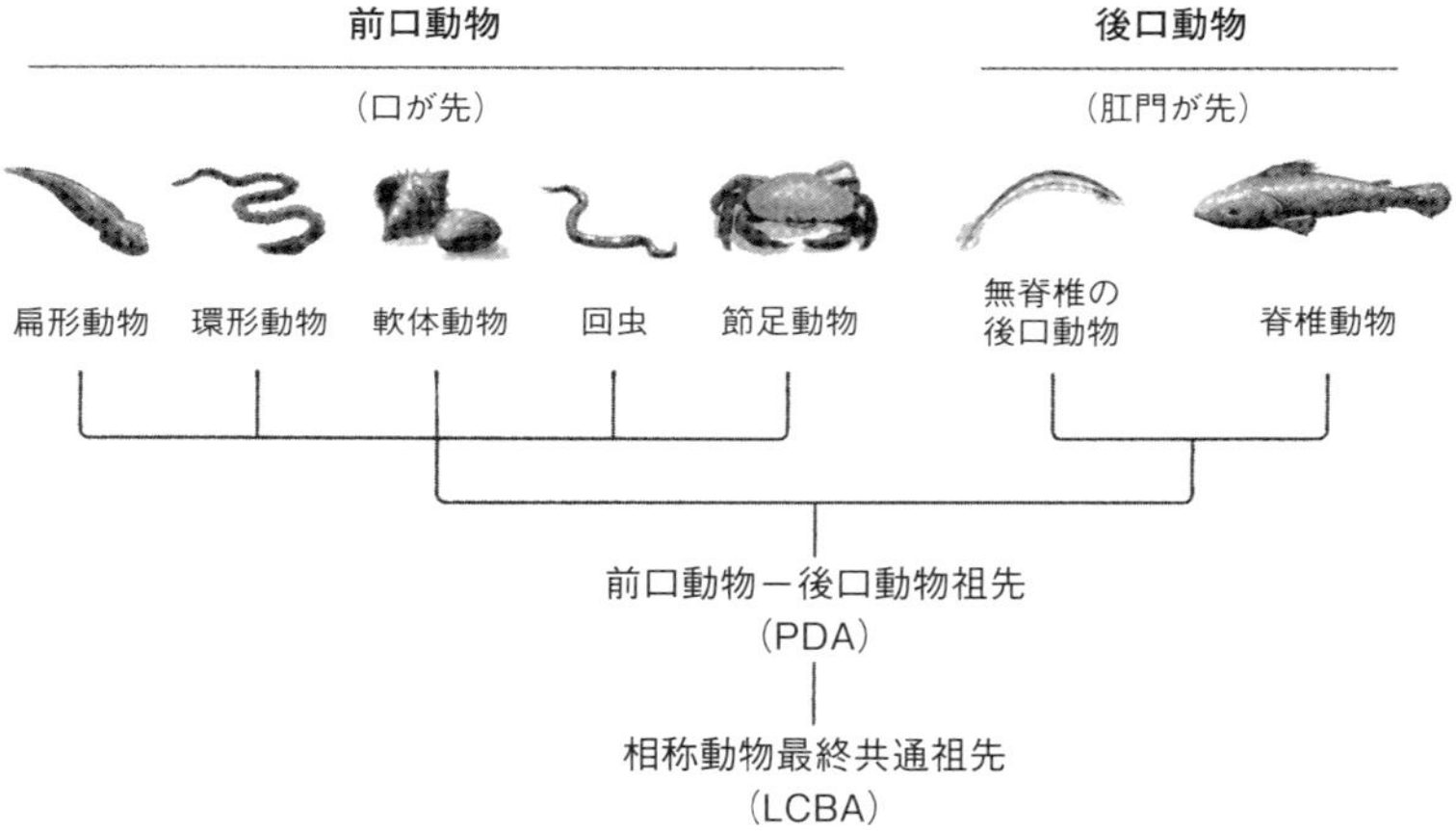

図10・1　前口動物と後口動物。前著『情動と理性のディープ・ヒストリー』の図37・1、38・1を抜粋。

前口動物と後口動物の共通の祖先は、前口動物‐後口動物祖先（ＰＤＡ）というそのものずばりの名前を持つ蠕虫である。およそ六億年前にＰＤＡから分岐した前口動物がまず出現し、続いて五億八〇〇〇万年前にＰＤＡから後口動物が分岐した。それからカンブリア爆発の初期にあたる五億四〇〇〇万年前頃に、いくつかの後口無脊椎動物が他の後口動物から分かれ、脊索動物の最初のメンバーになった。そしてその一〇〇〇万年後に、後口無脊椎動物から、最初の脊椎動物の魚類が分岐した。

脊索動物（Chordata）という名称は、身体を縦方向に走る軟骨性の構造「脊索（notochord）」から来ている。初期の脊索動物は、無脊椎動物であった――脊柱と脊髄を欠いていた。また脊索（脊柱の前駆）によって身体構造が支えられ、脊髄の代わりに神経索を備えていた。脊索は、腹部と神経索のあいだに位置する。無脊椎の脊索動物の脳は、神経索の延長である。これは、脊椎動物の脳が脊髄の延長であるのと似ている。脊椎動物ほどではないとしても、脊索動物の脳も、身体をある程度集中化された形態で制御する。脊索動物としての歴史を反映して、すべての脊椎動物が現在でも脊索を備えているが、発生の初期段階で見られるにすぎない。

ハエのような前口動物も、神経索の延長として脳を備えている。したがって、脊椎動物と前口無脊椎動物の類似点の意味を検討することは重要である。ハエの脳とマウスの脳は似ているようには見えない。しかしそれでも、分子レベルや遺伝子レベルでは顕著な並行性が見られる。たとえばどちらの動物でも、脳を含めた身体は、類似の一連の遺伝子や分子によって初期の発生段階で形成される。また、共通する遺伝子や分子が学習や記憶に重要な役割を果たしている。

共通する化学物質の重要な例として、「細胞接着分子」と呼ばれる分子のタイプがあげられる。前口動物でも後口動物でも、この分子は、細胞同士の「接着」を可能にすることで、組織や器官からなる複雑な身体の形成に必須の役割を果たす。神経系では、細胞接着分子は、脳が形成される初期の発生段階においてシナプスの可塑性に従ってニューロン間の結合を安定化させる。また発生段階が進むと、学習や記憶の蓄積の際に、ニューロン間のシナプス結合の強化に寄与する。

これらの遺伝子や分子が共有されるようになった理由として一番可能性が高いのは、両動物が共通の祖先（ＰＤＡ）から分岐したとき、それらが両グループに受け渡されたとするものだ。事実、遺伝子分析に基づいて言えば、前口動物と後口動物が共有している細胞接着分子や、その他の学習に関連する遺伝子はＰＤＡから受け継いでいる。なおＰＤＡは刺胞動物から、刺胞動物は海綿から、海綿は単細胞原生動物からそれらを受け継いでいる。この、神経系を欠く原生動物から神経系を備えた動物への遺伝子や分子の一連の受け渡しは、新たな種類の有機体が進化する際には、既存の能力が新たな目的のために転用されることを示すもう一つの例になる。

脊椎動物の多様化

最初の脊椎動物は五億三〇〇〇万年前に生息していた魚類で、軟骨性の骨格を持ち、捕食者として活動していた。可動性の顎を欠くため、固定した歯のあいだを通して食物を濾過していた。ヤツメウナギやヌタウナギはその現存種である。私たちが食べている魚のほとんどを含む、骨と可動性の顎を備えた魚類は、カンブリア紀後期に登場し、その時期を通じて迅速に多様化していった。

最初の海生（魚類）ではない脊椎動物は、およそ三億五〇〇〇万年前に登場した。このできごとは、魚類と両生類のあいだの中間動物である「四肢魚」が、鰭《ひれ》を竹馬のような脚に変化させることで陸生動物として適応したときに生じた。陸上の豊富な植生は、この動物の食物源になった。また植物は、呼吸の産物の一部として、動物の呼吸や代謝にとって必須の成分となる酸素を供給した。四肢魚は四本の脚で歩けたことに加え、水中のみならず陸上でも見ることのできる視力の獲得など、陸上での移動に有用なその他の適応も果たした。それでも四肢魚は、水辺から遠く離れることができなかった。なぜなら魚類の祖先と同様、卵子は体外受精されねばならず、それには水や湿気のある土壌を必要としたからだ。四肢魚の視力は限られていたが、遠方を見ることのできる羊膜動物の視力に至る道を開いた。

およそ三億一〇〇〇万年前には、「羊膜動物（Amniotes）」（胎児を包み込む体内の区画、羊膜（amnion）の名称からこのように呼ばれる）が登場する。羊膜動物は、羊膜を備えることにより、それ以前の脊椎動物に比べて、水辺からより遠く離れて生存できるようになった。また陸上における視力は拡大し、広い範囲で獲物を探したり、遠くから獲物や捕食者を見つけたりすることができるようになった。

爬虫類は、初期の羊膜動物から直接的に進化した。またそこから「獣弓類」が進化し、もう一系統の羊膜動物が誕生した。

爬虫類と獣弓類の共通の祖先をなす初期の羊膜動物の脚は、胴体の脇から垂れていた。爬虫類はこのボディプランを受け継いでいるが、獣弓類はそれとは異なったボディプラン、つまり胴体の下から直接脚が垂れるという構造を持つようになった。獣弓類はこの構造のおかげで、捕食者から逃れたり獲物を捕らえたりする際に呼吸しながら走れるようになったのだ。これは途轍もない利点であったが、大量のエネルギーを要するため、爬虫類より多量の食物や酸素を取り込まねばならなくなった。その結果代謝率が上昇して体熱を生み出し、それによって獣弓類は、代謝を介して体温を維持することができるようになった。言い換えると、内温性の温血動物になったのである。また、日中でも夜間でも採餌行動を行なえるような視覚システムを発達させた。それに対して冷血動物の爬虫類は、日中は外部から身体を暖め、夜間はエネルギーを温存するためにじっとしていた。

二億五〇〇〇万年前に起こった大量絶滅は、多くの動物と植物を根絶した。低エネルギーの外温性身体を持つ冷血動物の恐竜は、高エネルギーの獣弓類より生き残りやすかった。それでも「犬歯類」と呼ばれる、エネルギー需要の小さい小型の獣弓類は生き残った。犬歯類は日中に採餌を行なう能力と、それを支える視覚能力を徐々に失っていき、やがて夜行性になる。哺乳類は、この夜行性の犬歯類からおよそ二億一〇〇〇万年前に進化したのである。

初期の哺乳類は祖先の犬歯類と同様、小型かつ夜行性であった。また温血動物でもあり、目覚めたまま暗闇で多くの時間を過ごすことができ、そのため冷血動物の肉食性爬虫類、とりわけ夜間に眠る恐竜による捕食を避けることができた。

恐竜が大量絶滅から恩恵を得たのと同じように、小型哺乳類も同様な恩恵を受けた。およそ六五〇〇万年前、気候変動（小惑星《アステロイド》の衝突によって加速され、火山の噴火も関係したと考えられている）に起因する大量絶滅が起こった。今回、恐竜はうまく立ち回れなかった――つまり絶滅した。かくして恐竜が退場すると、小型哺乳類は、より自由に動き回れるようになり、それまでは避けていたニッチに進出して大型化し、食物連鎖の頂点に昇り詰めた。

日中に捕食されるリスクがほとんどなくなったにもかかわらず、多くの哺乳類は夜行性を維持した。その理由は、犬歯類の祖先が夜行性になる過程で、暗闇に対処するために日中の視力を犠牲にして高周波数帯域の聴覚、触覚刺激に反応するひげ、鋭敏な嗅覚を獲得したからだと考えられている。のちになると、一部の哺乳類、唯一ではないもののとりわけ霊長類が、日中の視力を取り戻して昼行性になった。

今日の哺乳類はあらゆる大陸に生息しており、さまざまな気候帯の陸地や海洋の領域を占めている。それには現存する最大の動物と最小の動物が含まれる。

脊椎動物の脳

脊椎動物の主要な進化的移行のおのおのには、劇的に異なる身体タイプを生み出す選択圧がかかっていた――魚類、カエル、ヘビ、ニワトリ、げっ歯類、サル、人間は、それぞれ独自の身体を持ち、顕著に異なる動作を呈する。このように独自のボディプランを持つ脊椎動物が、栄養摂取、水分補給、呼吸、体温調節、防御、生殖などの、普遍的な生存の必要性を満たすために、神経系による制御という新たな方式を必要としたことは、特に驚きではない。

脊椎動物のあいだに見られる神経系による制御の相違は、同一の脳の全体的な組織設計における違いに如実に見出すことができる。すべての脊椎動物の脳には、後脳、中脳、前脳という三つの包括的な領域が存在する。脊椎動物の進化の長い歴史を通じて、生命を維持するための内臓的な身体機能の制御に関与している後脳は変化がもっとも少ないのに対し、高次の行動制御と内臓制御を統制している前脳は顕著に変化している。とりわけ新たなクラスの脊椎動物が進化するたびに、前脳は大きさと複雑さを増していった。

脊椎動物の三つの主要な脳領域

前脳――学習や複雑な行動制御
中脳――原始的な行動に対する感覚運動制御
後脳――生命を維持するための身体機能の制御
（脳幹＝後脳＋中脳）

以下の説明で特に重要になる哺乳類の前脳は、二つのおもな構成要素からなる。最高位を占めるのは「終脳」で、大脳半球によって構成される。前脳の大部分は、このペアをなす（左右相称の）構造によって占められる。おのおのの大脳半球は大脳皮質と皮質下大脳核からなる。なお左右相称動物では、すべての脳領域がペアをなす。

哺乳類の前脳

終脳（大脳半球）
大脳皮質

大脳の皮質下核

間脳

視床

視床下部

大脳皮質は層状構造をなし、ニューロンで構成されるいくつかの明確な層からなる。そして層の厚みの違いによって、三種類の包括的な皮質に分類される。六層のニューロン群からなる皮質領域は「新皮質(もしくは等皮質)」と、四層または五層からなる領域は「中間皮質」と、そして三層以下の層からなる領域は「不等皮質」と呼ばれる。不等皮質は進化的にもっとも古く、すべての脊椎動物に存在する。中間皮質はその次に古く、とりわけ哺乳類で発達している。新皮質はもっとも新しい領域で、感覚皮質や運動皮質として哺乳類に備わるが、霊長類においてとりわけ大きな発達を遂げており、マルチモーダル*な連合野を形成している。

大脳の皮質下核は薄い層の部位とはほとんど関係がなく、そのなかでも大脳基底核と扁桃体は重要である。大脳基底核は新皮質の感覚領域や運動領域に結合する神経核のグループを指し、行動反応の制御に関与している。扁桃体は、食物摂取や生殖の好機、あるいは危険を指し示す、生物としての生存に重要な役割を果たす刺激に関する感覚情報を受け取り、動物種特有の行動反応や内臓反応を制御する。

＊複数の感覚機能や運動機能が関与することを意味する。

哺乳類の大脳半球のおもな領域の例

皮質領域

新皮質（六層からなる）
ー感覚皮質：視覚、聴覚、体性感覚皮質
ー運動皮質：運動、前運動皮質
ー連合皮質
ー後部頭頂皮質
ー上側頭回
ー前頭前皮質：背外側、背内側、腹外側、前頭極
中間皮質（四層もしくは五層からなる）
ー前頭前皮質：眼窩前頭皮質、前帯状皮質、前辺縁皮質、腹内側前頭前皮質、島《とう》皮質
ー側頭葉：嗅内野、嗅周野
不等皮質（三層以下の層からなる）
ー側頭葉：海馬
ー嗅葉：梨状皮質

皮質下領域

扁桃体
ー基底外側核
ー中心核

大脳基底核
　─背側線条体
　─腹側線条体

前脳の二番目に重要な部位は間脳で、それには視床と視床下部が含まれる。視床は、体表面にある感覚器官から皮質の感覚領域へと感覚情報を受け渡す役割を担うことでもっともよく知られている。また視床下部の重要な役割は、日々を生き残るために身体の行動反応と内臓反応を制御することにある。*

前脳をめぐる愚行——脳の進化に関する神話

長年にわたり大勢の神経科学者たちが、新たな部位が古い部位に追加されていくプロセスとして進化を見なす誘惑に屈してきた。そこには、ダーウィン以前の時代に支配的だった、生命プロセスをはしごと見なす考えが反映している。この見方では、はしごのおのおのの段が、それより下の段を占める生物に比べてより進化した生物を示し、人間がその頂点をなすと考えられていた。この見方は、現世の生物の階梯の頂点に人間を据え、神にもっとも近い存在と見なす「存在の大いなる連鎖」という中世の概念の影響を受けていた。それに対してダーウィンは、はしごではなくあちこちで枝分かれする樹木のようなものとして進化をとらえた。このダーウィンの見立てでは、人間は霊長類という枝から分かれた側枝《そくし》にすぎなかった。

*この脳領域の分類は、のちの章、とりわけ第19章で重要になるので適宜見返して参照されたい。

はしごモデルの採用は、脊椎動物の進化の過程を通じた前脳の進化的変化に関する理論で、特に大きな問題を引き起こした。たとえば二〇世紀に入る頃、ドイツの解剖学者ルートヴィヒ・エディンガーは次のように主張した。前脳が間脳の上に座しているという人間の脳の構造は、それが祖先の脊椎動物の脳——爬虫類の前脳、初期の哺乳類の前脳、新しい哺乳類（霊長類）の前脳——が積み重なってできた集合体であることを反映する。

エディンガー流の説は、二〇世紀初期の一流の解剖学者たちに採用された。しかし二〇世紀後半になって、このエディンガーの説が科学界でも一般のあいだでも人気の頂点を極めるようになった背景には、ポール・マクリーンが提唱した「大脳辺縁系」理論の影響があった（マクリーンは当初、大脳辺縁系を、この領域が内臓制御に関与していることに鑑みて「内臓脳」と呼んでいたが、結局、大脳辺縁系という名称に落ち着いた）。彼のモデルでは、積み重なった前脳の三つの構成要素とは、大脳基底核、大脳辺縁系、新皮質であった。のちに彼は、三つの構成要素を合わせて「三位一体脳」と呼ぶようになり、それぞれに対して、爬虫類や哺乳類ではどの行動制御が優勢かに関する自身の想定に基づいて、独自の行動機能と心的機能を割り当てた。

三位一体脳のもっとも低次の構成要素は大脳基底核である。大脳基底核は運動制御を司る皮質下領域で、マクリーンの考えでは、この領域のおもな機能は爬虫類に由来する本能的な行動を制御することだった。また彼によれば、哺乳類は情動を作り出す大脳辺縁系を進化させた。それによって、哺乳類は爬虫類から受け継いだ融通の利かない本能から解放され、感情を用いて柔軟に行動を制御できるようになったのだ。この大脳辺縁系には、扁桃体などの前脳の皮質下領域や、海馬、帯状回、眼窩前頭皮質などの皮質領域が含まれる。また彼の見方では、これらの領域は視床下部との結合を介して互いに結びついており、この結

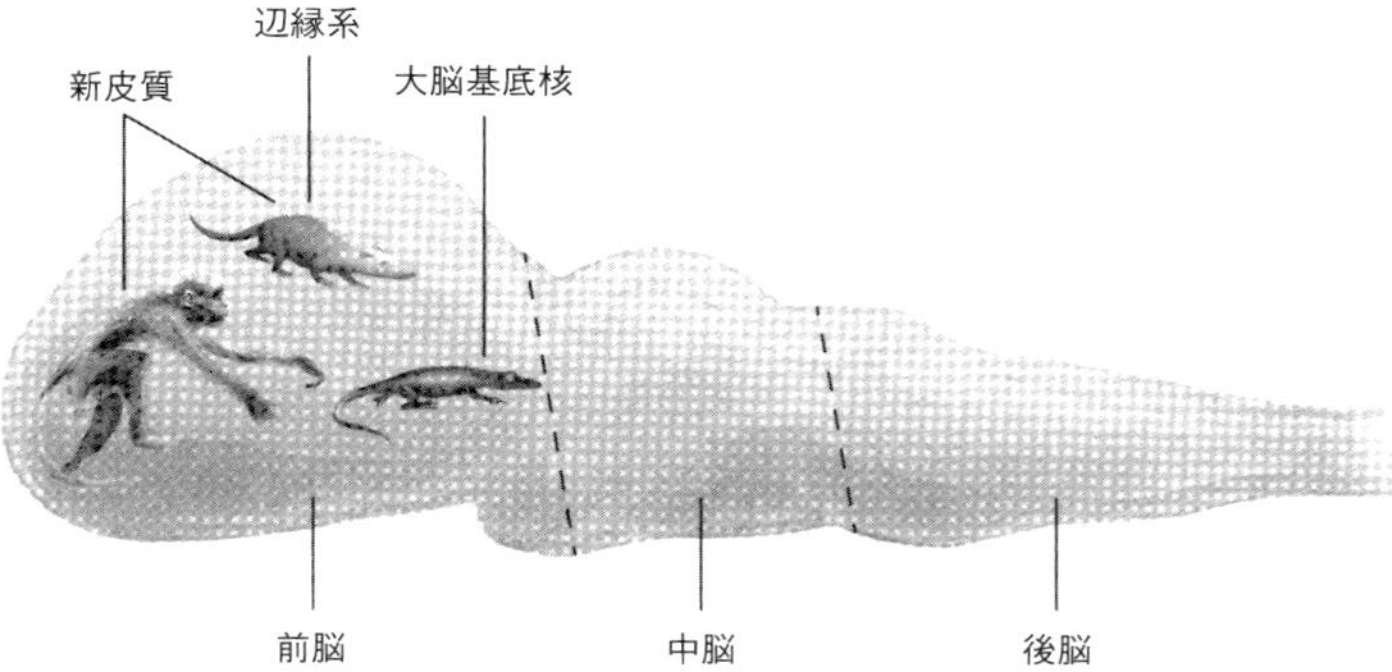

図10・2　辺縁系／三位一体脳モデル

合は、情動によって生存行動やそれを支える身体の内臓反応を制御することを可能にしたのだ。

いかなる動物でも、辺縁系の皮質領域はすべて、脳の正中線に沿って分布している——不等皮質は内側側頭葉に、また中間皮質は内側前頭葉に位置する。ここで脳の両半球をホットドッグのパンの部分に見立ててみよう。その場合、辺縁系の皮質領域は、パンの切れ目を開いたときに初めて見える白い部分に、また、大脳半球の側頭部の新皮質はパン表面の茶色い部分にあたる。初期の哺乳類では、新皮質はおもに、感覚皮質と運動皮質からなり、第一に、感覚刺激に反応して生じる行動を制御する役割を果たしていた。これらの前脳領域は、霊長類では大きさと複雑さが増している。加えて霊長類は、側頭葉、頭頂葉、前頭葉において、さまざまな種類の感覚刺激の複雑な統合を行なう新皮質の領域を新たに追加した。このいわゆるマルチモーダルな「連合皮質」のおかげで、霊長類は認知において、さらには人間では言語を基盤とする認知において新たな高みに達することができたのだ。

マクリーンは、この三位一体脳について次のように要約している。

どうやら人間は、基本的に三つの脳を受け継いだらしい。倹約家の自然は、その模範〔脳〕を作り出すにあたって何も無駄にしなかった。この模範の最古の部位は、基本的に爬虫類のものだ。次に古い部位は低次の哺乳類から受け継いでいる。そして三番目の最新の部位は、後期の哺乳類の進化によって獲得され人間で頂点に達したもので、人間に象徴言語という独自の能力を与えたのだ。

進化における人間の脳の地位を説明するにあたって「模範」「頂点」などといった言葉を用いているのは、マクリーンの見方が「存在の大いなる連鎖」の科学的なバージョンであることを示唆している。アン・バトラーやウィリアム・ホドスはその手の考えに対して、有機体に優劣などないと述べている。自然選択によって多様性が生まれるため、環境が変わったり、生物が新たなニッチに侵入したりすると、新たに獲得した特徴が重要になったり、それまでは有用だった特徴が有害になったりする場合がある。しかし、変化は環境それ自体に対する反応によって生じるのではなく、環境に適合した特徴を持つ個体の数が増え、適応度が低い特徴を持つ個体の数が減っていくことで生じる。

言い換えると、私たちは哺乳類の祖先よりも、さらには霊長類や太古の人類の祖先よりも新しく、それらの祖先とは異なるとしても、よりすぐれているのではない。進化には、目標も目的も頂点も存在しない。人間は最終到達点などではなく、継続的なプロセスの一部をなすにすぎないのである。

哺乳類の前脳は実際にはどう進化したのか

大脳辺縁系／三位一体脳説は、私を含めた多くの神経科学者から批判されてきた。そもそもマクリーンは、脳の解剖学的な構造の大きさのおかげで、おのおのがある程度独立して作用する種々の機能を持てるようになったと主張している。しかしこの考えは、広く批判されている。最近では、大小の脳領域に局在するものとして機能がとらえられることは少なくなり、主要な脳領域の内部や脳領域間に分散する、シナプスによって結びつけられたネットワークに依存するものとして理解されるようになっている。

哺乳類はまったく新たな前脳領域を作り出したとする考えとは裏腹に、（解剖学や生理学や遺伝学の研究に基づく）説得力のある証拠によって、哺乳類以前の脊椎動物にも、今日の哺乳類が備えている主要な前脳領域のすべてに対して、少なくとも前駆組織や相同的《ホモログ》な組織が備わっていたことが示されている。たとえば、太古の時代に生息していた、顎のない魚類に似たヤツメウナギは、人間を含めた哺乳類の脳の主要な領域の前駆組織を備えていた。この事実は、カンブリア紀にしっかりと焼きつけられた脊椎動物の脳の設計図が、現存するすべての脊椎動物に維持されていることを示唆する。

また同様にマクリーンの考えとは異なり、扁桃体や海馬のような辺縁系の領域や、それどころか新皮質ですら哺乳類において初めて生じたのではない。哺乳類の脳は、古い領域に新しい領域が積み重なって形成されたのではなく、初期の脊椎動物からすでに備わっていた部位をもとにそれが拡張されて築かれたのである。その過程で追加された部分があるのは確かだろうが、多くの場合、変化は既存の組織が緻密になることで生じたのだ。

このように大脳辺縁系／三位一体脳説にはさまざまな問題があるが、それでも直感に訴えるマクリーンの考えは、文化的なミームとしても科学的な知恵としても生き残っている。事実、最近のテクスト分析によれば、はしごのたとえは、脳の進化に関する最新の科学論文にも顕著に見られるのだそうだ。

エディンガーとマクリーンは、当時の知識に基づいているため、科学的事実としては今日では通用しない。しかし彼らの著作は、批判を呼び起こすとともに途方もない数の研究や理論の構築を促す刺激になってきた。彼らの時代遅れの考えが忘れられていくにつれ、科学的に受け入れられている見方——新しい特徴は、しばしば既存の特徴の変更によって生じるとする見方——が、大勢の神経科学者への影響力を増していくだろう。さらには大脳辺縁系／三位一体脳説の影響を受けてきた他分野（心理学、精神医学、哲学など）でも優勢になるはずだ。そうなればエディンガーやマクリーンの真の貢献が、より正しく評価され、称賛されるようになるだろう。二人は科学の進歩を妨げた科学者としてではなく、その道を切り開いた科学者として評価されるようになるはずだ。

11　ローマーによる再構成

神経系の装備は、神経生物的有機体を単なる生物的有機体とは異なる存在にする。しかし当然ながら、神経系はそれが宿る身体とは別に存在しているわけではない。神経系は身体の一システムであり、他の身体システムと緊密に関連し合っている。したがって動物における神経系の働きを理解するためには、それが身体といかに結びついているのかをまず知る必要がある。

神経系の再設計

本書でここまで見てきた神経系に関する従来の見方は、神経科学の教科書に書かれているものでもあり、脳や神経索（脊椎動物では脊髄）を含む中枢神経系（CNS）と、CNSと身体を結びつける、感覚神経と運動神経からなる末梢神経系（PNS）という、二つの主要な部位に神経系を分類する。

第8章で、動物の身体が二種類の存在様式——体内における内臓的存在と外界に関係する体壁的存在——を持つという考えを取り上げたことを思い出されたい。そこで私は、この生物学的な二重性に関する

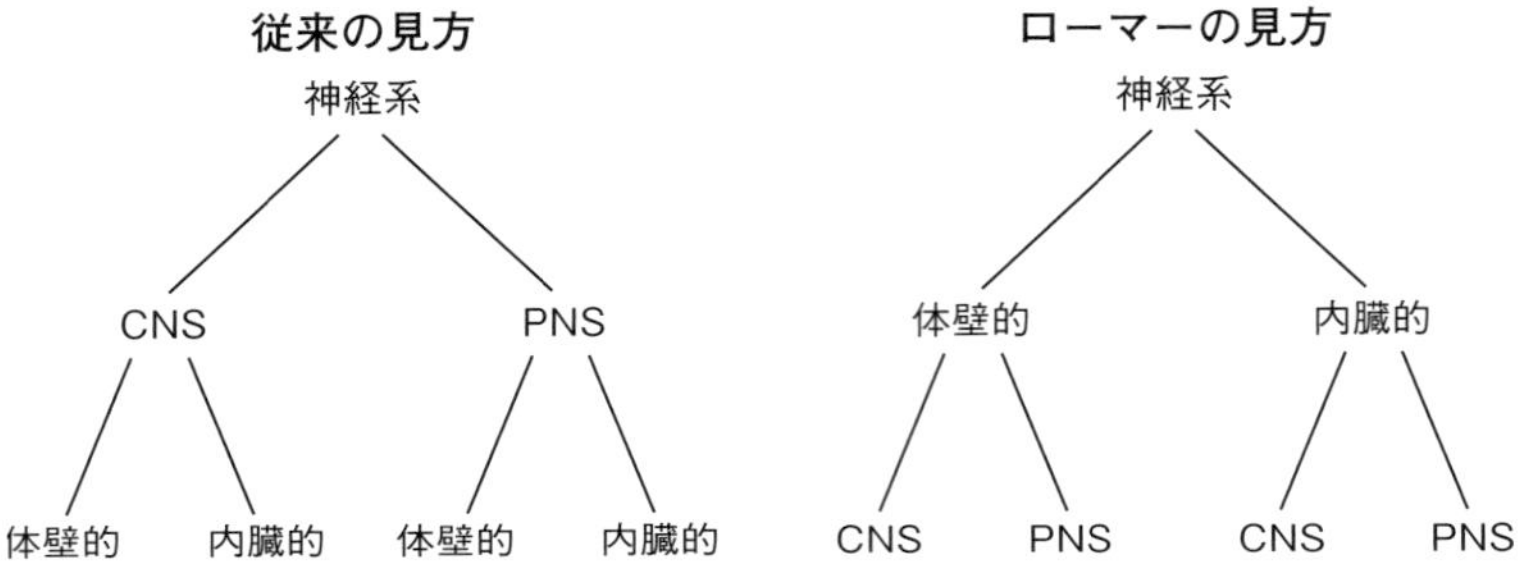

図11・1　ローマーによる神経系の再概念化

ローマーの見方、とりわけ内臓的機能と体壁的機能の基盤をなす筋肉によって、これらの機能に対応する二種類の活動が身体のどの組織で生じているかが正確に示されるとする彼の見方にスポットライトを当てた。

しかしそこであえて述べなかったのは、ローマーの論文の実際の主題――二種類の身体の活動が、いかに別の神経系によって制御されているのか――についてである。彼の主張によれば、身体と外界の相互作用は「体壁的神経系」によって、また内的な身体機能は「内臓的神経系」によって制御されている。

内臓的神経機能と体壁的神経機能は、通常はそれぞれ中枢神経系と末梢神経系の下位構成要素として扱われているのに対し、ローマーはその関係を逆転させた。具体的に言えば、彼は神経系の組織図を再構成し、体壁的神経系と内臓的神経系を上位のレベルに、中枢神経系と末梢神経系を下位のレベルに置いたのである（図11・1参照）。なぜ彼はそんなことをしたのか？　そもそも、ＣＮＳは横紋筋や内臓組織を制御しているだけではない――私たちの脳は、単に外部からの刺激に反応し、ホメオスタシスを維持するためだけの手段ではなく、思考、感情、記憶、予測にも関与している。

ローマーの説を語り直す

私の推測では、ローマーは人間の脳による認知の役割を無視したのではなく、初期の神経系の状態を理解しようとしたのだろう。この仮説に基づきつつ、私は、すでに取り上げた情報──それにはローマーが利用できなかったものもある──を用いて、彼が今日生きていたなら書いただろう包括的な進化の物語《ナラティブ》へと彼の考えを置き直してみよう。

神経系は、太古の動物が生き残れるよう筋肉とともに進化した。たとえば、放射状をした刺胞動物の分散化された（集中化されていない）神経系は、身体の体壁的機能（動作）と内臓的機能（消化や他の代謝に関係する機能）をおおまかに制御できるだけだった。しかし左右相称動物が脳を備えるようになったときに生じた集中化は、刺胞動物における二つの特殊なニューロンの集中化によって予示されていた。一つは食物の摂取と消化に関するもので、もう一つは逃走行動の制御に関するものだ。集中化された神経系が登場すると、この傾向が引き継がれ、有用な対象に近づいたり、有害な対象から遠ざかったりする行動を一部の神経回路が制御し、それとは別の神経回路が消化や代謝に関係する内臓的機能──つまり代謝恒常性──を制御するようになったのだ。

初期の左右相称動物が前口動物と後口動物に分岐し、後口無脊椎動物から脊椎動物が派生すると、内臓的機能と体壁的機能の実行は、神経系の中心的な活動として残存した──内臓的神経系は、中枢、末梢の両構成要素を含めて代謝恒常性を管理し、体壁的神経系は、中枢、末梢の両構成要素を含めて行動による外界との相互作用を管理するようになった。またこの構成は、一部の神経生物的有機体に認知能力が生じ、生存や生殖に役立つ追加の道具《ツール》が利用できるようになっても、神経系の第一の機能として残存した。

ローマーは、中枢神経系や末梢神経系が自然選択のターゲットではないことを見抜いた。自然選択のターゲットは、体内で内臓的機能や体壁的機能を実行している構成要素であった。進化によって生物種が多様化を遂げていくと、それらの機能を生む神経回路はやがて複雑な経緯をたどり始め、古い機能が維持されたり、古い機能が新たな機能を生んだりするようになる。もしかするとローマーは、大脳辺縁系を内臓脳と見なすマクリーンの当初の記述に影響されていたのかもしれない。

最近の研究は、この進化的な見方を強化する。それによれば、哺乳類の身体において体壁的活動と内臓的活動を制御している神経回路へのニューロンの割り当ての基盤をなす遺伝子は、前口動物－後口動物祖先（PDA）にその起源を遡る。そしてPDAは、刺胞動物の祖先からいくつかの主要な遺伝子を受け継いでいる。つまり、神経系における体壁的と内臓的という区別は、動物の進化の歴史を通じて古くから受け継がれてきたものなのだ。

しかもそれは、動物が登場してから始まったのでもない。体壁的と内臓的という区別は、他の多細胞有機体（植物や菌類）、ならびに多細胞有機体の単細胞真核生物の祖先、それどころか真核生物の祖先である原核生物さえ含む、すべての有機体に見られる。要するに、生命の起源にまで遡ることができるのだ。いかなる有機体にも、内部環境と外界のあいだで代謝恒常性を維持する必要があり、その方法の一つは、接近や撤退などの行動を介してなされる。言い換えると、動物が進化し分化するにつれ、原初的な生物的次元の内臓的機能と体壁的機能が、自然選択を通じて神経生物的次元に持ち込まれたのである。

生物的次元と神経生物的次元を複雑に絡み合い相互依存する次元として理解することは、モジュール的な三位一体モデルに基づく脳の働きの見方とは大幅に異なる。この理解を得るには、内臓的機能と体壁的機能の境界が神経系の内部に最初から、つまり集中化する以前から、それゆえ中枢／末梢に分化する以前

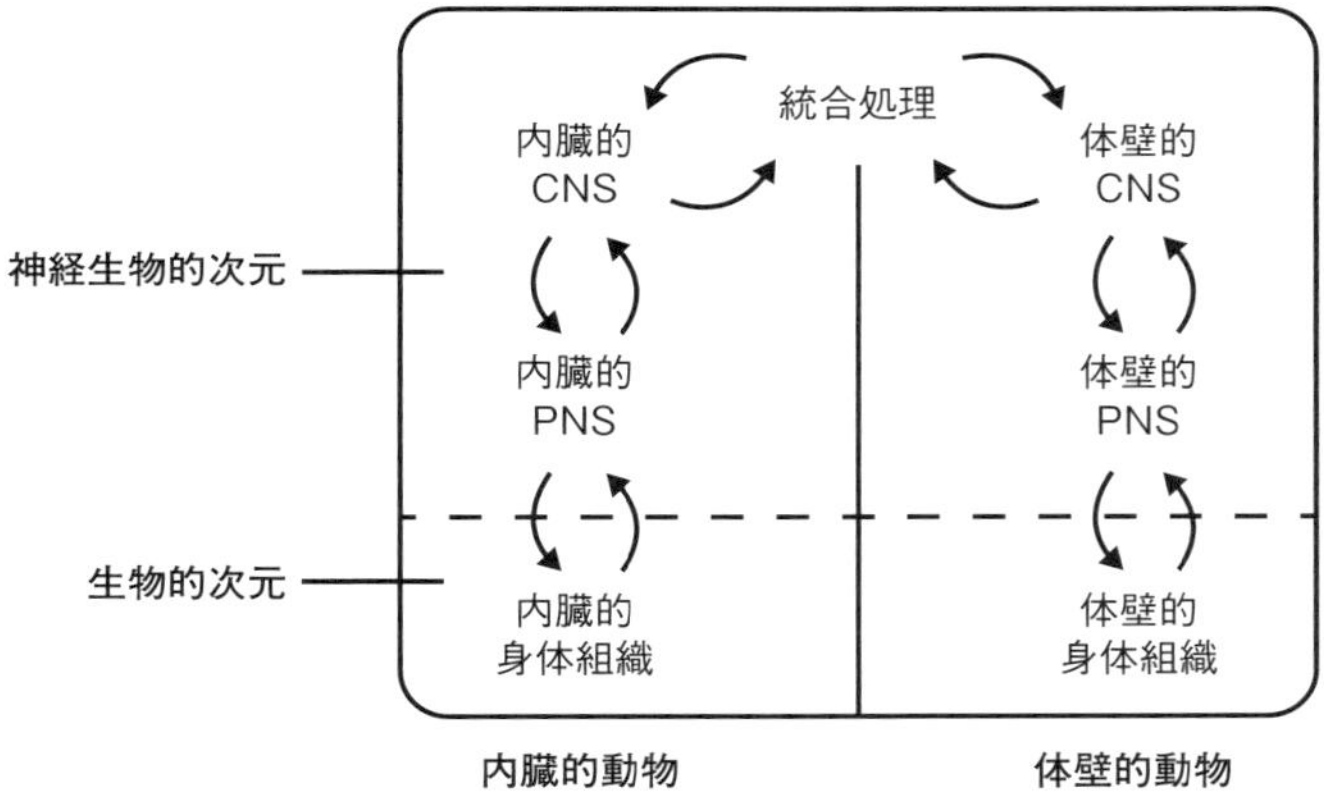

図11・2　神経生物的次元は、生物的次元から進化したものであり、それと密接に絡み合っている。

から存在していたことを認める必要がある。この観点から見れば、身体の内臓的機能と体壁的機能の制御が、そもそも神経系の存在理由であることがよくわかるはずだ。実際この制御は、動物存在の基盤をなしており、言い換えれば神経生物的機能の存在理由なのである。

12　内臓学

哺乳類における内臓制御についてもう少し詳しく見てみよう。それには、一八世紀の生気論者で、組織生物学の開拓者でもあったグザヴィエ・ビシャから出発するのが最適だろう。ビシャの主張によれば、植物的（内臓的）機能という内的世界、彼の言葉を借りれば「*vie de nutrition*」は、脳とは独立して作用する体内の神経系によって局所的に調節されている。それに対して脳は、「*vie de relation*」、すなわち行動による外界との相互作用にのみ関与している。科学界は最近になるまでこの見方に支配されていた。つまり科学者たちは、内臓制御には中枢神経系（CNS）、とりわけ脳がほとんど関与していないと考えていたのだ。思うに、この先入観が内臓的機能に果たしている脳の決定的な役割の理解を困難にしていたのだろう。

内臓的末梢

二〇世紀初期、イギリスの生理学者ジョン・ニューポート・ラングリーは、ビシャの提起した植物的神経系の新たな名称として「自律神経系（ANS）」という用語を導入した。「自律」とは、この神経系が、脳という、より高次の中枢からある程度独立して自動的に内臓組織を制御し、必要に応じてホメオスタシスの調節を行なう無意識的で、意志によらない神経プロセスであることを意味していた。ラングリーはビシャと同様、ANSのニューロンが凝集することで神経節になり、知覚の内臓組織を制御するようになったと述べている。これらの神経節の軸索は、制御下にある内臓組織に対しては収縮や弛緩によって反応するよう、あるいは内分泌腺に対しては、ホルモンを血流に放出するよう仕向ける。

ANSは互いに逆向きに作用する二つの構成要素《コンポーネント》からなると、ラングリーは考えていた。具体的に言えば、彼の考えは次のようなものだった。「交感神経系」は、内臓の生理機能を制御できるような先天的な発火パターンによってあらかじめ配線されている。それに対し「副交感神経系」は、交感神経系の傍らで作用し（そのため「副」と呼ばれている）、交感神経系の効果を打ち消し、均衡を回復する。両神経系とも、ただ一度の全か無かの反射的な作用によって内臓のすべての器官や組織に影響を及ぼす。

体壁的神経系の大きな特徴は、感覚コンポーネントと運動コンポーネントを備えている点にある。たとえば灼熱したストーブに触ると、感覚メッセージが脊髄に伝わり、自動的に手が引っ込む。ところがANSの神経節、とりわけ交感神経系の神経節は、内臓からの感覚を受け取らずに内臓反応を制御する。そのためラングリーはANSを運動系と見なしたのである。

ラングリーの用語は現在でも使われているが、新たな知見によって大きく変わっている。いくつか例をあげよう。現在の考えでは、二つのコンポーネントの両方が全か無かの反応を示し、すべての内臓組織に同じように作用しているとは考えられていない。そうではなく、状況に応じて、ANSの二つの部位がやや異なるパターンの内臓器官の活動を引き起こすと考えられている。また、交感神経系の補助組織として見られることが多かった副交感神経系は、もはや交感神経系の単なる対抗力として見られることはない。

さらに言えば、ＡＮＳはもはや単なる運動系とは見られておらず、内臓組織は機械的な圧力や化学的な刺激（酸素や二酸化炭素）に反応すると考えられている。内臓器官の神経終末は、副交感神経系の迷走神経を介して後脳に内臓感覚に関するメッセージを送り出しているとさえ考えられている。

以上のような説明は、誤った考えを救おうとする無益な試みだと感じている研究者もいる。たとえば神経生物学者ウィリアム・ブレッシングの主張によれば、ＡＮＳという概念の有用性は、すでに失われている。それでもＡＮＳは、大脳辺縁系や三位一体脳と同様、その種の科学的な挑戦を受けても生き残っているのだ。

従来は、交感神経系と副交感神経系がＡＮＳの構成要素として注目されていたが、ＡＮＳには三つ目の部位が存在する。それは、消化管のみならず心臓組織や他の内臓組織にも結びついている無数のニューロンで構成される「腸神経系」である。腸神経系は二〇世紀後半に入ってから科学的な注目を浴びるようになり、世間では「腸脳」という通称で話題にのぼるようになった。ＡＮＳの他の二つの部位とは異なり、腸神経系のニューロンは外部の神経節ではなく内臓組織それ自体に埋め込まれている。

内臓脳

ＡＮＳの制御に対する脳の関与はきわめて小さいとするラングリーの考えは、三つの点で誤っている。第一の理由はすでに述べたが、後脳は、身体の状態に関するシグナルを副交感神経系の迷走神経から受け取っている。ラングリーはこの事実を知りながら軽視していたのだ。第二の理由は、後脳に達した内臓感覚が明らかに中脳や前脳にも達することである。早くも一八八四年には、ウィリアム・ジェイムズが、情動の意識的経験には内臓感覚が重要な役割を果たしており、それには内臓からのシグナルを前脳が受け取る必要があると述べている。ラングリーはこのジェイムズの見解を知らなかったか、無視したかのいずれかであろう。

ANSと脳に関してラングリーが誤っている第三の理由は、意識と前脳の機能を同等に扱っていることである。なお意識には意志的な行動制御も含まれる。ここでの彼のロジックは、「ANSの制御は自動的に（無意識的かつ意志に基づかずに）行なわれるので、そのすべてが前脳ではなく辺縁系や脳幹で実行されているはずだ」というものだ。しかし今日の科学者の多くは、前脳による認知処理の多くの側面が意識なくして生じており、自覚されるのはほんの一部にすぎないという考えを受け入れている。つまりANSが無意識的に作用するからといって、その制御に前脳が関与していないとは言えない。

ANSの機能に対する前脳の関与は、ラングリーの時代に注目され始めた。二〇世紀前半、ドイツの研究者たちは、前脳の皮質下領域、とりわけ視床下部に電気刺激を加えると、心臓やその他の内臓器官の活動に変化が生じると報告していた。同じ頃、ホメオスタシスで知られるウォルター・キャノンは、闘争・逃走反応を始めとする緊急反応時に生じる副腎髄質からのアドレナリンやノルアドレナリンの分泌が、ANSによる視床下部の活性化に起因することを発見した。キャノンは脳による内臓の制御に関する第一人者になり、ラングリーの見方とは異なり、視床下部はキャノンの研究に基づいて、ANSの「トップ神経節（企業のCEOのようなもの）」として知られるようになった。ただし彼は、すべての内臓器官がアドレナリンによって最大限に活性化されると想定していた点では、ラングリーの見方を支持していた。

目覚めて行動している動物を対象に、ANSによって制御される生理反応を研究する技術が洗練されると、キャノンに啓発された研究者たちは、視床下部に対する電気刺激によって防御行動や攻撃行動に関連する、特定のパターンの内臓反応が引き起こされることを示した。視床下部に対する電気刺激によって行動反応やＡＮＳの反応を調節できるというこの発見は、体壁的活動と内臓的活動が統合されていることを裏づける重要な証拠になる。[c]

最近の研究によって、視床下部は、交感神経系や副交感神経系を制御する神経回路を宿す、中脳や後脳の諸領域との結合を介して、内臓に影響を及ぼすことがわかってきた。ＡＮＳの末梢の神経回路と神経節に対する視床下部のこのトップダウンの結合を介して、消化やエネルギー管理、体液や電解質のバランス、呼吸、心血管系の活動、血液ガスやpH、深部体温などに関する、ホメオスタシスを維持するための制御の基盤をなす主要な生理プロセスが調節されているのだ。

前脳には、視床下部以外にも内臓制御に関与している領域が存在する。内臓制御に関連する視床下部への入力の多くは、前脳の辺縁領域からやって来る（「前脳の辺縁領域」という解剖学的概念と、「辺縁系」という問題含みの機能的概念は異なることを思い出されたい）。最近の研究が示すところでは、扁桃体を始めとする前脳の辺縁領域（それには前辺縁皮質、眼窩皮質、前帯状皮質、島皮質などの、内側中間皮質前頭前皮質*の比較的原始的な領域が含まれる）も、交感神経系や副交感神経系の活動を制御している中脳や後脳の諸領域とも直接的な結合を持っている。

ここで、扁桃体、視床下部、大脳基底核などの皮質下脳領域には下位領域があり、そのそれぞれが独自の機能的な役割を果たしているという点を指摘しておくことには価値があるだろう。たとえば哺乳類の扁桃体では、外側領域は感覚入力を受け取るのに対し、中心核は視床下部や脳幹の、内臓制御を司る領域と結合している。扁桃体のこれら二つの領域は相互結合しているため、外側部を活性化させる大きな音は、扁桃体中心核を介して心拍や血圧を高める場合がある。

ＡＮＳの三つの構成要素のなかでも、腸神経系はＣＮＳからもっとも独立しており、その点ではビシャやラングリーの見方の、ある程度の裏づけになる。しかし、腸神経系でさえ、ＣＮＳの監視を受けている。その主要な制御には、腸神経系に結合し、内臓機能を司る前脳領域によって調節されている、後脳の副交感神経系関連の神経回路が関与している。つまり、いわゆる「腸脳」は頭部に存在する真の脳の軛から完全に自由なのではない。

内臓ループ

脳は内臓に作用を及ぼすだけでなく、逆に内臓組織の状態を示すシグナルを受け取る。ここで、内臓組織には後脳に達する神経の神経終末が存在することを思い出されたい。また後脳の神経回路は中脳の神経回路と、さらに中脳の神経回路は、前脳の視床下部や扁桃体のみならず、眼窩皮質、前帯状皮質、島皮質などの中間皮質ＰＦＣとも結合している。これらの高次の脳領域のおのおのが、情報ループをなすネットワークを介して、低次の脳領域から入力情報を受け取り、それを低次の領域に送り返しているのだ。

内分泌系は、それとは別の、内臓と脳の相互作用を仲介している。すでに述べたように、ストレスを受けていると、視床下部はＡＮＳを介して、アドレナリンやノルアドレナリンの分泌を副腎髄質に促す（キャノンの緊急反応を思い出されたい）。これらのホルモン分子は、血流から脳に入るには大きすぎるが、胸

＊脳領域の名称が長くなるので以下前頭前皮質はＰＦＣと記す。なお、皮質領域の分類に関しては第10章の「哺乳類の大脳半球のおもな領域の例（一〇六ページ）」を参照されたい。

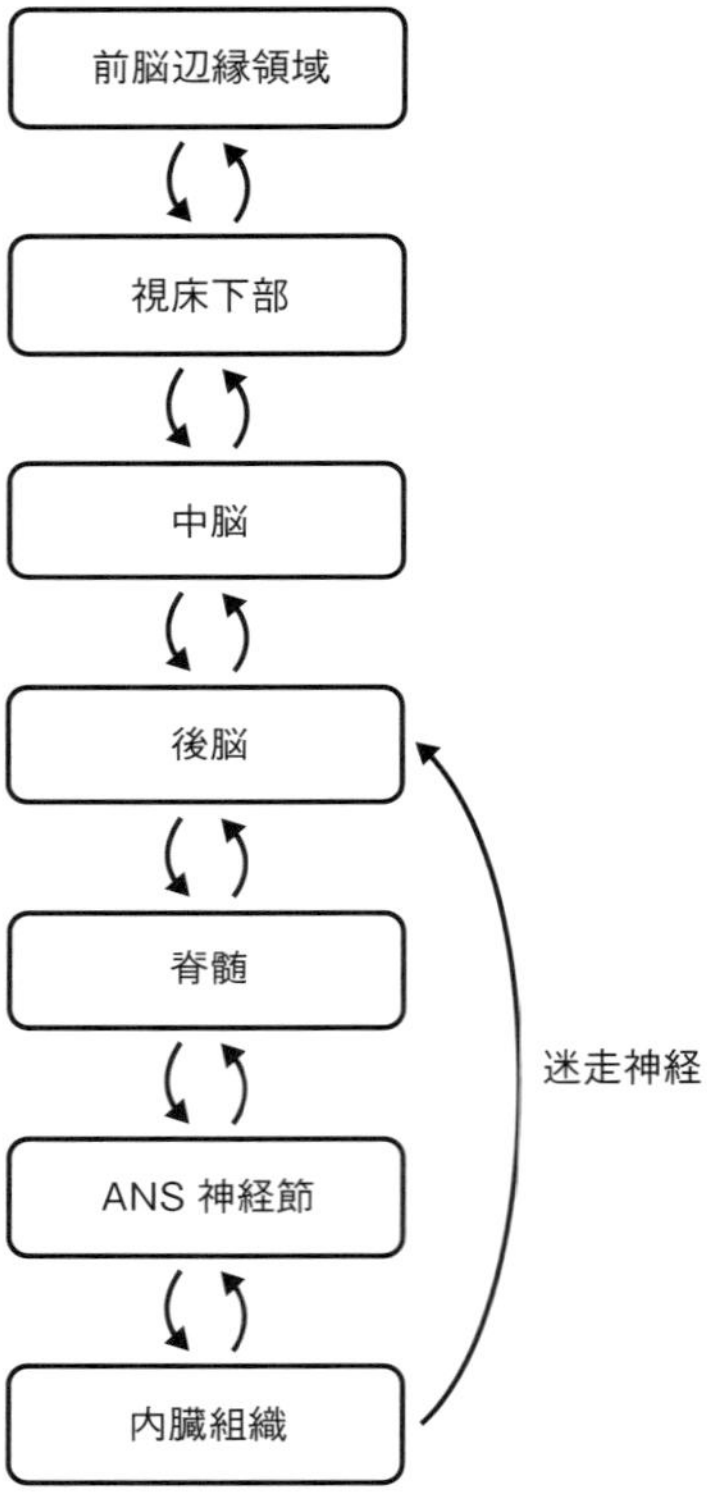

図12・1　内臓ループ

部や腹部の副交感神経系のレセプターに結合することで、脳に影響を及ぼす。すると迷走神経は、前述のとおり内臓の状態に関するメッセージを後脳に送り、メッセージは後脳と結合している中脳と前脳にも届く。またストレスを受けていると、視床下部は、脳下垂体に副腎皮質刺激ホルモン（ＡＣＴＨ）の分泌を促す。かくして分泌されたＡＣＴＨは血流に乗って副腎皮質に達し、そこでホルモンのコルチゾールが放出される。副腎皮質から分泌されるホルモンとは異なり、コルチゾール分子は血流から脳に入れるほど小さく、入ったあとで前脳のニューロンのステロイドレセプターに結合する。

内臓の状態

私はここまで、あたかもたった一つの内臓脳システムが存在するかのごとく、脳とＡＮＳと内臓の関係を論じてきた。これは、キャノンやマクリーンから受け継がれてきた伝統に基づく。しかし、私たちは今や、中枢ではなく、種々の特化した神経回路が存在し、それらが内臓のさまざまな活動を制御していることを知っている。たとえば、エネルギーのホメオスタシス、体液や電解質のバランス、体温調節、生殖のおのおのが、前脳の辺縁領域、視床下部、脳幹を中心に構成された、種々の構成要素を備えるさまざまな神経回路に依存している。さらに言えば、これらの脳領域に存在する、内臓制御を司る神経回路は、身体の内臓組織とCNSのさまざまなレベルのあいだの処理ループに参加している。たとえばエネルギー供給が低下すると、消化系から発せられたシグナルが、迷走神経とホルモンの両方を介して脳に伝達される。すると前脳に存在するエネルギー管理を司る神経回路がトップダウンで命令を下し、肝臓や脂肪細胞に蓄えられているエネルギーを放出させ、新たなエネルギー源を獲得するための行動を起こすようANSに促すのだ。

内臓の状態は非意識的に身体のホメオスタシスに寄与する。しかし非意識的であることは、些末であることを意味するのではない。内臓の良好な状態は、身体と脳が協調して私たちの健康を支えていることの表れなのである。

覚醒

ホメオスタシスに関与しているもう一つの重要な神経回路は、脳幹の核（つまり中脳と後脳）に存在する。以前は、これらの神経回路は「網様体」と呼ばれ、一元的で包括的な覚醒制御システム、すなわち脳の基本的なレベルの活動を調節するニューロンのネットワークと見なされていた。それに対し現代の理解では、網様体はニューロンの集まりで、必要な化学物質を生成して脳内に広範に放出するという点が強調されている。それらの化学物質には、ノルエピネフリン、セロトニン、アセチルコリン、ドーパミン、さらには比較的最近知られるようになった、視床下部の細胞から分泌される化学物質オレキシンが含まれる。

これらの化学物質にはさまざまな機能があり、必要な組織を動員したり、活性化したりして脳や身体の覚醒レベルを調節し、ホメオスタシスの回復に必要な活動を支えているとされている。これらの覚醒性の化学物質は広範に放出されるとはいえ、その作用はそのときに活動状態にあるニューロンを調節することである。したがって、防御、エネルギー管理、生殖などを司る神経回路が活性化しているときのほうが、していないときよりその処理に大きな影響を及ぼす。だから「神経修飾物質」と呼ばれているのだ――つまり神経活動を始動させるのではなく調節する。

覚醒システムのとりわけ重要な役割は、睡眠・覚醒周期を調節することにある。自分では気づいていなかったとしても、睡眠と覚醒は、全身が関与する内臓的な機能である。そして睡眠と覚醒のあいだの移行は、脳と身体の両方に存在する生理プロセスによって、ホメオスタシスに基づいて調節されている。

内臓反射は変わりうる

内臓反射は、進化によって特定のタイプの刺激に反応するよう配線されているとはいえ、学習を通じて、外界からの刺激に影響されることもある。馴化と鋭敏化という二種類の非連合的な学習プロセスについて思い出されたい〔第9章〕。大きな音を突然耳にすると心臓の鼓動が速まるが、繰り返しその音を聞くと慣れが生じ、心臓はあまり大きな反応を示さなくなる。また大きな音や電撃などの強い刺激は、鋭敏化を引き起こすことがある。つまり、通常は影響を及ぼすことのない他の刺激に対しても、それを受けた瞬間に心臓が早鐘を打つようになるのだ。

しかし内臓反射は、パブロフの条件づけによって条件づけられたイヌが、エサが与えられる直前にいつも鳴らされている音を聞いただけで唾液を分泌したように、連合的に条件づけられることもある。その種の学習には、中立的な音を処理する感覚神経回路とエサによる強化刺激を処理する感覚神経回路の協調が必要とされる。

意外なことに、パブロフの研究は広く知られているにもかかわらず、それに関する脳内の働きの解剖学的な詳細はあまり理解されていない。その理由は、条件づけられた被験動物の唾液を収集し、正確に測定することが困難だからなのだろう。しかし別種の条件づけられた内臓反射には、より詳細に研究されているものもある。とりわけよく研究されている条件づけに、パブロフ型脅威条件づけと呼ばれるものがある。それは、苦痛なできごとに先立って生じた中立的な刺激が、そのできごとが過ぎ去ったあとでも、危険を知らせる警告シグナルになる――また、その刺激に対する内臓反応と行動反応の協調が制御されるようになる――というものだ。

内臓組織を意志の力でコントロールできるのか？

古代の頃から、内臓は意志の力ではコントロールできないと一般に考えられてきた。この見方は、ビシャとラングリーによって強化された。しかし一九六〇年代から七〇年代にかけて、研究者たちがストレスに関連する心臓疾患の管理に役立つ臨床ツールを考案しようとする試みのなかで、オペラント条件づけやバイオフィードバックを用いて内臓、とりわけ心血管系の変化を強化しようとした時期があった。一九七三年に発表されたこれらの研究の総説は、統計的に有意な結果が得られた研究もいくつかあるが、効果は小さく一時的であったと結論している。この総説の著者たちは、内臓反応に変化をもたらすためには、段階的リラクゼーション、瞑想法、さまざまなヨガなどの代替手段のほうがより効果的な可能性があると記している。現状に鑑みると、彼らの記述には、先見性があったと言えよう。今日では、リラクゼーション、深呼吸、マインドフルネス瞑想法は、心理療法のツールとして日常的に用いられているのだから。

13　行動

サー・チャールズ・スコット・シェリントンは神経系研究の開拓者の一人で、骨格筋反射の神経制御に関する研究によって一九三二年にノーベル賞を受賞している。また、内臓の内受容感覚器を特定した最初の生理学者でもあった。シェリントンはかつて、「脳は、神経活動が運動器官へと伝えられる大通りと見なせる」と述べたことがある。彼の言う大通りとは、外部刺激を処理する感覚系から、筋肉をコントロールしてさまざまな身体部位を動かす運動系への情報の流れを指す。そしてこの流れのおかげで、有機体は行動によって外界に働きかけることができるのだ。この感覚系から運動系への情報の流れは行動の基盤をなし、行動制御は体性神経系の第一の仕事である。

一九世紀後半から二〇世紀前半にかけて活躍した科学者たちは、このプロセスの持つ外界に働きかける性質に鑑みて、行動の神経基盤の探究にあたって次のような単純な戦略をとった。(1)感覚器官(目や耳など)に端を発する末梢神経から中枢神経系(CNS)へと情報の流れを追う。(2)CNSに端を発する末梢運動神経から効果器(骨格筋など)へと情報の流れを追う。(3)感覚系と運動系を結ぶ神経の「接点」を特定する。

感知

私たちは、神経系の持つ感覚能力を通じて自分たちが住む世界を知る。日没時の空の美しさに驚嘆するとき、目の内部の化学プロセスによって電磁エネルギーの波長が神経シグナルに変換されることで、私たちは眼前で繰り広げられている総天然色《テクニカラー》の光景を知覚しているのだ。その基盤となる感覚的な要素は、私たち自身ではほとんど意識していなかったとしても、知覚像を結ぶためには欠かせない。この知覚像は、過去に感覚器官によってとらえられたことのある類似のパターンの記憶によって意味が吹き込まれる。だから私たちは、そのパターンを「日没」として経験できるのだ。

人間による完全な日没経験は記憶や認知に依存するものの、人間のものほど複雑な認知機能を備えていない動物や、認知機能をまったく欠く動物でさえ、日没という人間の概念を形作る感覚的な手がかりに反応することができる。たとえば夜行性動物は、日没時の輝度の変化を感知できる。だから日光が弱まるにつれ、より活発になっていくのだ。コオロギはその時間帯に鳴き始める。ワラジムシのような動物は、暗くなってくると動きを止める。著名な行動生物学者サラ・シャトルワースは、その種の行動が明るさの変化に対する反射的な反応であり、暗さそれ自体に関する認知表象や概念的理解とはまったく関係がないと指摘している。

エストニアの科学者ヤーコプ・フォン・ユクスキュルは一九三四年の著書『生物から見た世界』〔邦訳は一九七三年〕で、ダニが宿主の血を吸おうと木の葉の上で待ち構えているところを想像するよう読者をいざなった。ダニは、哺乳類が放散する酪酸を検知すると、木の葉の上から跳躍する。宿主の暖かい皮膚の表面に落ちると、穴を開けて血を吸うための場所（通常は無毛の箇所）を見つけ出す。ダニは自らの行動を何も理解していない。ダニの反応は、化学的な刺激に対して先天的に備わる単純な運動反応なのだ。環境内で生存するには、それで十分なのである。

フォン・ユクスキュルは、いかなる生物も独自のあり方で感覚世界を経験していると主張し、この特別な感覚世界をその動物の「環世界」と呼んだ。要するに彼は、「たった一つの客観的な感覚的現実など存在しない」と、また「外界とは、おのおのの有機体ごとに異なるものであり、単細胞生物にせよ、複雑な動物にせよ、個々の有機体の経験能力という観点から理解できるにすぎない」と主張したのだ。

感覚処理は感覚検出器、すなわち各感覚モード*の特異な刺激の質に「調節」された特殊なレセプターから始まる。CNSを備える動物では、感覚検出器が最初の分析を行ない、その結果を、末梢感覚神経を介して脳の感覚系に送り出す。そして脳の感覚系は、その動物特有の方法で感覚的な「現実」を、言い換えると環世界を構築する。

それが可能なのは、個体の脳の基本的な配線が、その動物特有の脳の遺伝的設計に従っているからだ。動物個体が、現実の感覚世界との明確な相互作用が恒常的に生じるようになるはるか以前の子宮に宿っているあいだに、遺伝子が制御する自発的な神経活動によって、その生物が進化した環境に一致するようなあり方で、感覚神経の結合が形成され始める。そして神経結合が発達するにつれ、それを通じて出生前から感覚情報（外界の音など）が伝えられるようになる。

また、出生後に感覚世界との相互作用によって得られる経験も、感覚系が適切に機能できるようにするシナプス結合の形成に重要な役割を果たす。たとえば一九六〇年代にデイヴィッド・ヒューベルとトルス

＊視覚、聴覚、嗅覚などを指す。

テン・ウィーセルは、誕生直後の動物の一方の目を手術によって塞ぐ実験を行なった。すると、新皮質の視覚領域の細胞が、塞いだ目からの入力を正常に受け取れなくなり、奥行きの知覚に問題が生じた。奥行きの知覚には、両目からの入力の統合が必要とされるからである。誕生直後の狭い時間窓の範囲内で、言い換えるといわゆる臨界期に、目が手術によって塞がれると、その影響は一生続くが、その期間が過ぎてから目が塞がれた場合には、その影響は一時的なものに留まる。それよりもっと極端な例をあげると、生まれつき目が見えない人や耳が聞こえない人は、他の感覚系の能力が研ぎ澄まされる。なぜなら、機能していない感覚系を活性化させる刺激によって、未使用のシナプス空間における神経結合の発達が促されるからだ。

自然界は、感覚刺激に基づく経験によって感覚処理が研ぎ澄まされることを示す例で満ちている。若いハエの嗅覚系は、嗅覚環境に「微調整」される。幼鳥は、成鳥のさえずりを聴くことで、独自の「歌」の機微を学習する。北極圏で暮らす人々は、雪の結晶のさまざまな形状を見分けることができる。英語に接したことのない日本人のおとなは、英語のRの音とLの音を聞き分けるのに苦労する。

感覚刺激に関する学習の多くは、類似の刺激を繰り返し経験することでなされる。赤を赤として見分けられる理由は、赤が自然界に実在する何らかのカテゴリーだからではなく、やがて「赤」という言葉との関連で知るようになる特定の波長の光を反射するさまざまな物体を視覚系が何度も繰り返し見て、赤とは何かに関する予測を積み重ねてきたからだ。かくして「赤いリンゴ」の色が実際にはまったく多様であったとしても、「赤いリンゴは赤い」などと、いちいち再確認する必要はないのである。

そのような繰り返される経験は、特定の刺激に対する感覚系の反応性を高め、刺激間の区別を容易にする。たとえば経験を積んだキノコ採集者は、各種キノコの外観の微妙な差異を見分けられるので、間違って毒キノコを食べたりすることがない。

感覚系が学習する方法の一つは、生涯にわたって情報を蓄積していくことである。これは「感覚の規則性の統計的学習」と呼ばれ、体壁系でも内臓系でも生じる。この種の強化学習では、食物や生物学的な刺激ではなく、過去の経験に基づく予測の検証が強化刺激の役割を果たす——ただし予測は、心を備えた有機体によって意識的になされるのではなく、神経回路によって非心理的になされる。予測が裏切られた場合は「予測エラー」が生じ、それによって自動学習が新たに引き起こされる。

また感覚系は、感覚刺激と生物的な強化（食物、痛みなど）や心理的な強化（社会的承認など）を結びつけるパブロフ型連合学習によっても学習する。たとえば聴覚皮質のニューロンは、特定の範囲の周波数の音に反応する傾向を持つ。その範囲の周波数の音が電撃とペアにされると、聴覚皮質のニューロンは、その音、もしくはそれに近い周波数の音に強く反応するようになるのだ。危害を予示する音に対する、このような「チューニング」の強化は、より活発な感覚反応を引き起こし、扁桃体、視床下部、脳幹などの下流の脳領域のニューロンが、その結果として生じる行動反応や内臓反応を、より効率的に制御できるようにする。

行動

単純な言い方をすれば、行動は、有機体内部のプロセスがその有機体を動かそうとする際に生じる。私たちは、そのような動作には心理的な目標があると考えたくなる。しかし『情動と理性のディープ・ヒストリー』で論じたように、行動は心理的な理由で生じるのではない。行動は生命の歴史とともに古くからあり、有機体の生存を保つために用いられる道具の一つにすぎない。このことは、神経系を備えているか否かにかかわらずすべての有機体に当てはまる。認知や意識を備える神経生物的有機体でさえ、非認知的、非意識的に反応する能力を維持しているのである。

単なる神経生物的次元を特徴づける行動の指標は、それらが柔軟性を欠く反応であることだ。そのような行動は、自動的になされる——同じ刺激が与えられれば、一貫して同じ反応が生じる。その種の反応には、反射、生物種特有の動作パターン、習慣という三つの一般的なカテゴリーがあることはすでに述べた。これらの反応の基盤をなす神経回路は、魚類、両生類、爬虫類、鳥類から人間を含む哺乳類に至るまで、脊椎動物全般に維持されている。もちろん複雑さに差はあるものの、それはたいてい、同一主題の変奏のようなものにすぎない。

反射

すでに述べたように、反射は特定の刺激によって作動するよう、あらかじめ遺伝的に決定されている先天的な運動プログラムをいう。この運動プログラムのほとんどは、脊髄や脳幹の神経回路に組み込まれている。末梢の感覚神経は末梢のレセプターからＣＮＳの運動プログラムに向けて感覚情報を送り、末梢の運動神経はＣＮＳの神経回路を筋肉に結合する。完全に先天的な運動も、学習によって完全に後天的に獲得された運動も存在しないが、反射は、他の作用に比べて先天的な色彩が濃い。体性反射は内臓反射と同様、前脳の高次の制御メカニズムによって調節される場合がある。

一つの反射作用に関与する筋肉は、たいてい限られている。しかし複雑な行動では、複数の反射作用が同時に関与していることが多い。たとえば歩行は、たいていは目標指向的で意志に基づく活動であるが、その行動の基盤には、バランスや姿勢を保ちつつ手足の動きを協調させる、さまざまな反射作用が関わっている。基本的な協調プロセスは遺伝的な発達プログラムの指示のもとで発達の初期段階から始動するが、自然に活動できるようになるためには、多くの試行錯誤による学習が必要とされる。身体全体に分布する多数の筋肉を正確なタイミングで収縮・弛緩させねばならないその種の動作は、ひとたび学習されると、後脳に位置する小脳領域の神経回路に依存するようになる。そのことは、小脳の損傷によって、動作が制御できなくなるという壊滅的な損失がもたらされることによってもわかる。

動物は、刺激と反応に基づく基本的な反射作用が、神経結合を介してあらかじめ配線された状態で生まれてくるが、パブロフ型連合学習によって獲得される反射作用もある。第12章では、条件づけられた唾液分泌の反射作用に関する有名なパブロフの実験を取り上げた。しかしパブロフの方法は、体性反射にも適用される。一例をあげよう。逃避反射*は音と手足に加える電撃を、また、まばたきは音とまぶたに加える風圧をペアにすることで、条件づけることができる。ひとたび条件づけられれば、音だけで反射を引き起こせる。音による刺激が伝わる神経経路と、電撃や風圧による刺激が伝わる神経経路は、その種の反射の脳による連合学習において重要な役割を果たす小脳で合流する。しかし小脳に先行する感覚経路のニューロンも条件づけられ、その結果生じる学習は、小脳による運動反応の実行を促進する。

種特有の動作パターン

種特有の反応は、あらゆる脊椎動物が共有する、反射という基本的な神経メカニズムに、より複雑な行

＊手や足を引っ込める反射作用。

動が加わることで進化した。実のところ反射と生物種特有の反応パターンは、その生物種の先天的な生存能力に由来する、関連し合う二つの構成要素を形作っているのだ。たとえば、種に特有の採餌行動によって手に入った食物を摂取すれば、その後は咀嚼と嚥下という反射作用が始動して、取り込まれた食物が消化管に送られ、そこで栄養分が抽出される。

生物の普遍的な生存要件は、すでに述べたように栄養分の摂取、体液や電解質のバランスを取ること、危害の回避、生殖にある。動物はこれらの要件を、食べる、飲む、防御する、交尾することで満たす。しかしその反応のあり方は、動物によって異なる。たとえば摂取する食物や、危険と見なすものは種によって異なり、また、それらにどう反応するかは、その種がどんな身体を持つかによって異なる。一般に、食物や水分やその他の生存に必須の物質を指し示す、種特有の視覚像、音、匂いは、種特有の接近行動を引き起こすのに対し、捕食者の出現などの危害をもたらす状況に関連する刺激は、不動化《フリージング》、逃走、あるいは最後の手段としての闘争など、種特有の防御行動を引き起こす。

人間は種特有の反応より学習や文化に依存する度合いが大きい。とはいえ高さ、ヘビ、攻撃的な人、乳児の泣き声、性的刺激に対する特有の反応など、先天的な傾向や性質も持つ。その種の刺激に関する、ありそうな進化のストーリーを紡ぐことは簡単だ。ヘビ、クモ、高さは、私たちの霊長類の祖先にとってとりわけ危険だったがゆえに、人々の病的な不安を喚起する共通の引き金として作用するようになった。それに対して、生殖に結びつく刺激に対する反応は種としての存続に役立つが、過度に興奮する、セックス中毒になる、ストーカー行為に走るなど、さまざまな問題も引き起こす。

生存行動は、「サバイバル回路」に依存する。防御、採餌、水分補給、性的行動の基盤をなすサバイバル回路についてわかっていることは多い。特定のサバイバル回路が活性化すると、特定のタイプの「グローバルな有機体的状態」が生じる。私たちはこの状態を、怖れ、空腹感、のどの渇き、性的欲求として意識的に経験するものの、神経生物的なレベルでは、それは特定の生存状況に寄与する非意識的な状態として存在するにすぎない。だが、非意識的ではあれ些末ではない。その状態は、有機体が生存し健康を保つのに役立つ、脳や身体の活動の統合を反映しているのだから。

私が長年調査してきたサバイバル回路は、先天的に組み込まれている、あるいはパブロフ型脅威条件づけに基づく防御行動や、それを支える内臓反応を制御する、扁桃体を中心とする神経回路である。私には、「扁桃体は恐怖中枢《フィアセンター》である」というよくある言い方より、「防御型サバイバル回路」という表現のほうがしっくりする。この回路は危険を検知し、それに反応するからだ。同様の理由で、私は「パブロフ型恐怖条件づけ」というよくある言い方より、「パブロフ型脅威条件づけ」という表現を用いている。なおそれについては、第Ⅴ部で詳しく取り上げる。

パブロフ型脅威条件づけは、一見すると不自然に思えるかもしれないが、野生の世界における危険をモデル化する方法としてすぐれている。音に条件づけられた刺激は、捕食者が襲い掛かって来る際に立てる葉ずれの音など、捕食者に実際に出くわしたときに生じるはずの音を模倣する。条件づけられていない〔先天的な反応を引き起こす〕電撃による刺激は、捕食者に傷つけられたときに生じる痛みの感覚を模倣する。将来条件づけられた刺激に遭遇したときには、危険な刺激によって危害がもたらされる前に、防御行動やそれを支える心血管系の変化が引き起こされる。

げっ歯類の研究で明らかにされている（そして低次の脊椎動物、鳥類、サル、人間で確認されている）防御型サバイバル回路の主要な構成要素は、図13・1に示されているとおりである。扁桃体は主要な構成要素ではあれ、扁桃体より神経回路全体がはるかに強く関与している。種特有の脅威刺激は目、耳、鼻の感

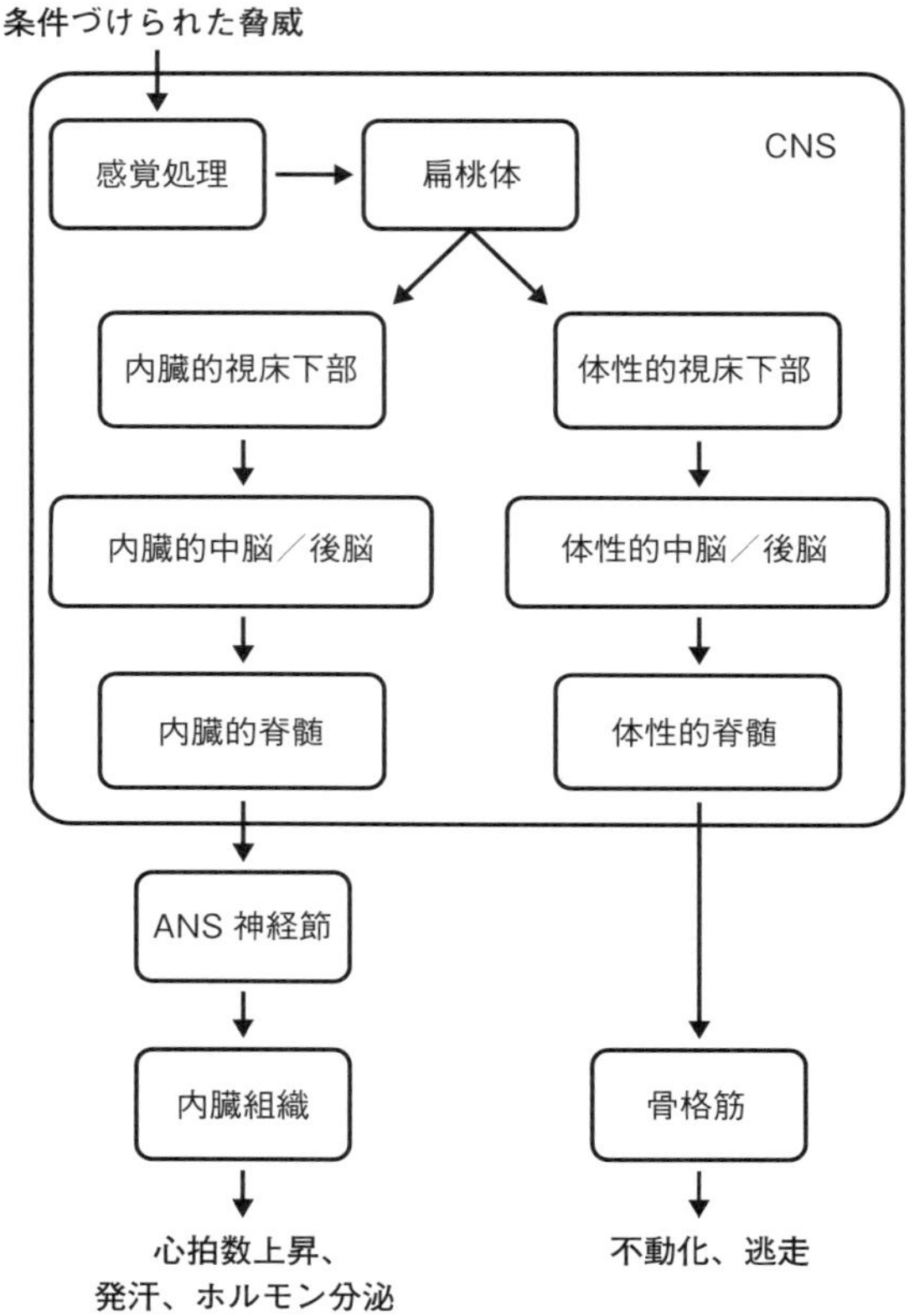

図13・1　防御型サバイバル回路

覚レセプターから視床や新皮質の感覚領域に送られる。これらの感覚領域は扁桃体の神経回路に結合している。感覚刺激のゲートウェイの役割を果たす外側扁桃体は、脅威刺激が示す危険を検知し、扁桃体中心核と連絡する。すると扁桃体中心核は視床下部と脳幹からなるネットワークを活性化させる。視床下部と脳幹は別々に働き、それぞれ防御行動（とりわけフリージング）を起こす筋肉の収縮と、それを支える内臓反応の両方を引き起こす。内臓反応は、代謝による支援を防御行動の前や最中に行ない、脅威が過ぎ去ればホメオスタシスを回復させる。負傷した場合には、内臓の活動は負傷からの回復と治癒を促す。扁桃体は脅威条件づけに必須の役割を果たすが、感覚領域を含む他の前脳領域の可塑性も、防御型サバイバル回路によって制御される防御行動の効率に影響を及ぼす。加えて、図には示されていないが、中間皮質PFCと海馬も、このプロセスに関与している。

すべての脊椎動物が扁桃体を備えており、その防御型サバイバル機能を用いて危険に対処している。最近の発見によれば、扁桃体は脊椎動物が無脊椎の脊索動物から受け継いだ組織のようだ。ハエのような前口無脊椎動物は扁桃体を備えていないが、危険に対処するための独自の防御型サバイバル回路を持っている。防御型サバイバル機能は、神経系を備えておらず、よってサバイバル回路を欠く単細胞有機体にすら備わっている。

習慣

動物は人間を含め、神経刺激と強化刺激のパブロフ型連合（刺激と刺激の連合）を学習するだけでなく、刺激‐反応連合（S‐R連合）を形成することで新たな行動を獲得することができる。すでに見たように、この形態の強化学習は「習慣による道具的条件づけ」と呼ばれている。

一九世紀後半、心理学者のエドワード・ソーンダイクは、エサを与えなかったネコを、見ることや嗅ぐことはできても手が届かない場所に魚の切片が置かれた実験箱に入れるという実験を行なった。するとネコは非常に活発になり、ランダムに動き回った。やがてネコは試行錯誤によって、特定の行動をとれば、扉が開くことを学習した。そしてその時点からは、同じ状況のもとに置かれると、その行動を繰り返した。ソーンダイクは、それを道具的行動と呼んだ。というのも、有機体にとって役立つことをなし遂げたからである——そのような行動は、環境の状況をある程度コントロールする手段になる。

反射と種特有の動作パターンに依拠するパブロフ型連合条件づけと同様、習慣的な行動は刺激によって自動的に引き起こされる。しかし異なる部分もある。パブロフ型条件づけは、強化刺激（エサなど）が、新たな刺激（音など）による（エサに近づいて食べるための）先天的な反応の制御を可能にすることを説明するものである。それに対して習慣学習は、（エサに近づいて食べられるよう、扉の開け方を学習するなど）新たな行動の獲得に関係する。また学習という観点からすると、パブロフ型条件づけは刺激と刺激（中立的な感覚刺激と強化刺激）の連合学習であるのに対し、習慣においては、強化刺激はS‐R連合を形成する。

S‐R連合に基づく習慣を刻印するためには、刺激が生じた状況に関する情報と反応に関する情報を脳内で統合する必要がある。魚類から人間に至るあらゆる脊椎動物において、おもな刺激と反応の収斂は大脳基底核で生じる。すでに述べたように、大脳基底核とは、動作の制御に重要な役割を果たす大脳の皮質下核の集まりである。

大脳基底核は、刺激と反応に関する情報を提供する皮質領域（感覚皮質と運動皮質が含まれる）と相互結合している。動物が強化刺激を受けると、中脳のドーパミンニューロンが活性化して、大脳基底核でドーパミンが分泌され、この強化刺激と直後に実行された反応の結合（連合）が刻印される。大脳基底核の主要な部位は、背外側領域、とりわけ背外側線条体である（ちなみに、この細かな情報は重要だ。というのも、のちの章で、大脳基底核の他の下位領域が目標指向的な道具的学習に寄与していることを検討するからである。目標指向的な道具的学習は習慣学習とは異なり、認知プロセスを必要とする）。

ひとたび習慣によるS‐R連合が形成されると、その刺激が与えられたときに対応する反応が自動的に引き起こされるようになる。このプロセスに関与しているのは、感覚皮質、運動皮質、背外側線条体で構成される結合ループと、このループによる中脳と後脳の運動領域に対する出力である。そして脊髄の運動神経回路との結合を介して、習慣行動の基盤をなす筋肉の収縮に対する末梢運動神経による制御が可能になる。

こうして見ると、ソーンダイクのエサを剝奪されたネコが、扉を開けてエサにありつけるようにする反応に行き当たった際に、何が起こったのかを推測することができよう。つまりその時点で、おそらくエサの味によって背外側線条体でドーパミンが分泌され、習慣が刻印されたのである。かくしてそのネコが同一（もしくは類似）の状況に置かれると、習慣化した反応が自動的に引き起こされるのだ。

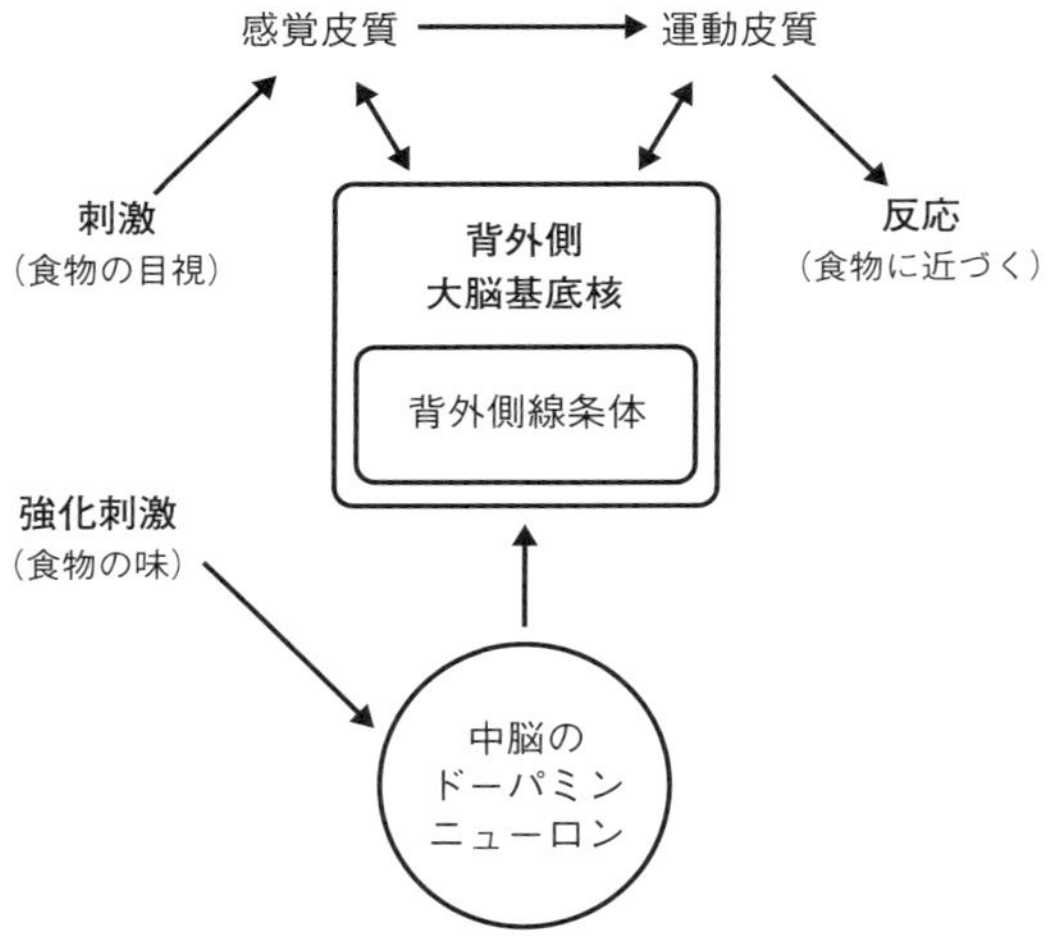

図13・2　哺乳類における習慣回路の基本的構成要素

すでに述べたように、道具的学習が進化したのはカンブリア紀のことであり、狭い領域での採餌行動を制御する運動神経回路のドーパミン調節機構が変化したことと、この機構が連合学習と結びついたことによると考えられている。事実、動物はエサを探して動き回ることで、習慣的な反応を学習する。特定の場所でエサが見つかると、その場所を特定する刺激が報酬として刻印されるのだ。しかしその場所に再びたどりつくためには、採餌領域におけるその場所と他の場所の関係を理解しておく必要がある。

マクリーンは海馬を情動的な大脳辺縁系の中枢に仕立て上げたが、今日では、海馬の役割は、環境の空間マップを作成して記憶し、採餌中にそれを利用することだと考えられている。特に海馬は、新皮質の感覚領域や、背外側線条体の習慣を司る神経回路と結合しており、脊椎動物の初期の頃から、これらの領域は、採餌中のS-R連合学習に関与していた。

習慣は単純に見えるかもしれないが、実際には単純どころではない。習慣の研究を先導するバーナード・バレイン、トレバー・ロビンス、バリー・エヴェリット、アン・グレイビエルらの主張によれば、習慣学習による最終的な行動は、さまざまな反応構成単位、いわゆるアクションチャンクが結合したり、集まったりしたものであるという。彼らによれば、このアクションチャンクには習慣を刻印してきた、試行錯誤に基づく学習行動の履歴が反映されている。

学習されたスキル（タイピング、体操、楽器の演奏など）とやや似て、習慣は、繰り返しによって獲得され、熟練度を高める運動反応だと言える。事実、習慣におけるアクションチャンクの実行順序は、学習された行動の非常に重要な部分をなす。しかし、習慣と学習されたスキルのあいだには大きな違いがある。スキルは、通常は自動的にではなく意図して習得され、行動の効率の維持や改善のためにつねに利用できる一種の専門技能をいう。

習慣が生物にとって非常に有用な理由は、同じ場面で、決定を下すのにいちいち脳で判断する必要がなくなるからだ。しかし習慣には不利な面もある。習慣に従うとき、有機体はつねにある程度同じ様態で反応する。つまり習慣は硬直的であり、それが柔軟な目標指向的行動とは区別される理由の一つになる。加えて習慣にはもう一つネガティブな側面がある――爪を噛む、ドラッグを常用するなどといった悪習から脱するのは、非常にむずかしい。

行動と心理の結びつき

神経生物的次元に属する反射、種特有の動作パターン、習慣は、心理学者によって研究されることが多く、そのため本質的に心理的なものと考えられている。しかしそれらの行動は、行動であるという理由だけで、心理的行動と見なせるわけではなく、神経生物的次元に属する反応にすぎない。よってそこには認知も意識も関与しない。しかしそれと同時に、心理学には妥当な、それどころか必須のものでもある。なぜなら、ある行動が認知的、あるいは意識的な制御のもとでなされていると見なされるためには、そのレベルを超えなければならないことを示す指標になるからだ。

これにて、神経生物的存在という、相互に依存し複雑に絡み合う結合双生児的な領域――動物の生命を支えている内臓神経系と体性神経系から構成される――の探究を終える。行動はつねに、内臓による代謝に支えられる必要があるが、内臓も、代謝に必要なエネルギーを供給するために行動を必要としているのである。

Ⅳ　認知的次元
The Cognitive Realm

14　外界の内化

私の見方に基づいて——有機体の性質の一つとして——生物を定義すれば、生物を非生物から区別することは比較的簡単になる。あらゆる有機体が、そして有機体だけが、生物として存在する。何かが生きていれば、その何かは有機体である。そして何かが有機体であれば、その何かは生きている。ウイルスのような実体を生物に含めるべきか否かに関して、科学者は見解の一致を見ていないが、その手の論争は、本書ではほとんど意味をなさない。というのも、私がおもに関心を抱いている生物的存在とは神経生物的存在でもあり、ウイルスはその進化の歴史から大きく逸脱しているからだ。

どの生物が神経生物的存在なのかを見分けることも、比較的簡単である。ある有機体が神経系を備えていれば、それは神経生物的存在であり、定義上、神経生物的に存在している。この基準によって、神経生物的存在は動物、少なくともほとんどの動物に限られる。

ところが認知的次元という点になると、事態は非常に複雑になる。どの動物が認知的存在なのかを見分けるための物理的な性質など存在しないため、ある存在に認知の働きを推測するためには、他の性質、通常は行動に依拠する必要がある。これは非常に厄介なものになりうる。なぜなら、科学者によって認知の定義が異なるからだ。とはいえ私は、認知的な行動制御を非認知的なものから区別するために、ありふれた基準を用いている。その基準とは、情報に関する内的表象を用いて世界のメンタルモデルを構築する能力の有無である。

ダーウィン流心理主義から刺激と反応の心理学へ

思考や認識という形態における認知は、古代ギリシャ以来連綿と続いてきた、心に関する議論の対象として扱われてきた。とはいえ現代の認知科学は、生物学におけるダーウィンの革新的な業績から発展してきたものだ。動物と人間の連続性には身体のみならず心も含まれるとするダーウィンの説は、一九世紀に勃興しつつあった科学的な心理学、とりわけ比較心理学者による動物行動の研究に多大な影響を及ぼした。彼らはダーウィンの導きに従って、人間が意図的行動を制御する心の状態を備えているのであれば、他の動物も備えている可能性があると想定していた。

すると人間の心的生活の前駆形態を動物に見出すことが、比較心理学の主たる目標になる。そのため比較心理学者たちは、いわゆる動物の知的な行動に焦点を絞り、その問題解決能力を研究するようになった。比較心理学の第一人者であったダーウィンの弟子ジョージ・ロマネスは、多くの人々の考えを代弁する言葉――行動は心の大使である――を残している。そして行動が複雑になればなるほど、それだけ正確に動物の心の状態がそこに映し出されていると考えられるようになったのだ。

動物の知性を探究するにあたって、比較心理学者たちはエドワード・ソーンダイクが提唱した道具的習慣学習の見方《パラダイム》を採用した。ソーンダイクや当時の動物行動学者たちは、自然選択によって種の生物学的な特徴が決定されるのと同じように、道具的条件づけの課題では強化刺激によって個体の行動的特徴が選択されると想定していた。

ソーンダイクは当初、快や嫌悪などの心の状態によって習慣が刻印されると論じており、この見方は、動物を擬人化する当時の風潮に準じていた。しかししばらくして行動主義が勃興すると、彼は考えを改め、進化がなんらかの意図を持つ行為主体《エージェント》に駆動されているわけではないように、道具的行動の選択（刻印）も意図的行為主体なしに行われるはずだと主張するようになる。

ジョン・ワトソンが行動主義を創始した理由は、ソーンダイクが当初提起していたような、心の状態を行動の原因と見なす無根拠な主張を熱狂的に支持する風潮に気づいたからだ。ワトソンは、人間と他の動物の連続性というダーウィンの概念に立脚して、人間の行動の研究には動物を用いることが適していると主張した。彼は当初、パブロフ型条件づけに基づく反射作用の連鎖によって、あらゆる行動を説明できるという立場を取った。しかしソーンダイクの提唱した道具的習慣というパラダイムは、あっという間に支配的な研究ツールとして採用されるようになる。このパラダイムならパブロフ型動機づけとは異なり、新たな行動の獲得を説明できるからだ。こうしてこのパラダイムは、動物を用いて道具的行動の研究を行なえば、強化刺激によって刻印された、刺激と反応の結合の連鎖という観点から、言語を含む人間の複雑な行動を説明する普遍的な法則を発見できるという感覚を与えることで、行動主義者を勇気づけたのである。

抵抗

行動主義における刺激と反応という考えは、おもにアメリカの心理学者を魅了した。ドイツでは、刺激と反応のアプローチは、ゲシュタルト心理学者によって言下に否定されていた。彼らは、世界を構造化して解釈することで意味を生成する実体として有機体を捉えていたのだ。ゲシュタルト心理学の第一人者であったヴォルフガング・ケーラーは、手の届かないところに置かれたエサにいかにありつけるかなどといった複雑な問題に直面したチンパンジーが、突然解決策——棒を使ってエサを手前に引き寄せるなど——をひねり出すところを観察した。ケーラーの主張によれば、これは試行錯誤による習慣形成に基づくゆっくりとした刻印というソーンダイクの考えでは説明できなかった。ケーラーはその代わりに、解決策の突然の発見の基盤を「洞察」に求めた。エストニア出身でドイツで暮らしていた彼は、ドイツにおけるユダヤ人の扱いに反対していた。彼を含めた何人かのドイツの心理学者たちは、第二次世界大戦が近づく頃にアメリカに移住している。そこで彼らは、自分たちの考えに敵対する行動主義者が支配する環境に投げ出される破目になったのだ。

イギリスでは、心に関する見方は、記憶、注意などの認知プロセスを研究する心理学者たちの業績を通じて生き残っていた。たとえば一九三〇年代、フレデリック・バートレットは、「スキーマ」と呼ばれる、世界を理解するために人間が用いている組織化された知識構造という概念を導入した。この概念は、心がいかに意味を生み出すのかを説明する、ゲシュタルト心理学の原理に密接に関連する。スキーマはまた、子どもの知識の獲得について説明する、スイスの心理学者ジャン・ピアジェの理論でも重要な役割を果たす。

スキーマ

心理学では、スキーマという用語は一種の心の構造、つまり一連の相互に結びついた表象（記憶の束）を意味する。私たちは、それを用いて世界を概念化して理解し、世界に反応するのである。スキーマは私たちの知覚、思考、情動を形作り、それらに関する新たな記憶の蓄積を導く。各人が、物体（動物、食物、道具、顔など）や、人生において繰り返し起こるできごと（学校、仕事、パーティー、葬式など）のカテゴリーに関連する多種類のスキーマを持っている。だから私たちは、イヌに遭遇するたびに、イヌに関する知覚、思考、感情を新たに一から築き上げる必要がないのだ。スキーマとは、その都度の状況から詳細を補完するためのひな型なのである。特定の時点において複数のスキーマが作動し、状況が変わればスキーマも変わる。

ヨーロッパの動物行動学者たちは、行動主義より動物行動学的アプローチを好む。事実、動物行動学が誕生した理由の一つは、行動主義者に見られる進化への無関心に対抗するためだった。動物行動学の開拓者には、ニコ・ティンバーゲン（オランダ）、コンラッド・ローレンツ（オーストリア／プロシア）、カール・フォン・フリッシュ（オーストリア／ドイツ）らがおり、場合によってはヤーコプ・フォン・ユクスキュル（エストニア／ドイツ）もそこに含められることがある。動物行動学者は心より行動に関心を抱いているものの、行動主義者に比べれば、行動を説明する際に内的要因（特に神経系の仮説的な状態）に言及することを厭わない。第二次世界大戦後、ティンバーゲンはイギリスに移住し、そこで動物行動学を確立した。

二〇世紀半ばのイギリスの動物研究者のなかには、連合学習に対して行動主義的アプローチを取った者もいたが、一九七〇年代に入る頃には、そこに認知的な要素が加えられるようになった。その理由の一つは、バートレットのケンブリッジ大学の同僚で、一九四〇年代に行動主義に対して疑義を表明したケネス・クレイクの業績に対する関心が復活したからだ。クレイクの主張によれば、人間や他の動物の複雑な行動は、外界に関する心の内的なモデルに依存していた。クレイクは次のように書いている。

> 刺激と反応の理論、本能や衝動の理論、条件づけられた反射や可塑的な反応に関する理論など、さまざまな理論がある。私には、それらの理論はすべて的をはずしているように思える。動物や人間の心の本質は、能動的で絶えず変化するモデルを用いて、それ自身の内部に環境をコピーすることにあると考えられる。(…)外界の現実や、自らが実行しうる行動に関する「スケールの小さなモデル」を心のなかに持てば、その有機体は、さまざまな代替案を試して、どれがベストの案かを決定することができる。また未来の状況に事前に対応し、現在や未来のできごとに対処する際に過去のできごとに関する知識を活用することができる。かくして緊急事態に直面したときには、あらゆる側面で、より完全かつ安全、そして効率的に対処することができるのである。

アメリカの行動主義者でさえ、行動主義を支配していた極端な見方に異議を唱えることがあった。たとえば行動主義の黎明期に、エドワード・トールマンは、刺激と反応に基づくアプローチに異を唱えた。彼は次のように述べている。

「刺激と反応」学派によれば、迷路に放たれたラットは、歩く、走る、向きを変える、引き返す、匂いを嗅ぐ、後ろ足で立つなどの行動を呼び起こす外的刺激や内的刺激を次々に与えられると、それになすすべもなく反応する。

それに対してトールマンは、「動物の道具的行動は目標指向的で、そこには目的がある」と主張した。彼はアメリカ人ではあったが、ドイツのゲシュタルト心理学から大きな影響を受けており、ゲシュタルト心理学者と同様、単純なS‐R連合の連鎖では動物の複雑な行動を説明できないと主張した。行動主義者にとってはさらに耳の痛いことに、トールマンは、動物にしろ、人間にしろ、目標指向的行動を理解するためには、思考や予期を含めて有機体内部の認知的な要因を考慮する必要があると主張した。彼は古典的な研究で、迷路を解く課題を与えられたラットが、迷路の探索を動機づけるいかなる強化刺激も受けずに、やがて課題をより迅速に解けるようになることを発見した。彼によれば、ラットは最初の段階で迷路のレイアウトを学習し、課題を解けばエサがもらえる第二段階で迷路を走り回る際に、以前の学習で獲得した、迷路のレイアウトに関する内的表象（記憶スキーマ）を用いたのである。彼はこれを「潜在学習」と呼んだ。

また、トールマンはのちの実験で、ラットが二種類の戦略を用いて迷路を学習する能力を備えていることを見出した。運動反応（S‐R学習）を獲得したラットもいれば、環境の空間レイアウトを学習したラットもいたのだ。彼は、いかに動物が空間的な記憶を用いて外界を移動するのかを説明するために「認知マップ」という言葉を造語した。クレイクのメンタルモデルに概念的に非常によく似た見方を持つトールマンは、次のように述べている。

刺激は通常、（…）作り直されて、環境の暫定的な認知マップに仕立て上げられる。動物が最終的にいかなる反応を示すか、あるいは示さないかを決定するのは、経路や道筋や環境的な関係を指し示すこの暫定的なマップなのである。

トールマンと同様、ラットにおける迷路の学習を数十年にわたって研究していたカール・ラシュリーは、一九四八年にカリフォルニア工科大学で開催されたシンポジウムで、刺激と反応に焦点を絞る行動主義に対して、強力かつ非常に影響力のある異議を唱えた。その異議とは次のようなものである。動物や人間の複雑な行動は、単なる連合の連鎖では説明することができない。そうではなく計画に基づいて階層的に組織化されたものとして捉えるべきで、線型的なものと捉えるべきではない。また彼は、基盤をなすプロセスの多くが無意識的に実行されると指摘した。このような彼の考えは、心の科学が新たな段階へと移る、つまり意識に限定されない認知心理学に至る道を切り開いた。さらに言えば、ラシュリーは、人間の行動を説明する際には言語が考慮されねばならないとも記している。この見方は、動物から学べることには限界があることを示唆する。

その頃カナダでは、マギル大学教授ドナルド・ヘッブが、一九四九年に行動主義と袂を分かつ、有名な著書『行動の機構』〔邦訳は一九五七年〕を刊行している。ラシュリーの教えを受けたヘッブは、ラシュリーと同様、刺激と反応に基づく習慣によっては、知覚、記憶、思考、意志などの心理プロセスを説明することができないと考えていた。またこれもラシュリーと同様、脳の内的な状態が、それらの心理プロセスを組織化する役割を果たしていると見なしていた。

ヘッブは、学生の一人で側頭葉の知的機能に関心を抱いていたブレンダ・ミルナーに、マギル大学の神経科医ワイルダー・ペンフィールドの手で、てんかんを誘発する神経組織を外科手術で切除された患者を紹介した。ミルナーは博士号取得後、マギル大学でそのような患者を対象に研究を続けた。彼女の画期的な発見は、モントリオールではなくコネチカット州ハートフォードで海馬を切除された、HMというイニシャルで知られる患者を対象に行なった研究でなされた。* 手術後、HMの短期記憶は数秒から数分維持されたが、生活体験として長期記憶に転換されることがなかった。この発見によって、長期記憶の形成と蓄積において海馬が必須の役割を果たしていることが理解されるようになった。また彼女の発見は、明示的学習と暗黙的学習としてその後知られるようになる二つの学習様式の相違を明らかにした。なお、明示的学習は認知的にアクセス可能な意識的な記憶に、また、暗黙的学習は習慣やスキルのように非意識的に学習され用いられる手続き的な記憶に基づく。

言語に関するラシュリーの見解は、言語をめぐって巻き起こった一九五〇年代の論争を予見していた。そしてこの論争は、心理学の中心的な主題として認知を根づかせることにもなった。B・F・スキナーは筋金入りの行動主義者として、人間以外の動物が行動を学習するのとほぼ同じようなあり方で、人間の子どもが、「言語行動」という分化強化によって言語を獲得すると主張した。それに対して言語学者のノーム・チョムスキーは、心の内的な構造、すなわち人間だけが備え、人間のあらゆる心的活動の基盤をなす生成文法から言語が生じると論じた。同じ頃、ジェローム・ブルーナーは著書『思考の研究（*Study of Thinking*）』を刊行し、連合の連鎖ではなく、心的プロセスによって概念が形成されると主張した。

また同じく一九五〇年代、HMの手術が行なわれた頃に、若い時分には行動主義に傾倒していた心理言語学者のジョージ・ミラーは、刺激と反応に基づく心理学にもう一つの重要な疑義を呈した。この疑義は、「魔法の数7プラス／マイナス2――人間の情報処理能力の限界」と題する、短期記憶に関する著名な論文で提起されている。この論文でミラーは、世界に関して考えたり推論したりする過程では、心、つまり短期記憶に保てる情報はおよそ七項目でしかないことを示した。この見方は革新的だった。というのも、行動主義者は記憶ではなく学習について語っていたからだ。さらにミラーは、短期記憶の先天的な限界が、チャンキングなどの認知戦略によって回避できることを示した。なおチャンキングとは、再コード化することで情報を束ねたりグループ化したりすることをいう。一例をあげよう。アメリカでは、電話番号はたいてい一〇桁からなる。この一〇桁の数値を三つのグループ（エリアコード、エクスチェンジ、ナンバー）に区切れば覚えやすくなる。ミラーは一九六〇年に刊行された認知に関する本『プランと行動の構造——心理サイバネティクス序説』〔邦訳は一九八〇年〕の筆頭著者でもある（タイトルにある「プラン」という用語は認知を示すが、「認知」や「心」ではなく「行動」という言葉が使われているところからすると、行動主義の影響が残っているように思える）。

一九四〇年代、五〇年代、六〇年代に起こった以上のさまざまなできごとは、コンピューター科学の大きな進歩を背景としている。クレイク、アラン・チューリング、ノーバート・ウィーナー、クロード・シャノン、ハーバート・サイモン、アレン・ニューウェル、マーヴィン・ミンスキーらの研究者は、機械による情報処理と人間の心による情報処理の類似性をとりわけ強調した。

科学者が自分自身をどう呼ぶかは、自分の分野に対するアプローチの仕方を反映していることが多い。ワトソンと彼の支持者たちは、もちろん自分を行動主義者と呼んでいた。またウルリック・ナイサーが一九六七年に『認知心理学（*Cognitive Psychology*）』を刊行すると、心理学者たちは自分を「認知心理学者」

＊マギル大学はカナダのモントリオールを本拠地としている。

と呼ぶようになった。行動主義は、とりわけ動物研究においてしばらく存続していたものの、一九八〇年代に入ると、動物研究者でさえ、認知的な概念に手を出すようになる。今日では、行動主義は驚くべきことに完全にお払い箱にされているわけではないとはいえ、認知的なアプローチが主流になっている。

革命か進化か

認知科学の研究は、二〇世紀半ばに起こった革命の賜物であると言われることが多い。だが、初期の代表的な認知科学者ジョージ・マンドラーは、行動主義を倒した革命や反乱勢力などなかったと述べている。彼によれば、行動主義の終焉は、ワトソンが起草した、心理研究において人間と人間以外の動物を交換可能なものとして扱うことを宣言した行動主義声明の必然的な結果であった。また、認知的なアプローチがやがて影響力を高めた理由は、人間の心に関心を抱く心理学者たちにとって、それが行動主義に代わる有効な手段になったからだ。

15　認知とは何か？

　現代における認知の典型的な定義は、「知識の獲得や、思考、経験、感覚を介した理解に関する心的な活動やプロセス」というものだ。しかしこのような定義は、「思考」「経験」「心的」「心」などといった用語が何を意味しているのかという問いを招かざるをえない。なぜなら、それらの用語は数世紀にわたる哲学的な思索の産物でもあるからだ。

　たとえばデカルトの有名な言葉「*cogito ergo sum*（われ思うゆえにわれあり）」の「*cogito*」は「思考」に言及していた。また彼は、思考を心的な、つまり意識的な経験と同等のものと見なしていた。その結果彼にとって、「思考」「経験」「心的」「心」はすべて人間の意識の状態に関するものだった。デカルト主義者の話に人間以外の動物が登場しないのは、彼らは人間以外の動物を、刺激に自動的に反応する、心を持たない「野獣機械《ビーストマシン》」（すなわち単なる神経生物的存在）と見なしていたからだ。

認知と意識

認知と意識は複雑に絡み合っている。だから私たちは、意識から独立した認知を考えることができないのだ。そのためここでは、自分の心の状態を自覚しているという一般的な意味で意識を捉える。しかし、意識とは何か、そしていかにして意識が生じるかをめぐる見方の解体については、次の第Ｖ部で説明する。

ライプニッツ、カント、ヘルバルトらドイツの哲学者によって、無意識的な思考の可能性が示唆されてはいたものの、心に関連するものはすべて意識的であるとするデカルトの見方が哲学に与えた影響は非常に大きかった。一九世紀後半のドイツで心理学が登場すると、意識が議論の主要な主題になったが、無意識的な思考について考察する哲学者もいた。それでも、動物を対象に研究する心理学者も、人間を対象に研究する心理学者も、行動に関する第一の説明として意識を持ち出すことで一致していた。この風潮は、意識を万能と見なしているとする、心理学者に対する行動主義者の蔑視の恰好の根拠になった。数十年後、認知心理学は行動主義に取って代わったものの、これは意識を主要な主題にすることで達成されたわけではなかった。つまり、意識ではなく情報処理を重視して行動主義からわずかに距離を置くことで、トップの座を占めるようになったのである。

具体的に言うと、コンピューターと心の類似性に着想を得た初期の熱狂的な認知科学者たちは、思考や行動の制御に用いることのできる、外界の内的表象がいかにして情報処理によって形成されるのかに着目した。彼らは、意識的な状態が認知処理から生じうることを認めてはいたものの、認知処理にともなって生じる場合もある主観的な意識経験よりも認知処理それ自体に大きな関心を抱いていた。

初期の認知心理学者たちは、現代のフロイト主義者と見られることを怖れて、意識のみならず無意識的状態に言及することも巧みに避けていた。だから彼らは、「意識的な思考は無意識的な認知プロセスに基づく」とするラシュリーの考えに立脚していたにもかかわらず、認知心理学の扱う無意識が、苦悩をもたらす記憶の抑圧とは無縁であることを、わざわざ断わらざるをえなかった。認知心理学とは、認知に寄与する非意識的なプロセスに関するものだったのである。

一九六〇年代から七〇年代にかけて、認知心理学者たちは一般に、ラシュリーの考えに沿って、意識的思考の基盤をなす認知プロセスに内観によってアクセスする手段は存在しないと考えていた。たとえばジョージ・マンドラーは、「意識的経験を支える認知プロセスは、それが分析メカニズム、深層の統語構造、感情的な評価、計算プロセス、言語生成システム、行為システムのいずれであろうが、意識的経験によって参照することはできない」と述べた。同様にジョージ・ミラーは、「思考はひとりでに意識に出現する」と述べた。彼はその点を強調するために、自分の母親の結婚前の苗字を尋ねられると、知らず知らずのうちに、その答えがふと浮かんでくるという、科学的な裏づけのないたとえをあげている。

一九八〇年代、ジョン・キールストロームは、これらの無意識的な認知プロセスを「認知的無意識」と呼んだ。たとえば、「_urse」という文字列の下線部を埋めよと求められれば、あなたは、直前に病院の写真を見せられていれば「nurse（看護師）」と答え、銀行の写真を見せられていれば「purse（財布）」と答える確率が高い。写真は関連する記憶を誘導し、あなたはそれに基づいて欠けている文字を推測するのだ。実のところそのような記憶は、状況の概念化を導くスキーマなのである。

あらゆる意識的な思考や決定が無意識的な、というより前意識的な認知情報処理に依存するが、すべての前意識的なプロセスが意識的な状態を生むわけではない。さらに言えば、あらゆる無意識的なプロセスが認知的なプロセスなのではない。

人間には、意識的にも非意識的にも作用し、認知的能力、もしくは非認知的能力のいずれにも依存しうる情報処理能力が備わっているという現代の心理学者たちの認識は、四つの存在次元のうち三つを反映する、人間の行動制御に関する三つの一般的なクラスとして分類できる。

人間における行動制御の三つのクラス

1．非認知的かつ非意識的（神経生物的次元）
反射、先天的な行動、習慣を司る非意識的プロセス

2．認知的かつ非意識的（認知的次元）
目標指向的行動を司る非意識的な認知プロセス（前意識的なものを含む）

3．認知的かつ意識的（意識的次元）
目標指向的行動を司る意識的な心の状態

重要なクラス——非認知的かつ意識的——が欠けていると訝る読者もいるかもしれない。それには、生《なま》の感情に基づく一種の初歩的な意識を意味する「有感性」などが含まれる。しかし、それについては意識的次元を深く掘り下げる第Ⅴ部に譲ることにする。

認知とワーキングメモリー

作動記憶《ワーキングメモリー》は認知に関する現代的な理解の中心を占める。この言葉が最初に用いられたのは一九五〇年代

で、問題解決のために一時的に情報を蓄積しておくコンピュータープログラムの構成要素《コンポーネント》を指してコンピューター・サイエンティストが使っていた。心理学では、ワーキングメモリーという用語は、当初は短期記憶と、限られた量の情報を心に保つその能力を指してときおり使われていた。

一九七〇年代に入ると、アラン・バドリーはワーキングメモリーを主要な研究主題に変え、現在でも使われている意味をそれに付与した。彼はワーキングメモリーを、次のように簡潔に定義している。

ワーキングメモリーという用語は、言語理解、学習、推論などといった複雑な認知的課題の解決に必要な情報を一時的に蓄積し操作するための手段を提供する脳のシステムを指す。

バドリーは、「中央実行系」と呼ばれる汎用コンポーネントと二つの特殊なシステム、すなわち言語処理のための「音韻ループ」と「視空間スケッチパッド」に分けてワーキングメモリーを捉えた。中央実行系は、情報処理に関する認知制御と監視に関与するとされた。また、適切な長期記憶を取り出し、取り出された情報を一時的な短期記憶の状態として保つことで、思考、推論、計画立案、意思決定に使えるようにすると考えていた。ワーキングメモリーと注意は密接に関連しているが、まったく同一ではない――注意には、ワーキングメモリーによる実行制御を必要としない側面もある。

ワーキングメモリーの容量には限りがあるため、私たちは、一時には限られた量の情報しか心に保つことができない。より持続的な形態の記憶、つまり長期記憶を形成するためには、意識するしないにかかわらず情報を反芻し、長期記憶として蓄積されるまで長く活性化状態を保つ必要がある。たとえば教えられた電話番号を心のなかで十分に反芻すれば、時間が経ってもその番号を思い出すことができる。しかし反芻しているあいだに誰かに話しかけられると、記憶の保管庫は混乱をきたし、教えられた電話番号を忘れてしまうだろう。

初期の理論では、記憶維持のメカニズムとして暗黙的な言語による反芻が強調されていた。また反芻は、おもに言語情報に対して機能するので、いかなる情報の維持にも用いることのできる「注意リフレッシュ」と呼ばれる別のプロセスが重要な役割を果たしていると考えられていた。情報の一時的な保管は、当初は中央実行系の機能の一つと考えられていたが、今日では、さまざまな特化したシステム（とりわけ感覚システムと記憶システム）が、おもな一時的保管庫と見なされている。

この分野の第一人者ホアキン・フスターは、次のように述べることでワーキングメモリーに含まれる内容の種類の広範さを指摘している。ワーキングメモリーの内容は、「感覚的なものでも、運動的なものでも、それらの混合でもありうる。また、実行された行為の再活性化された知覚記憶によっても、運動記憶によっても、その両方によっても構成されうる。さらには行為の目標の知覚的、もしくは行動的な表象からなる場合もある」。

ワーキングメモリーをめぐって現在繰り広げられている議論は、それがモジュール構造をなす（領域特化型の種々のプロセッサーと実行制御からなる）のか、それとも統合された構造（領域一般型のプロセス）をなすのかに関するものだ。注意は、モジュール構造を重視する理論より、領域一般型のプロセスを想定する理論で重要な役割を果たしている。なぜなら、注意は一時的に蓄積して保つべき情報を選択するからだ。

心的作業の最中に心に一時的に保っておける情報の量は、「ワーキングメモリー容量」と呼ばれている。研究が示すところでは、ワーキングメモリー容量は人によって異なる。たとえば一般的な知能テストや、他の困難な課題における個人成績に相関する。また、アルツハイマー病患者や統合失調症者のワーキングメモリー容量は低下している。

ワーキングメモリーの情報内容は、長らく人間の意識的な経験に結びつけられていた。そのため、ワーキングメモリーは意識と同等であると見なされていた。しかし現在では、ワーキングメモリーには意識的なプロセスと非意識的なプロセスの両方が関与していることが知られている。

ここからは、ワーキングメモリーを〔単なる記憶メカニズムとしてではなく〕認知の一般的なメカニズムとして捉える、より包括的な見方を採用する。私の見方の本質は、アール・ミラーらによる次の記述に要約できる。

> ワーキングメモリー（WM）は、高次の認知作用の重要な側面の一つである。（…）それは情報の短期的な保管とトップダウン制御に必要な心のスケッチパッドの役割を果たす。WMの本質的な特徴は柔軟性である。それによって、感覚入力、意思決定、記憶などに関するさまざまな情報の、必要に応じた選択、維持、操作、読み取りが可能になるのだ。

実のところ、私たちは注意を払う、知覚する、思い出す、計画を立てる、意思決定を下す、行動する、自分が置かれた状況を評価する、などの際にワーキングメモリーを用いる。また自己に関する思考や感情を構築し、監視し、精査するためにもワーキングメモリーを用いる。自分自身の心の状態を認知的に理解するこの能力は、「メタ認知」と呼ばれている。また私たちは、自分自身の心に関する理解を用いて、動物を含めた他者の心の状態を推測する。この能力は「心の理論」と呼ばれる、メタ認知の一種である。

認知と記憶

ワーキングメモリーを含め認知作用のもっとも重要な機能の一つは、外界に関する私たちの理解を支援することにある。それには長期記憶と、とりわけスキーマが必要になる。

スティーヴン・コスリンは、ワーキングメモリーに対する長期記憶の寄与に関して次のようにうまく要約している。ワーキングメモリーの機能は、「何らかの形態の一時的な保管庫だけでなく、一時的に保たれている情報と、蓄積されている知識の総体との相互作用を必要とする」。この、「蓄積されている知識の総体」は意味記憶と呼ばれている。私たちは、状況を理解し意思決定を下す際、ワーキングメモリーの実行機能を用いて意味記憶を取り出すのだ。

意味記憶とは、リンゴとは何か、イタリアは世界のどこに位置するのかなど、事実に関する記憶をいう。そして意味記憶がスキーマとして作用することで、私たちは物体や、自分が置かれている状況の意味を概念化し分類することができる。また意味記憶は、さまざまな概念を結びつけて比喩的にものごとを伝えるなど、意味を間接的に表現する、言語の柔軟な使用法の基盤をなす。科学、アート、音楽、宗教、政治、社会、文化は、こうした事実や概念に関する意味的な知識に依存している。

人間の認知に対する二重システム／二重プロセスアプローチ

現代の認知理論は、直観と熟慮の区別に依拠することが多い。直観は意志的な努力を必要とせず、無意識裏に自動的かつ迅速に生じるのに対し、熟慮は意志的な努力を要し、より緩慢で意識的である。

直観と熟慮の区別は、二〇一一年に刊行されたダニエル・カーネマンの著書『ファスト&スロー――あなたの意思はどのように決まるか？』〔邦訳は二〇一四年〕によって広く知られるようになった。この本では、思考に関する二つのシステムが取り上げられている。カーネマンによれば、システム1は私たちが祖先から受け継いだ先天的な能力を含み、他の哺乳類と共有している。彼は次のように書いている。「私たちは、周囲の世界を知覚し、物体を認識し、何かに注意を向け、損失を回避し、ヘビを怖れるための準備を整えて生まれてくる」。とはいえ、彼の言うシステム1は先天的な能力に限られるわけではなく、そこには連合学習の能力も含まれる。それに対してシステム2は、心的作業を必要とする活動に注意を割り当てる。そしてその機能は、行為主体性、選択、集中、意識的経験に密接に関連する。

システム2による熟慮の決定的な特徴は、ワーキングメモリーに依存する点にある。熟慮は直観と異なり、ワーキングメモリーの能力を用いて、さまざまな決定や行動の選択を行なう。熟慮の短所は、計算コストとエネルギーコストが高くつくことだ。システム1はシステム2より効率的だが、システム2はエネルギーを費やすことで、意図的に、また慎重に目標を追求することを可能にする。

二重《デュアル》システムに依拠する見方は、かなり前から存在していた。ウィリアム・ジェイムズは連合思考と推論を区別していた。最近では、ジョナサン・エバンスらが、特定の形態の二重プロセスには、つねに意識的な思考や行動がともなうと述べている。

エバンスとキース・スタノヴィッチの指摘によれば、システム2はワーキングメモリーに依存するので、自然な分類と見なせる。それに対してシステム1は明確な心理的統合基盤をもたず、さまざまなプロセスの雑多な集まりにすぎない。唯一の共通点と言えば、ワーキングメモリーに依存せず意識的でないがゆえにシステム2に属さないという点だけだ。エバンスとスタノヴィッチはカーネマンの登場以前に、システム1の特徴を「潜在的」「連合的」「早期に進化を遂げた」「古い脳」「動物の認知に類似する」などと記述し、カーネマンといく分似たような見方を取っていた。

以上の見方は、表面的には至極妥当に思える。しかし深く掘り下げてみると、いくつかの問題が生じる。たとえば、早期に進化を遂げた潜在的で連合的な古い脳という言い方は、認知的次元ではなく神経生物的次元に属するプロセスに言及しているかのように聞こえる。「動物の認知に類似する」プロセスという言い方も、別の方向で間違った分類であるように思える。具体的に言うと、人間以外の哺乳類もワーキングメモリーと思考能力を備えているので（トールマンの主張を思い出されたい）、「動物の認知に類似するプロセス」は、（ワーキングメモリーに依存する）他の認知能力にも当てはまるはずだ。ワーキングメモリーには、意識的な側面と非意識的な側面があることを思い出されたい。したがって、迅速かつ意識的ではないというだけの理由で、――直観のような――プロセスが非認知的であることを意味するわけでもなければ、ワーキングメモリーと独立して作動することを意味するわけでもない。実のところエバンスは、「システム2の働きのほとんどは無意識的である」と述べている。私の考えでは、直観は迅速で非意識的な形態の心的プロセスであって認知的なものであり、反射や習慣とともにシステム1に属するのではなく、それ以外の認知プロセスとともにシステム2に属する。したがって、二重システムの考えは修正しなくてはならない。

人間の二重システムアプローチを再考する

二重システムに属するさまざまなプロセスを割り当て直すことで、三重システムアプローチを考案する必要があると私は考えている。そのために、前述の行動制御の分類を足掛かりにする。

二重システムを三重システムに改変する

システム1　非認知的で非意識的な行動制御（神経生物的次元）

・反射
・直観
・パブロフ型条件づけ反応
・習慣

システム2　認知的で非意識的な行動制御（認知的次元）

・非意識的なワーキングメモリー
・非意識的な熟慮
・非意識的な推論
・非意識的な直観

システム3　認知的で意識的な行動制御（意識的次元）

・意識的なワーキングメモリー
・意識的な熟慮
・意識的な推論

システム1には、「非意識的」そして「非認知的」という二つの基準があり、それらを満たすプロセスで構成される。それには、反射、直観、条件づけられた反応、習慣などを司る神経生物的次元に属する行動プロセスが含まれる。それによって、認知に関連するプロセスはすべて、システム2かシステム3に分類される。システム2には、直観だけでなく非意識的な推論、熟慮、ワーキングメモリーのような認知的ではあるが意識的ではないプロセスが含まれる。非意識的なワーキングメモリーを含めそれらはすべて、キールストロームの言う認知的無意識の構成要素と見なせる。より一般的な言い方をすると、システム2には、メンタルモデルを用いることで表象が構築されるすべてのプロセスが含まれる。それに対してシステム3は、意識的な熟慮や推論など、意識的なワーキングメモリーに依拠する従来のシステム2のプロセスで構成される。

認知的でありながら意識的ではないプロセスなどというものがどうしてありうるのかと訝る読者もいることだろう。そう思った読者は、次の例を考慮されたい。通常の会話では、何らかのトピックが議論される。その際、活性化された非意識的なスキーマが思考や発話のひな型になって、関連する記憶が束ねられる。そのため話者は、(私が言うところのシステム2のおかげで)正確に自分が何を語っているのかについて特に意識せずに会話を進められる。しかし話が脇道に逸れたときや、相手の意見を反駁するときには、(システム3に依拠しつつ)会話の道筋を意識的に考慮する必要があるはずだ。それによって関連するスキーマが再構築されれば、再び(システム2に依拠する)非意識的で認知的な思考や会話に戻れる。非意識的で認知的な思考や会話という概念は、私が提起する意識の理論で必須の役割を果たす。それについては第Ⅴ部で説明する。

動物における行動制御の二重システム

一九七〇年代に入る頃には、人間の心理学は実質的に認知心理学になっていた。しかし行動主義の影響が残っており、動物の研究者たちはその潮流に乗り遅れていた。人間以外の霊長類やげっ歯類における連合学習に認知が寄与しているという見方を支持する実験結果が相次いで得られていたものの、刺激と反応によって説明したほうがすぐれていることを示す研究が、間髪を入れずに発表されることが多かった。そのため、多くの動物心理学者たちは行動主義の原理に忠実に従い、状況によっては認知的に目標を追求する動物もいるという考えを否定し続けたのだ。

一九七〇年代後半になると、トールマンの考えが見直され、ジョン・オキーフとリン・ナデルの共著『認知マップとしての海馬（*The Hippocampus as Cognitive Map*）』によって脚光を浴びるようになる。この本は、ラットが新たな環境を探索し、それに関する記憶を形成する際に、海馬のニューロン、つまり大脳辺縁系の不等皮質の領域が活動電位を発するというオキーフの観察に基づいて記述されている。これらの細胞の発火パターンは、環境に関する内的な空間マップの構築を反映している——言い換えると、海馬は脳のGPSのようなものとして機能している——らしかった。なおオキーフは、この画期的な発見によって二〇一四年にノーベル生理学・医学賞を共同受賞している。

脳内に空間マップが存在する証拠が得られても、筋金入りの行動主義者たちは納得しなかった。ケンブリッジ大学の心理学者アンソニー・ディキンソンは、方法論的な障害という言い方でこの状況を特徴づけている。彼は、動物の習慣的反応も目標指向的行動も、程度の違いはあってもほぼ同じに見えるため、単純な行動の観察によって両者を見分けることは困難であると指摘した。ならば課題は、刺激と反応に基づく習慣から目標指向的行動を見分けられる実験を考案することにある。

ディキンソンとバーナード・バレインが考案した、そのような実験の一つは、「強化刺激再評価」と呼ばれる手順を含む。その代表的な実験では、ラットは、エサという強化刺激を受けるための道具的行動を獲得するよう訓練される——照明が点灯したらレバーを押すなど。数日後、実験が始まる前にラットにエサを過剰に与えるか、食べたあと（塩化リチウムを注射して）不快感を催させることで、そのエサの価値を下落させた。エサの価値が落とされたにもかかわらず、その後も（飽食や不快感の効果が失われたあとでも）照明が点灯した際にレバーを押す行動を実行し続けた個体は、習慣を学習したと見なされる（なぜならその反応は、単純に刺激によって引き起こされ、現在の目標の価値に依存するわけではないからだ）。それに対して、レバーを押す行動を見せなくなった個体は、目標指向的反応を学習したと見なされる（なぜなら、エサの価値の下落によって目標を達成しようとする動機が阻害されたからである）。

ある意味では、その種の実験は連合学習に強く依拠しており、ゆえに実験を行なった研究者の行動主義的な見方を反映している。つまりそこでは、強化刺激によって反応とそれを引き起こす強化刺激の連合が刻印されることで習慣が学習されるのとちょうど同じように（S-R連合学習）、目標指向的行動は、行動と、それを強化する結果の連合が形成されることで学習されるのだ（行動と結果の連合学習）。

しかしディキンソンとバレインは、ラットにおける目標指向的学習に関する認知的な説明を提起している。それによれば、特定の状況のもとで目標指向的行動を駆り立てる主たる要因は、以前に学習した、単なる行動と結果の連合ではない。その他にも、その個体に与えられた強化刺激の価値に関する記憶——内的（認知的）な表象——も重要な要因をなす。記憶という用語でそれらの事象を概念化するにあたって、二人は行動主義の伝統を破る結果になった。なぜなら、記憶は認知や意識と同様、心的すぎるという理由で、行動主義者が避けていた概念だからだ。

バレインによるのちの研究は、ラットにおいてさえ、行動と結果の連合における現在の価値を評価するにあたって記憶表象を用いるためには、ワーキングメモリーが必要であることを示唆している。この結果は、習慣と目標指向的行動という二分法を、人間に適用されている、従来の二重システムアプローチの動物版と見なす道を開いた――つまり動物でも、人間でも、習慣は従来のシステム1に該当するのに対し、目標指向的行動はワーキングメモリーに依拠するため、従来のシステム2に該当すると考えたのだ。なお、げっ歯類が意識的なプロセスを備えているのか否かという問いについては、第Ⅴ部で取り上げる。

16　メンタルモデル

非認知的な制御は遡及的で、遺伝によって受け継がれた先天的な配線、もしくは以前に学習された刺激間の連合に基づく。ワーキングメモリーに依拠する認知制御は未来予見的で、現実世界で実際に行動することなく、問題に対する新たな解決法を想像することを可能にする。言い換えれば、認知はその能力を備えた有機体に、生命や身体にリスクを負わずに、さまざまな行動の結果を心のなかでシミュレートするという、単なる試行錯誤に基づく学習を超える能力を付与する一連の脳のプロセスからなる。ワーキングメモリーに依拠するプロセスは、スキーマを含む、長期記憶に基づく内的表象を用いるメンタルモデルを構築して予測を行なう。この予測は、知覚する、注意を払う、思い出す、考える、意思決定を下す、感情を喚起する、行動を実行に移す、存在しないものを想像する、人間とは何かを理解しようとする、などといったときになされる。メンタルモデルの内部で実行されるシミュレーションは、もちろん意識的にもなされうるが、この第Ⅳ部では、非意識的なメンタルモデルのプロセスや制御に焦点を絞る。これらの仕組みは意識的内容の生成にもつながりうるからだ（必ずではないが）。

メンタルモデルと推論

一九四三年、ケネス・クレイクは著書『説明の本質（*The Nature of Explanation*）』で、メンタルモデルという概念を紹介した。この概念は、コンピューター科学と心理学に大きな影響を及ぼすことになる。その翌年、クレイクはケンブリッジ大学の応用心理学部門の初代部門長に任命されている。この部門の目的は、工学と心理学の専門知識を動員して第二次世界大戦におけるイギリスの戦争遂行能力を支援する技術を開発することにあった。そのたった一年後、彼は自転車事故による負傷がもとで、三一歳で死去している。

クレイクの後継者たちは、現代の認知科学の歴史における主要な業績を残してきた。クレイクが死去すると、ケンブリッジ大学の同僚フレデリック・バートレットが、応用心理学部門を率いることになった。この任命は適切だった。というのも、クレイクのメンタルモデル理論は、思考や行動におけるスキーマの役割をめぐるバートレットの考えに影響を受けていたからだ。それからおよそ三〇年が経過した一九七三年、アラン・バドリーが応用心理学部門の部門長に任命され、ワーキングメモリーに関する彼の最初の論文を発表した。これから見ていくように、ワーキングメモリーはメンタルモデルを理解するにあたって重要な役割を果たす。したがって、バドリーが認知機能について理解するための新たな枠組みを認知心理学にもたらしたとき、クレイクとバートレットという二人の先人の洞察がバドリーの心の、中心を占めていたとは言わずとも裏に潜んでいたのではないかと考えざるをえない。

一九八三年以来、バドリーの下で副部門長を務めていたのはフィリップ・ジョンソン＝レアードで、彼はその年、著書『メンタルモデル――言語・推論・意識の認知科学』〔邦訳は一九八八年〕を刊行している。ジョンソン＝レアードはクレイクの業績に着想を得たことを認めており、いかに人間がメンタルモデルを用いて推論を行なっているかを説明する理論の構築に経歴の多くを費やしていた。バドリーとの関係を考えれば特に意外ではないが、ジョンソン゠レアードは、メンタルモデルがワーキングメモリーに依存することを強調している。たとえば彼の主張によれば、メンタルモデル理論は、推論に必要な情報が多くなればなるほど、それだけその推論は困難なものになると想定している。すでに見たように、ワーキングメモリーの能力は限られているので、私たちが結論を出すにあたっては、利用可能な情報の一部しか用いることができない場合が多い。その結果、メンタルモデルに基づく推論は非常に有用になりうるとしても、不正確になりやすい。

推論にメンタルモデルがいかに寄与するのかを示す例として、「芸術家はすべてパン屋である」という言明を考えてみよう。ジョンソン゠レアードの主張によれば、この言明は二タイプの人間の関係を表象するメンタルモデルの存在を含意する。かくしてこのモデルの持ち主は、「ある人が芸術家であれば、その人はパン屋でもある」という推論を行なうだろう。しかし、この推論のように前提が正しくなければ（すべての芸術家がパン屋であるはずはない）、このモデルに基づく推論は、偽の結論を導き出し誤謬に至る。推論の対象になる状況は、必ずしも白黒がはっきりしているわけではないため、ジョンソン゠レアードのメンタルモデル理論は、結論が結果として生じるモデルを反映する度合いに応じて、確実な結論、真である確率が高い結論、単にありうる結論などといったように確からしさが異なる結論が得られると想定する。この単純な原理の社会的な意義について問われれば、彼は、社会的な集団が真実ではないメンタルモデルに基づく推論を共有すれば、その結果誤った信念（いわゆる代替的事実《オルタナティブ・ファクト》）が共有されるはずだという推論を導くメンタルモデルを、自分の心のなかに構築することだろう。

ジョンソン゠レアードは、彼のメンタルモデル理論をシステム1対システム2の文脈のもとに置き、

「システム1に属する直観は、ワーキングメモリーを用いて中間結果を心に保つことがない」と述べる。つまり他の二重システム理論と同様、彼の理論も直観を反射や本能と同一のカテゴリーに含めるという問題をはらむ。それに対し先に紹介した私の三重システムアプローチでは、直観は非意識的な認知の一部をなす。

メンタルモデルと目標指向的行動

二重システムアプローチが認知科学を支配していたため、ユニバーシティ・カレッジ・ロンドンに所属するナサニエル・ドー、ヤエル・ニヴ、ピーター・ダヤンは、異なる制御ネットワーク同士が、それもとりわけ習慣を司るネットワークと目標指向的行動を司るネットワークが互いに対立したとき、脳がいかにこの対立を調停しているのかを問い、その問いに答えるために、機械学習に着目した。機械学習の研究者たちは、さまざまなシステムが、成績を向上させるために、エラー情報を用いることで報酬を最大化し懲罰を最小化する行動を選択するべく学習する方法を理解しようと努めていた。その種のアルゴリズムは、ウェブ検索エンジン、スマホの顔認証、DNA塩基配列決定、自動運転車、医療でのコンピューター診断など、現在では日常生活で利用されているさまざまな技術の基盤として応用されている。

機械学習の初期の研究者たちは、二種類の学習を提起した。モデルフリー学習は、過去のデータと蓄積されている連合を用いて問題解決法を予測する。それに対しモデルベース学習は、問題に関する想定（モデル）を用いて未来の予測を行なう。

ドーらは、このモデルベース学習対モデルフリー学習という区別を心理学と神経科学に持ち込み、人間における習慣と目標指向的行動の違いを理解するために用いた。彼らはディキンソンとバレインの精神に倣って次のように論じた。すなわち、モデルフリーの習慣学習が、特定の行動とその行動によって過去に得られた結果の連合を用いて現在の反応を選択するのに対し、モデルベースの目標指向的学習は、記憶から知識を集めることでメンタルモデルをまず構築し、意思決定の過程でモデルに当てはめるべき内容を探す、と論じたのだ。

モデルベースの予測は、あらかじめ決定されているのではなく逐次実行されるため、それに基づいて下される決定は、目標や行動の価値が変化したり、選択された行動が失敗したりしても状況に柔軟に対応できる。そのような状況に直面しても、モデル内で新たな選択肢を探して実行できるからだ。それに加え、特定の場面（採餌など）で学習された行動の結果は、別の場面（水分補給、捕食者からの逃走など）でも利用できる。このようなモデルを用いるにあたって、ワーキングメモリーシステムは実行制御を動員して、成功の見込みのある選択肢を生む記憶を取り出したり維持したりする。要するに認知的次元は、内的表象やメンタルモデルに基づいて制御される行動によって特徴づけられるのである。

メンタルモデルを実装した脳が習慣を必要とするのはなぜか？　なぜなら、モデルベースのプロセスは大規模な情報処理を必要とするため、計算コストとエネルギーコストが高くつくからだ。それに対してモデルフリー学習では、コストがそれほどかからない。しかしモデルフリー学習は過去に規定されるため柔軟性を欠く。習慣の長所は、資源が豊富なら効率的に機能することだ。それに対して資源が乏しければ、柔軟な選択を可能にするメンタルモデルは、エネルギー消費に見合う貴重な手段になる。モデルフリープロセスとモデルベースプロセスは明らかに異なるが、完全に相互に独立しているわけではない。たとえば反射が意図的な動作に寄与するように、モデルフリーの連合はモデルベースの行動制御に寄与する——前者は後者を支援する基盤を提供する。

モデルベース対モデルフリーという図式が最初に心理学や神経科学に導入されたとき、それは道具的習慣と目標指向的行動の差異に関するものとされ、目標指向的行動は、ワーキングメモリーを介した推論プロセスに目標の「価値」という概念を持ち込むのに役立った。

たとえば哺乳類全般にわたり、目標の価値の短期的な保持と、目標指向的行動の実行制御は、ワーキングメモリーに依存すると考えられるようになった。モデルベースの意思決定がワーキングメモリー課題の成績に強く相関することは、この見方と整合する。ストレスを受けるとモデルベースの意思決定に必要なワーキングメモリーの能力が損なわれ、行動が習慣に基づくものに変わるのだ。さらに言えば、ワーキングメモリーの容量が大きい人は、ストレスの負の影響から回復するのが速く、また、統合失調症者では、ワーキングメモリーが損なわれており、モデルベースの意思決定能力が低下している。最後にもう一点つけ加えておくと、モデルベースのワーキングメモリーシステムの未熟さは、子どもが自分に不利な行動に走り続ける理由や、青少年が衝動的で短絡的な選択を行なう理由を説明すると考えられている。

ここで重要な指摘をしておくと、行動制御におけるモデルベースとモデルフリーの区別は、認知的なプロセスと非認知的なプロセスの違いを特徴づけるための一般的な方法として考案された。しかし、そこには留意すべき点がある。この枠組み《パラダイム》の起源が機械学習に求められるからといって、これらのプロセスが人間の脳内で作用するあり方とまったく同じように、機械でも作用すると誤解してはならない。たとえばドーらは、コンピューターのたとえを用いて、脳の心的な機能（認知的次元）を非心的な機能（神経生物的次元）から区別している。しかし心について知れば知るほど、心がコンピューターに似ているとは思えなくなる。実のところ、現時点では人間が機械にできない非常に多くのことをなし遂げられる点に鑑みて、機械を人間に似せることで情報処理能力を改善できることを示すたとえとして、人間の心が持ち出されるケースが増えつつある。ChatGPT はその格好の例だと言えよう。

マップ、モデル、一般的な認知のフレームワーク

ドー、ニヴ、ダヤンの認知に関するモデルベースのアプローチは、クレイクの提起するメンタルモデルの考えに着想を得ていると、私は長らく考えていた。イギリスにいた彼らはクレイクと同様、数学と心理学が交叉する分野で働き、クレイクはその分野で重要な貢献をしていたため、この私の見立ては妥当だろうと思っていたのだ。ところがその見立てを確証するためにドーに連絡を取ったところ、驚いたことに、ディキンソンが提起する目標指向的行動の認知的解釈を提示しようとする彼らの試みは、トールマンの伝統とユニバーシティ・カレッジ・ロンドンの同僚ジョン・オキーフの業績から、より大きな影響を受けていることがわかった。すでに見たように、オキーフは一九七〇年代に、トールマン流の認知マップが海馬に存在する証拠を発見した人物である。

モデルベースとモデルフリーという区別は、人間や他の哺乳類における道具的な目標指向的学習、意思決定、ワーキングメモリーを含む、行動の認知的な制御を理解するためのアプローチとして大々的に支持されてきた。このアプローチは、心や脳の理解の枠組みとして説得力がある。思うに、その力や魅力は、現在認知科学と呼ばれている分野をおのおの独立して形作ってきた、クレイクとトールマンのメンタルモデルの伝統を意図せずして融合した点にあるのだろう。

ポール・シセク、ルイズ・ペソア、ジェルジ・ブザーキらの私の同僚は、次のように主張している。

「認知とは、私たちが作り出した単なる心理的カテゴリーだ。もっと、抽象度の低い概念に変えたほうがよい。具体的に言えば、行動や脳の進化に無理なく関連づけられた概念に作り変えられるべきだ」、と。私は、この見解におおむね賛成する。だから私は、「外界のモデルを構築し、思考、計画立案、意思決定、行動、そして感情の発露にさえそれを用いる能力」として認知を狭く定義しているのである。次章では、この定義に基づいて認知の進化的な起源を探究する。

17　モデルベースの認知の進化

哺乳類は目標を追求する際、内的表象を用いて、実際にはまだ行なっていない行動の結果をシミュレートするメンタルモデルを構築する能力を備えていると、一般には考えられている。この結論に至る長く険しい道をたどることで、多くの人々が、人間の認知は、初期の哺乳類に端を発する一連の進化的遺産の賜物であると考えている。しかし、動物研究者には、それとは異なる考えを持つ人もいる。

非哺乳類は認知的な動物なのか？

過去数十年にわたり、人間の認知と、それが可能にする行動の柔軟性をめぐる哺乳類中心的な見方に疑義が呈されてきた。蓄積されてきた研究成果が示唆するところでは、認知能力を備えた非哺乳類も存在するようだ。私のおもな関心は、人間の進化的な過去における哺乳類以外の動物の位置づけを明確にし、人間が備える能力の起源を理解することにある。だがその前に、過去ではなく現生動物を対象に行なわれた研究について簡単に見ておこう。

前口無脊椎動物、それどころか単細胞の有機体でさえ、認知的な存在であると主張する科学者がいる。その手の主張は、認知を情報処理や学習として大まかに定義する見方に基づいているものが多い。しかし私が提起する認知の定義に従えば、単に情報処理や学習の能力を備えているだけでは、認知クラブに入会することはできない。その意味では、複雑な行動を示す能力でも不十分である。

チャールズ・エイブラムソンとハリントン・ウェルズは、認知のような概念を導入することで、「無脊椎動物の行動の研究という新興の研究分野は、人間の心理学の領域に足を踏み入れつつある」と述べている。彼らは、無節操に用語を使用し、差異を無視して類似性に着目することで、この問題が非常に複雑になっている、と言う。その背景には、ある生物種が人間から進化的に遠く隔たれば隔たるほど、人間の行動から類推して何らかの結論を導き出すことは困難になるという彼らの考えがある。

前口動物の認知に関する研究の多くは、実のところ人間、あるいは少なくとも哺乳類の認知との類推に基づいている。人間は、自らの心的能力の意識的な理解に基づいて認知を理解している。だから人間の行動からの類推が、この主題にアプローチするためのほぼ唯一の手段になっているのだ。この分野の研究者たちは、たいてい人間の認知を理解しようとしているのではなく、ミツバチやハエやタコなどの被験動物の能力に関心がある。そして、自分たちが研究している動物が示す行動の複雑さを強調するために人間の行動との類推を利用しているのだ。彼らにしてみればうまい思いつきのつもりだったのだろうが、このやり方には問題がある。というのも前口動物と脊椎動物のあいだの結びつきは、およそ六億三〇〇〇万年前に生息していたPDAを介したものでしかなく（第Ⅲ部参照）、よって現存する前口動物が何らかの認知を備えていたとしても、それは祖先の前口動物が受けていた進化圧とは独立して進化したものであることが考えられるからだ。

さて、哺乳類以外の動物における認知のいわゆる「平行進化」（異なった生物種のあいだで、類似する能力の進化が見られる現象）を検証する最善の手段は、哺乳類に対して用いられているものと同じ実験計画を適用することである。哺乳類に関して見てきたように、習慣と目標指向的行動は、観察するだけでは互いに見分けがつかない。それを区別するためには、とりわけ脱報酬価値課題を用いて厳密なテストを行ない検証することが最善の方法になる。よって前口動物が目標指向的行動を示すか否かを知りたければ、この検証手続きは、必須のものになる。しかし前口動物の実際の研究では、この手続きはあまり用いられていないように思われる。その種の検証が行なわれなければ、研究者は行動の複雑さなどの要因から、人間に似た認知を推論する以外にない。一例をあげよう。ミツバチは、あたかも内的表象を用いているかのように見える非常に複雑な行動を示す。しかし「脱報酬価値課題」のようなテストが行なわれなければ、ミツバチが人間を含めた哺乳類の認知に比肩する能力を持つという結論は、決定的なものにはなりえない。とはいえ、その種の検証を行なわずに、認知に似たプロセスや内的表象の存在の可能性を示唆してはならないと言いたいわけではない。単なる仮説として提示するだけなら、許容の範囲に入る。

爬虫類は進化的に見て哺乳類の直系の祖先ではないが、人間と関連があるかもしれない。というのも、羊膜類という共通祖先が、爬虫類と初期哺乳類へと分岐して進化したからだ（初期哺乳類は、羊膜類からいまは絶滅している獣弓類を経て生じた）。両生類と魚類が認知能力を備えているのであれば、哺乳類が認知的特徴を進化させたとする見方に疑問符がつき、哺乳類は、より古い脊椎動物の祖先から受け継いだ能力に変更を加えただけだと見なさなければならなくなるだろう。

哺乳類以外の脊椎動物における認知の問題に関しては、いくつかの主張がある。しかし個々の発見に関する議論はあっても、知識の不足のゆえに決定的な結論は得られていない。理想的には、比較を行なうのであれば、哺乳類の研究で用いられている課題を、被験動物の感覚能力や運動能力に合ったものに作り直して適用すべきだろう。これまでのところ、古典的な脱報酬価値課題を用いた研究はわずかしか行なわれていないが、関連する他のアプローチは用いられてきた。証拠が示すところでは、概して魚類、両生類、爬虫類には、道具的な習慣学習は見られても、モデルベースの道具的な目標指向的行動の学習は認められない。

哺乳類以外の脊椎動物を用いた空間マッピング能力の研究は、脱報酬価値課題を用いた目標指向的行動の研究よりはるかに徹底的に行なわれており、それによって魚類、両生類、爬虫類が空間マップを用いて外界を動き回り、エサをあさることを示す証拠が数多く得られている。この結果は、これらの動物における認知能力の存在を示す決定的な証拠であるように思える。だが、ほんとうにそうだろうか？

マックス・ベネットは、著書『知能に関する簡単な歴史（*A Brief History of Intelligence*）』でこの分野の現状を要約している。そのなかで、彼はまず「動物の現状態は、空間内の位置によって、また、その動物が褒美に結びつけている行動は次の目標の位置によって定義することができる。かくして、現在の位置から次の目標の位置へのホーミング・ベクトルが形成される」と述べている。次にその種の行動には、出発点や経路の小さな変更に影響されにくいなどの、さまざまな適応的な利点があると指摘する。しかしそれには、状態の変化の「実演」、つまりシミュレーションは含まれない。ベネットの結論によれば、空間情報はモデルフリーの方法でも、モデルベースの方法でも用いることができる。だが、空間マップのある地点から別の地点に移動した場合の結果を評価するために、メンタルシミュレーション（メンタルモデル）を用いていないのであれば、その動物は認知的なモデルベースの問題解決法に基づいて行動していない。これはすべての動物に当てはまる。またエイブラムソンとウェルズの言葉に見たように、人間から進化的に遠く隔たれば隔たるほど、それだけその動物に関する何らかの結論を、人間の行動との類推に基づいて引き出すことは困難になる。

ベネットは彼が概観した証拠に基づいて、哺乳類にはモデルベースの空間学習を行なう能力が備わっているのに対し、低次の脊椎動物や前口無脊椎動物には、モデルフリーの強化学習や行動制御の能力しか備わっていない可能性が高いと結論する。それでも彼は、低次の脊椎動物には、前口動物のモデルフリー能力からは区別されるモデルフリー能力、すなわち別の新たな強化学習の能力が備わっていると主張する。一つは刺激の存在のみならずその不在を学習する能力（いわゆる省略学習）であり、もう一つは強化刺激が与えられるタイミングの学習である。前口動物の研究では、これら二つのプロセスが限定的にしか用いられていないため、そこから引き出される結論も限定的なものにならざるをえない。

鳥類についてはどうか？　オウムやカラスなどの卓越した能力を持つ鳥類が存在することは、個別的な事例のみならず実験の結果をもとに長く知られていた。ニコラ・クレイトンとアンソニー・ディキンソンは鳥類の認知に言及して、いつどこでエサを蓄えたかに関する内的表象を用いて、新鮮さを目安に回収するエサを選ぶ能力がカラスにはあると述べている――つまりカラスは、新しいエサより古いエサを先に回収して食べる。脱報酬価値課題を含むさらなる研究では、カラスの認知が霊長類の認知に比肩することが示されている。しかし、この能力が一部の鳥類にしか見られず、また鳥類の祖先の爬虫類には認められないという事実は、鳥類と哺乳類が、過去の異なる選択圧によって別個に類似の能力を進化させた可能性を示唆する。

まとめると、哺乳類と鳥類は目標指向的行動に関する認知テストをやすやすと通るが、低次の脊椎動物はそうはいかない。とはいえ、とりわけ哺乳類以外の動物に哺乳類の基準を適用するというバイアスが深く根づいている点を考慮すれば、このことは魚類や両生類や爬虫類、さらに言えば前口無脊椎動物さえ、何らかのモデルベースの認知を備えている可能性を完全に除外するものではない。

複雑な行動の事例が得られていることから、爬虫類や魚類や前口動物にも認知能力が備わっていると推測できると主張する人もいることだろう。それに対しては、複雑な行動を基準にした認知の定義では不十分であると、私なら答える。認知とは心的プロセスに関するものである。複雑な行動は、心的プロセスに基づく場合もあるが、そうでない場合もある。すでに見たように、ある行動が目標指向的であるように見えたとしても、その行動が内的表象、すなわち認知に基づいていると言い切れるわけではない。

進化神経学の第一人者ロバート・バートンは最近、タコの心に関する研究に言及して、その点を簡潔かつ鋭く指摘している。彼は、タコの研究では着眼点がずれていると主張する。つまり、タコに人間のものに似た心の状態を見出そうとするのではなく、タコの身体の特殊性や、その系統発生的な歴史を通じて、人類とは独立して進化してきた、人間とは劇的に異なる神経系に媒介されていると思しき認知プロセスの理解に努めるべきだと主張する。

哺乳類以外の脊椎動物や前口動物を対象に、より実証的で概念的な研究が現在行なわれている。したがって今後、これらの動物にモデルベースの認知が備わっていることを裏づける説得力のある証拠が得られる可能性はある。しかし、ある興味深い事実が示唆するところでは、どうやらそうなることはなさそうだ。

なぜ哺乳類と鳥類なのか？

哺乳類と鳥類は、おのおの脊椎動物の祖先から、モデルベースの認知の前身に相当するモデルフリーの能力を受け継いでいるとはいえ、モデルフリーのメカニズムに変更を加えることで、独自のモデルベースの認知を別個に進化させたと考えられる。哺乳類と鳥類のみが強力な認知能力を備えている理由は、両者とも独自のボディプランに基づく一連の特徴を持つからなのかもしれない。

第Ⅲ部で見たように、哺乳類の祖先の獣弓類は、新たな特徴――胴体の直下に足を備え、よって脊柱と平行に動く能力――を進化させた。その結果、捕食者から逃れたり獲物を追ったりする際に呼吸しながら走れるようになった。この適応行動はより多くのエネルギーを必要とするため、哺乳類を含めた獣弓類は、余分のエネルギーを生成するために、ほぼすべての動物と比べて、食物のみならず酸素の摂取量も増やさねばならなくなった。「ほぼすべての動物」としたのは、鳥類はその例外になるからだ。鳥類も胴体の直下に足を備えるよう進化し、それによって採餌や防御における利点を享受できるようになった。

哺乳類と鳥類は、その高い代謝率の基盤をなす熱のおかげで温血動物になった。つまり、代謝によって体温を保てるようになったのだ。温血性（内温性）は、哺乳類と鳥類におけるモデルベースの認知の進化を理解するための鍵になるかもしれない。具体的に言えば、モデルベースの認知は、高い代謝率のゆえに必要とされる燃料を確保する手段として進化した可能性が考えられる。

しかし、内温性によってモデルベースの認知の進化が保証されるわけではない。というのも、すべての鳥類は内温性だが、モデルベースの認知を備えているのは、鳥類の一部に限られるからだ。哺乳類以外の脊椎動物や、あるいは前口無脊椎動物にさえ、状況に応じて内温性になる種が存在するが、哺乳類や鳥類のように、全身代謝に依拠する持続的な内温性を備えているわけではない。

成人では、脳は体重の二パーセントの重さを占めるにすぎないにもかかわらず、休息時でも二〇パーセントの酸素を消費する。エネルギーを必要とする行動を取っているときには、その行動による代謝の要求を満たすために身体と脳における酸素の消費は大幅に高まる。しかし、代謝率の高まりは食物という形態による燃料をより多く必要とし、その結果、採餌行動にかける時間を増やさねばならなくなる。ところが、採餌は燃料を確保するための活動であるばかりでなく、大量の燃料を消費する活動でもある。

したがって、モデルベースの能力を動員して、エネルギーの消費や確保に関する短期的、あるいは長期的な予測のもと、いつ（一年や一日のいつ頃）、どこで（近くか遠くか）、何を狩ったり採集したりするのか（腐りやすい食物か長持ちする食物か）に関する計画を立てられる有機体は、有利になるだろう。事実、エリザベス・マレーらは、柔軟な計画立案や意思決定に必要なエネルギーを供給できるよう内温性が進化したと述べている。この能力は、とりわけ食物が不足して資源を求める競争が激化し、リスクが高まる時期に有用になる。食物が豊富に存在する時期には、温血動物は冷血動物と同様、領域限定探索や学習された採餌習慣などの、神経生物的次元に属するパブロフ型動機づけに基づく行動に日常的に依存することができる。しかし食物が豊富に存在する時期にも、困難な状況は起こりうる。温血動物は、天候の激変や捕食者との予期せぬ遭遇などといった状況に見舞われると、モデルベースの戦略に迅速に切り替えることができる。それに対して、その種の贅沢な能力を持たない冷血動物は、神経生物的次元によって提供される選択肢に固執せざるをえないように思われる。冷血動物が、認知に類似する、あるいは真の認知と呼べるような能力を備えていたとしても、冷血動物の代謝メカニズムでは、モデルベースの計画立案や意思決定を支えるためのエネルギーを確保できないだろう。それに対し真の内温動物の代謝メカニズムは、代謝恒常性の維持のために体温を決まった範囲内に常時保つのに必要な燃料の確保を可能にしている。

ここまで述べてきたように、内的表象やメンタルモデルを用いる目標指向的な計画立案や意思決定の能力が、事実内温性とともに生じたのだということを証明できれば、その発見は、冷血動物が確固たる認知を備えていることを裏づける証拠がなかなか得られず論争が絶えない状況に一石を投じることになるだろう。繰り返すと、仮に冷血動物がある程度の認知能力を備えていることが判明したとしても、温血動物が備えるモデルベースの柔軟な計画立案や意思決定を支えるために必要なエネルギー資源を冷血動物が持っているとは思えない。

ただ一つのモデル

ここまでは、哺乳類の認知のメンタルモデルに関する見方を提示し、哺乳類と一部の鳥類が、低次の脊椎動物における共通の祖先からこの能力を受け継いだのではなく、おのおのが独自に進化させたと結論した。しかし、すでに述べたように、両者とも無からまったく新たにこの能力を進化させたのではない。そうではなく、採餌における温血の必要性という選択圧のもとで、おのおのの祖先から受け継いだメカニズム、とりわけ連合学習と習慣形成のメカニズムに変更を加えることで、モデルベースの認知を進化させたのである。

モデルベース対モデルフリーというアプローチは、正しく適用されれば、認知的な生物とは何かを説明してくれる。そのため、モデルベースの認知という概念は、哺乳類の認知能力の進化に関する次章の探究の基盤をなす。

18　心のなかで採餌する

メンタルモデルは、現存の哺乳類には広範に見られる。それがいつ登場したのかは、定かでない。羊膜類から獣弓類が分岐したときに決定的な特徴になったのだろうか？　あるいは哺乳類が初期の獣弓類から分岐したときなのか？　それとも、恐竜が絶滅したあと、哺乳類が多様化してからのことなのか？

認知は、それが最初に生じたのがいつなのかは別としても、哺乳類が次々に困難に直面してさまざまなボディプランを進化させるにつれ、また霊長類が祖先の哺乳類から、あるいは類人猿が祖先の霊長類から、はたまた人類が他の大型類人猿から分岐するにつれ、発達し続けていった。よってここでは、霊長類以外の哺乳類（ラットに焦点を絞る）、人類以外の霊長類（サルに焦点を絞る）、そして大型類人猿（人類に焦点を絞る）のメンタルモデルをそれぞれ個別に検討する。それにあたり、以上三つのグループのおのおのを、祖先のグループの能力とは異なる独自のメンタルモデルの能力を備えているものとして扱う。これは明らかな単純化であるが、認知はグループ間よりもグループ内でのほうが互いに類似するという事実によって正当化される。

採餌の重要性

採餌に関する選択圧と、さまざまな哺乳類が進化させた認知能力のあいだには結びつきがあることを示す証拠があまた得られている。効率的な食物の調達に資する適応は、自然選択によって強く選好される。また哺乳類は、ニッチが課す圧力に反応してボディプランが変化することで、種ごとに独自の認知能力を発達させた。

二億一〇〇〇万年前に獣弓類の祖先から分岐したばかりの哺乳類から見ていこう。これらの哺乳類は、限られた視覚能力、夜行性の生活様式、近距離でしか効果がない嗅覚への依存のせいで、本拠地に近い狭い範囲の領域内で採餌を行なっていた。新たな領域では、食物資源やリスクを見出し評価するために、特定の感覚刺激の手がかり（先天的な反応を引き起こす刺激か、条件づけられた反応を引き起こす刺激）に依存していた。言い換えれば、より低次の脊椎動物の祖先と同様、そのような状況のもとでモデルフリーの行動を動員していたのだ。また脊椎動物の祖先と同じように、同じ領域に何度も足を踏み入れることで、食物や危険の存在を示す空間配置《レイアウト》や目印《ランドマーク》に関する記憶を蓄える能力を備えていた。しかし、領域やランドマークに関するメンタルモデルを用いて、過去の探索による損得を記憶し想起する能力を備えていたという点で、低次の脊椎動物とは異なっていた。そのため初期の哺乳類は、現在のニーズや未来に対する期待に照らして、採餌の成功の可能性、リスク、エネルギーコストの評価や予測を行なうことができた。

およそ五五〇〇万年前、恐竜を絶滅させた気候変動を生き延びた小型食虫哺乳類から霊長類が分岐した。最初の霊長類である原猿（現存種としてはガラゴやキツネザルなどがあげられる）は、熱帯雨林で樹上生活を送っていた。樹上では、地上を徘徊する肉食哺乳類から身を守ることができたからだ。原猿は顔の前面に両目を備えているため両眼視が可能で、物体を詳細かつ奥行きをもって捉えられた。また、両手両足を使ってものをつかめた。おもに足を用いて移動していたため、主食の木の実や果実などの植物資源を探しながら、手にした物体を空いた両手で操ることができた。トッド・プリウスが「手の採餌者」と呼ぶほど、原猿は手を絶妙に操ることができたのだ。

およそ三五〇〇万年前、原猿からサル*が分岐した。サルは原猿が備えていた目と手の協調の能力を受け継ぎ、変化する気候条件のもとで生き残るために必要な、新たなスキルを加えていた。具体例をあげよう。地球の寒冷化のせいで、サルは高いエネルギー需要を満たすために必要な食物を森林のなかで見つけることが次第に困難になっていった。それにつれ、サルの視力は徐々に向上していき、物体の色や詳細を見分けて遠方の物体を認識できるようになったのだ。これらの能力が進化すると、サルは夜行性から昼行性に変わり、数千ヘクタールに及ぶ広大な領域で採餌を行なうようになった。原猿が「手の採餌者」なら、サルは「目の採餌者」だと言えよう。

広大な領域での採餌という選択圧のもとで、サルは、広大で複雑な採餌領域のレイアウトや、有益なできごとや有害なできごとに遭遇した場所の目印になる地形の視覚的特徴を記憶する能力を獲得した。効率的、効果的な採餌を行なうためには、季節を知り、遠出してどの食物を重点的に探すかを計画し、そのような食物がどこで見つかりやすく、一日のどの時間帯においてもっとも多くの収穫（獲）が見込めるかを考慮する必要がある。このような計画能力は、食物の収集やリスクの評価における誤りを最小化し、不規則で限られた食物供給や陸生の肉食捕食者の脅威に適応することを可能にした。これらのメンタルモデル

---

*尻尾のあるサルで、チンパンジーやゴリラなどの類人猿は含まない。

を形成する能力の基盤には、空間マップに照らしての物体認識（意味記憶）の能力、ならびに、どの目標をいかに達成するかを決定するにあたり、ワーキングメモリーを用いて感覚情報の意味的な表象やスキーマを選択し維持する能力があった。

およそ二五〇〇万年前、類人猿が出現し、二つの主要なグループに分かれた。小型類人猿（テナガザル）は、大きさも生活様式も祖先のサルに似ていた。現存する小型類人猿の体重は、せいぜい八キログラム程度にすぎない。大型類人猿（ボノボ、オランウータン、ゴリラ、チンパンジー、人類）は、およそ一八〇〇万年前に分岐した。体重はかなり重い──たとえば現存するボノボの体重は五〇キログラムに達することがあり、ゴリラに至っては二二〇キログラムを超えることがある。大型類人猿はまさに大型であるがゆえに、地上を移動する際に四肢のすべてを使わねばならなかった。そのため、サルよりもさらに大量のエネルギーを必要とした。

類人猿は、視空間内での物体の特殊な表象に基づいてメンタルモデルを構築する能力をサルから受け継いだが、それに独自の認知能力を加えた。たとえばエリザベス・マレーらによれば、大型類人猿は、意味記憶とトップダウンの実行制御に精緻な形態の概念化を適用する汎用的な認知能力を新たに進化させた。そして、この方法を通じて蓄積された知識を参照することで、大型類人猿はカテゴリーをまたぐ推論を行なえるようになった。マレーらの結論によれば、特定のシナリオ（空間レイアウト内の物体）をもとに新たな状況について推定するこの能力を介して、ある種の汎用的な「知性」が誕生したのだ。最近の研究が示すところによれば、チンパンジーは人間と同様、満足を遅延させる能力、つまり人間では知能テストの成績と強く相関する能力を備えている。

メンタルサーチ

人類は、八〇〇万年前頃に他の大型類人猿から分岐し始めた。そして五、六〇〇万年前頃、いくつかの独自の種として存在するようになり、東アフリカの熱帯雨林やサバンナで狩猟採集生活を送っていた。三五〇万年前から二五〇万年前にかけて、気候変動に続いて大陸移動が起こり、地中海や、とりわけ東アフリカで高山や深い湖が出現した。この「地溝帯系」は、サバンナへ至る経路を塞ぎ、その果実の入手を妨げる障害になったため、地溝帯で暮らしていた人類は絶滅した。しかし他の地域は影響を受けず、「文明の発祥地」として知られるようになる。

東アフリカで暮らしていた人類は、直立姿勢、足を使って走る能力、泳ぐ能力、体毛の減少のおかげで、熱帯雨林と、豊富な木の実の供給源であるとともに有蹄類の肉の供給源でもあった暑く乾燥したサバンナの両方で狩猟採集を行なえるようになった。またおよそ三〇〇万年前に発明された斧などの石器は、大型動物を仕留めたり、競合する肉食動物を撃退したりするのに役立った。一五〇万年前頃には、火を使えるようになり、食物、特に肉の調理が行なわれるようになった。

認知の進化における採餌の役割を強調するにあたり、私は、食物の希少性やリスクなどの環境要因がいかに哺乳類の認知能力を形作ってきたかに着目してきた。人類における認知の進化に影響を及ぼした他の重要な要因は社会的な性質のもので、それには協働、言語コミュニケーション、心の理論（自分の心がいかに働いているのかに関する知識に基づいて他者の心についてあれこれ推測する能力）、そして文化による知識の伝達などがある。

一例をあげよう。心の理論を持っていれば、狩場に散っている猟師たちはおのおのメンタルモデルを形成して、狩猟中に他の猟師が何をしようとしているのかを予期することができる。また言語コミュニケーションによって、その日の狩猟の成果を伝え合い、狩猟に関するメンタルモデルに組み込むことのできる記憶としてその情報を蓄積し、次の狩猟で成功する可能性を高めることができる。同様に、道具の使用などの狩猟採集の効率を高める手段は食物を見つけやすくし、それによって情報を共有したり、狩猟採集のみならず日常生活における結束を強化したりするために使える時間を増やすことができる。

とはいえ、他の霊長類には、社会的要因がまったく作用していないと言いたいのではない。一般に霊長類は高度に社会的な動物であり、その認知能力は社会的圧力によって形作られてきた。アマンダ・シードとマイケル・トマセロは、複雑な認知スキルという点で、サルと人間のあいだには重要な相違があると述べている。しかし人間以外の霊長類も、認知プロセスや心的表象を司る、より基本的な能力を備えており、それを用いて物理的な世界や社会的な世界と相互作用している。

人間と他の霊長類の差異は、言語に明確に見て取れる。哲学者のピーター・ゴドフリー＝スミスは、言語を持たない動物にも複雑な心的プロセスが生じると主張している。これは明らかに正しいが、そこにポイントがあるのではない。ダニエル・デネットは、「認知は必ずしも言語を必要とするわけではないが、言語のない認知は、言語をともなう認知と同じではない」と述べて、この議論の核心をついている。デネットの主張によれば、言語は思考が歩む道を切り開く。鳥類は音声を発して、危険を警告したり交尾の相手を引きつけたりする。サルや類人猿は、捕食者によって（ネコかタカかなど）異なる音声を発する。しかし人間だけが、構文《シンタックス》を用いて正確にいつどこで捕食動物を見かけたかについて他者に伝達し、その情報を用いて今後の対策を立てるために話し合うなどといったように、過去、現在、未来に関するものごとを指し示すことができる。

言語は究極のマルチモードシステムである──「リンゴ」という言葉は、台所のテーブルの上に置かれているリンゴ、雑誌に掲載されているリンゴの写真、リ＋ン＋ゴという文字列、リンゴという音声、リンゴの味や香り、以上のすべてが同じ事物を指していることを教えてくれる。脳内では、言語処理には側頭葉、頭頂葉、前頭葉にまたがる高度なマルチモード集約システムが関与している。

言語によって可能になる重要な概念的能力の一つに、階層的な関係推論がある。これは、表面的には異なる事物──たとえばウサギの穴とホテル──のあいだに存在する類似点や相違点を推論によって引き出す能力をいう。それについてデレク・ペン、キース・ホリオーク、ダニエル・ポヴィネリは次のように述べている。

人間と人間以外の動物には、できごと、性質、物体のあいだの知覚的な関係を学習して、それに働きかける能力に関して深い類似性が認められるものの、人間だけが、構造的に一貫し、推論として生産的なあり方でそれらの知覚的な関係のあいだにある、より高次の関係を再解釈する能力を備えているように思われる。とりわけ人間だけが、知覚的ではなく構造的な基準に基づく一般的なカテゴリーを構築して、知覚的に異なる関係のあいだに類似点を見出し、もろもろの関係間の階層的な、あるいは論理的な結びつきを推論したり、特定の関係内でさまざまな構成要素が果たしている抽象的な機能を、知覚的な特徴とは異なるものとして認識したり、あるいは心の状態などの外からは見えない原因が関与する結びつきを想定したりする。

言語が関連する他の能力として、再帰的に思考する──相互に関連し合う一連の流れによって思考する

――能力があげられる。マイケル・コーバリスによれば、再帰的推論は、「人間の心に遍在する性質であり、人間を地球上に存在する他のすべての生物から区別する主たる特徴だと考えられる」。再帰的推論は、「ネズミを殺したネコを追いかけるイヌ」などといった文章を理解する際に必要になる。人間は、およそ五レベルまで、このような再帰性を扱うことができる。トーマス・ズデンドルフは次のような例をあげている。「たとえば、激情に駆られて犯罪に走り終身刑を言い渡された囚人は、〈これから一生のあいだ、自分の過去を見つめながら、犯罪を踏みとどまるのではなく、犯罪に走る決定を下した私の過去の判断をいずれ後悔することになるだろうとそのとき見通せなかったという事実を後悔する破目になるだろう〉と考えるかもしれない」。*幼い子どもや人間以外の霊長類は、ただ一つのレベルしか処理できないように思われる。コーバリスの説明によれば、再帰性は、他者が何を考えているのかを想像する際にも必要になる。彼は、人間以外の動物も知覚し、思考し、知り、感じる能力を備えているが、他個体が知覚し、思考し、知り、感じていることを、再帰的に知覚し、思考し、知り、感じる能力は欠いていると主張する。マイケル・トマセロの研究は、チンパンジーでさえ、人間が持つものと同じような本格的な心の理論を備えているわけではないという見方を支持する。ドワイト・リードは、サルや類人猿が複雑な再帰性を処理する能力を備えていない理由を説明する根拠をあげている――それらの動物は、心のなかに複数の概念を保っておくために必要なワーキングメモリーを備えていない。それが部分的に正しいことは間違いなかったとしても、言語、とりわけシンタックスも、複数のレベルで思考する私たちの能力に必須の役割を果たしている。

人間と他の動物のあいだで決定的に異なる能力の一つに、これからの生涯で起こりそうなことを想像する能力がある。この能力は、心的時間旅行《メンタルタイムトラベル》、未来展望、自己投射、未来のシミュレーションなど、さまざまな名称で呼ばれている。ズデンドルフらは、その種の認知的な予測プロセスを、予測エラーの検知に基づく強化学習などの連合学習の基盤をなす、より基本的な予測プロセスから苦心して区別している。自分の未来に向けて心的時間旅行を行なう能力は、人間以外の動物には見出されていない。またこれから見るように、この能力は、人間が持つ独自の形態の意識と考えられている「オートノエシス」の基盤をなす。

トーマス・ヒルズは、新たな問題を解決するために心の内部を柔軟に検索する能力を「認知的採餌」と呼んだ。彼の考えが正しければ、認知的採餌は、太古の動物の採餌行動を司っていたメカニズムを変更することで進化したのである。認知的採餌という用語は、ある意味では人間の思考様式を記述するたとえと見なせる。しかし別の意味では、認知的に制御された目標指向的行動において、いかにワーキングメモリーやその実行機能が用いられているのかに関する本質を捉えてもいる。

人類は、少なくともこれまでの進化の歴史においては、究極の認知的採餌者だったと言えよう。食物の採餌と同様、心のなかでの採餌では、内的な目標や計画に基づいてさまざまな機会の価値（費用便益）を評価することで、すでに見つかった資源に手をつける場合に得られる利益と、さらなる探索を行なった場合に見つかりそうな資源の見込みのバランスを取る必要がある。サルはその種の能力を備え、現在の目標と第二案を心的にモデル化して比較することができる。類人猿はそれに加え高度な概念形成能力を備えているが、人間だけが、複数の目標の意義を同時に監視し、状況に応じて目標を切り替える能力を持つ。人

＊レベルの指定は日本語にすると変わらざるをえないので省略したが、原文を付記しておく。"for the rest of my life (level 5), I will look back on my past (level 4) and regret the fact that I failed to anticipate (level 3) that I would regret my past decision (level 2) to commit that crime instead of not commiting the crime (level 1)."

間は、類人猿の祖先から認知能力を受け継いでいる。しかし、それに言語、象徴的思考、階層的推論、再帰性、心の理論、新たな社会的スキル、複雑な文化、アート、音楽、宗教、科学、医学をつけ加えることで、受け継いだ認知能力を大幅に強化したのである。

19　認知的な脳

脳の構造と機能は、共生的ないくつかの段階を経て共進化する傾向がある。そして小さな変化が大きな結果を生み、行動制御の大きな変化が生じることもある。すでに見たように、カンブリア紀初期、相称動物はモデルフリーの道具的な習慣学習を発達させた。このできごとは、そのような変化の一つと見なせる。これは、ドーパミンを原動力とする領域限定採餌のメカニズムと連合学習のメカニズムが組み合わされることで達成された。カンブリア紀後期になると、無脊椎の脊索動物はこの習慣メカニズムを受け継ぎ、脊椎動物に受け渡した。その際、大脳基底核の背側線条体に組み込まれたのだ。行動制御のもう一つの主要な移行は、第17章で見たように、内温性の維持を支援するために、モデルフリーの習慣メカニズムを転用してモデルベースの目標指向的行動が生み出されたことだ。本章では、モデルベースの認知を司る脳のメカニズムに着目する。

初期の哺乳類の前脳

すでに見たように、初期の脊椎動物の脳は、哺乳類の前脳の主要な構成要素の前駆組織（ホモログ）を備えていた。それには、感覚処理（感覚新皮質）、運動制御（運動新皮質）、空間記憶に基づくナビゲーション（海馬）、先天的な反応、もしくはパブロフ型条件づけ反応を引き起こす、採餌中に遭遇した刺激の価値のコード化（扁桃体、腹側線条体）、道具的習慣の獲得（背側線条体）、内臓制御と行動の調節（視床下部）に関与する諸領域が含まれる。*

哺乳類が祖先の獣弓類から分岐すると、前脳の最大の変化は大脳皮質で生じた。哺乳類の皮質の進化に関する第一人者と見なされているジョン・カースによれば、哺乳類以外の脊椎動物の前脳は、外套状の薄い単層の組織から、多くの明確な機能を持つ、複数の層で構成される厚い大脳皮質へと変化した（祖先の脊椎動物の脳外套は、哺乳類の皮質の前駆をなす）。哺乳類における変化は、個々の領域におけるニューロンの増加によって説明される。ニューロンが増加してサイズが増大した領域は複数の下位領域に分かれて、（内部的にも他の領域とのあいだでも）より緊密に相互結合するようになり、新たな機能を獲得した。

カースの指摘によれば、初期の哺乳類が備えていたいくつかの皮質領域は、のちのすべての哺乳類で維持されている。それには感覚新皮質、運動新皮質、内側中間皮質（辺縁系）ＰＦＣ（眼窩、内側、前帯状皮質、島皮質）、側頭葉の中間皮質（嗅周野、嗅内野などの鼻皮質）、不等皮質（海馬、嗅覚皮質）が含まれる。

羊膜類の祖先と比べた場合の、初期の哺乳類のもっとも劇的な変化は皮質に関するものだが、皮質下の前脳領域も拡大した。いくつか例をあげよう。哺乳類以前の脊椎動物の線条体は、背側線条体と腹側線条体という二つの主要な領域から構成されていたにすぎない。だが哺乳類では、これらの線条体領域は、サイズが増大して機能の異なるいくつかの下位領域へと分化している。また扁桃体などの皮質下領域も、拡大して機能の異なる複数の下位領域へと分化した。

皮質領域と皮質下領域のすべてが、たいてい独自の機能を担う下位領域に分化している。それらの下位領域を考慮に入れると、哺乳類の前脳に長く存在してきた機能領域の数は、著しく増える。

霊長類以外の哺乳類におけるモデルベースの行動制御を司る脳のメカニズム

トールマンが観察し、のちに多数の研究によって検証されているように、げっ歯類は、習慣に基づく行動か目標指向的行動かを状況に応じて随時切り替えることができる。よって哺乳類における前脳の主要な変化の一つは、背側線条体が外側部と内側部に分かれたことだと言えるのかもしれない。つまり、外側部は道具的な習慣学習における線条体の従来の役割を維持し、内側部は目標指向的行動を司る神経回路の中心的な構成要素になったのだ。哺乳類はこの役割分担によって、過去に学習した刺激には習慣によって一定のあり方で反応し、新たな状況に対しては目標指向的なあり方で柔軟に反応することができるようになったのである。習慣的な行動と柔軟な行動を切り替える哺乳類の能力は、環境条件が変わっても、温血性の身体を維持できるよう栄養を摂取し体温を調節するにあたって途方もなく有利に働いた。

背外側線条体にある習慣を司る神経回路と同様、内側部にある目標指向的行動を司る神経回路は、新皮

＊これらの脳領域の分類については、第10章の「哺乳類の大脳半球のおもな領域の例」（一〇六ページ）を参照されたい。

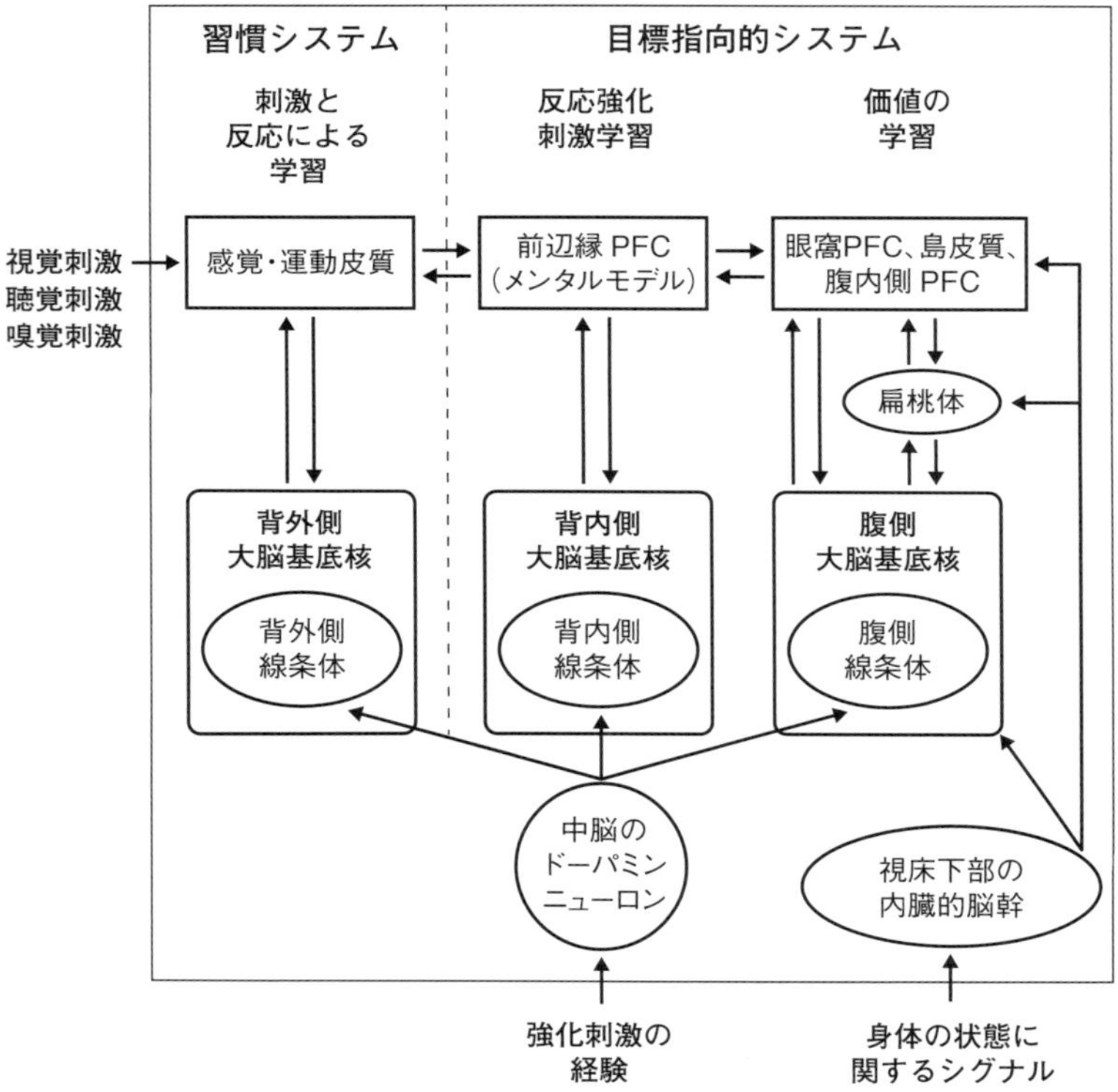

図19・1　哺乳類における目標指向的システムと習慣システム

質の感覚領域、ならびに運動領域と結合し、中脳のドーパミンニューロンから入力情報を受け取っている。しかし、目標指向的行動を司る神経回路は非常に複雑である（図19・1参照）。一例をあげると、この神経回路は感覚、運動皮質との結合に加え、内側ＰＦＣの前辺縁領域とも相互結合している。また大脳基底核の神経回路、とりわけ腹側線条体（側坐核とも呼ばれる）を中心とする神経回路を必要とし、眼窩ＰＦＣ、腹内側ＰＦＣ、島皮質、さらには扁桃体も関与している。

　これらの前脳の諸領域に

位置する互いに結合し合う神経回路の集まりは、霊長類以外の哺乳類の目標指向的行動の主たる特徴を説明する。それには次のようなものがある。（1）反応と強化刺激の道具的な連合の形成（感覚・運動皮質、背外側線条体の内側部、中脳のドーパミンニューロン）。（2）強化刺激を予測する刺激の価値によって動機づけるパブロフ型動機づけの動員（扁桃体、側坐核）。（3）長期記憶からのこれらの誘因価の取り出し（眼窩ＰＦＣ、扁桃体）。（4）身体の必要性に照らしての強化刺激の価値の評価（眼窩ＰＦＣ、島皮質、腹内側ＰＦＣ、扁桃体）。（5）さまざまな価値や行動を評価し意思決定を下すのに必要な情報を一時的に蓄積するためのワーキングメモリーの使用（前辺縁ＰＦＣ）。以上のプロセスのあいだのさまざまな相互作用の総合的な効果によって、行動が柔軟に制御されているのである。

霊長類以外の哺乳類における目標指向的行動の研究はたいてい実験室で行なわれており、しかも被験動物に合った生態的条件を欠いた小さな実験箱が用いられることが多い。そのような実験では海馬があまり重要な役割を果たさないことは興味深い。おそらく、そのような限られた環境では、ナビゲーションや空間記憶が重要な要因になることはないからだろう。それに対して、迷路の学習などの研究における複雑な実験環境や、目標指向的な採餌行動が広大な空間でなされる野生環境のもとでは、海馬は二つの重要な役割を果たす。

一つは次のようなものである。すでに見たように、採餌行動はモデルフリーでも（領域限定探索や学習された習慣が用いられる場合）、モデルベースでも（外界に関する内的表象を用いて目標指向的行動を起こす場合）ありうる。どちらの戦略も、移動のために空間マップを必要とする。「場所細胞」、もしくは「グリッド細胞」と呼ばれる海馬のニューロンは、その瞬間に自身が占めている空間的な位置を表象する。それらの細胞が発する神経シグナルを用いることで、海馬のニューロンの複雑な集合体は、目標に向かって取ることのできる経路を空間マップ内に描く。モデルベースの採餌がなされる状況は一つしかなく、それはこの空間マップが、起こりうる結果の心的シミュレーションの一部を構成する場合である。

二つ目の役割は次のようなものだ。空間マップは、視覚皮質の神経回路による視覚刺激の処理、ならびに頭頂葉における視覚的な空間処理と、それら両者と海馬の空間記憶を司る神経回路のあいだの相互作用によって形成、維持される。最初に海馬を記憶に結びつけたブレンダ・ミルナーはかなり以前に、物体とそれが埋め込まれているできごとの関係の記憶という、海馬のより一般的な能力の根源的な例の一つが空間記憶だと述べたことがある。

事実、動物は採餌中、物体に関する記憶を用いて、物体の種類、それがある場所、他の物体や強化刺激との関係を思い出さねばならない。物体の記憶――視覚皮質、嗅周野、海馬に依存する――は、空間ナビゲーションとともに共進化したと考えられている。

空間マップと目標の価値を用いた、メンタルモデルによる、ありうる結果のシミュレーションは、物体の記憶、刺激と反応の評価、空間マップ、ワーキングメモリーを司る神経回路の相互作用によって実行される。それらの機能が合わさって、哺乳類は刺激と反応の価値をワーキングメモリーに保ちつつ、いつどこにいかにして移動すべきか、また目標に到達したら何をすべきかなど、最善の行動を選択することができるのだ。

前頭前野革命

人間以外の霊長類における目標指向的行動の基盤をなす前脳の主要な領域や神経回路は、前述したげっ歯類のものと基本的に変わらない。しかし進化的に見ると、哺乳類の祖先から分岐した霊長類のモデルベースの認知は、げっ歯類のそれをはるかに凌駕する。まず、新皮質の諸領域はサイズと複雑さが増大している。新皮質の機能領域の数は、初期の哺乳類ではおよそ二〇だが、初期の霊長類では四〇から五〇に達する。初期の哺乳類と同様、初期の霊長類における皮質は、おもに前脳領域のニューロン数が増えることで拡大した。そしてそれに応じて、ニューロン同士の結合が領域内でも領域間でも増加した。

ここで特記すべきは、霊長類における前頭前野の新皮質の拡大である。低次の哺乳類では、ＰＦＣはおもに、前帯状皮質、前辺縁皮質、腹内側ＰＦＣ、眼窩ＰＦＣなどの中間皮質領域からなることを思い出されたい。霊長類では、これらの中間皮質領域は、下位領域への分化、他の脳領域との結合の増加などによって拡張されている。低次の哺乳類に見られるように、霊長類の中間皮質ＰＦＣのほとんどは、二つの大脳半球の内側壁に位置する。

もっとも重要な点は、霊長類が新皮質に一連の新たなＰＦＣ領域を進化させたことだ。各層の細胞の明確な特徴のゆえに、これらの領域はまとめて「顆粒ＰＦＣ」と呼ばれている。なおこの名称は、一九〇九年にドイツの解剖学者コルビニアン・ブロードマンによって最初に用いられた。ブロードマンの結論によれば、顆粒ＰＦＣは霊長類において初めて生じたもので、霊長類以外の哺乳類には正確に対応する組織やホモログは存在しない。この結論は、(トッド・プリウス、スティーヴン・ワイズ、リチャード・パッシンガムらの) 現代の権威ある研究者の多くにも支持されている。

顆粒ＰＦＣはいくつかの異なる領域からなり、そのほとんどはＰＦＣの外側表面に位置する。しかしそのうちの二つの領域は内側にまで伸びて、そこで顆粒度の低い中間皮質領域と接している。本書では、これら二つの内側領域を「下顆粒ＰＦＣ」領域と呼ぶことにする。人間における顆粒ＰＦＣと下顆粒ＰＦＣ

表19・1　人間におけるおもな顆粒領域と下顆粒領域

顆粒（新皮質の）PFC	**下顆粒（中間皮質／不等皮質）PFC**
前部前運動皮質	前帯状皮質
背外側／腹外側	前辺縁
前頭極（外側と内側）	腹内側
外側眼窩	内側眼窩
島皮質	島皮質★
背内側	

★下顆粒島皮質はこの一覧で唯一の不等皮質領域である

のおもな領域を、表19・1に一覧し、図19・2で図示しておく。

霊長類のワーキングメモリーの基盤をなす顆粒ＰＦＣ

一九世紀後半の科学者たちは、感覚皮質や運動皮質の機能を、それらの領域に損傷を負った動物や人間の行動を観察することで解明できた――視覚や聴覚や触覚の問題によって対応する感覚皮質の機能を、また運動制御の問題によって運動皮質の機能を定義していた。しかし、顆粒ＰＦＣの機能はよくわかっていなかった。

問題の一つは、初期の研究結果のほとんどが、単に脳の損傷の行動への影響を観察することで得られたものだった点にある。脳の機能の研究は、よく練られた厳密な課題を用いてなされるべきだとする今日の考えは、当時は周知されていなかった。一九二〇年代、シェパード・フランツとラシュリーは、脳の機能を理解するにあたり、単なる行動の臨床的な観察で済ませるのではなく、脳損傷の結果を評価するために行動主義の方法を導入することで、より厳密な科学的アプローチの考案に至る道を開いた。

顆粒ＰＦＣの機能に関する革新的な理解は、一九三〇年代の半ばにＣ・Ｆ・ヤコブセンが、サルを対象に「遅延反応課題」と呼ばれる方

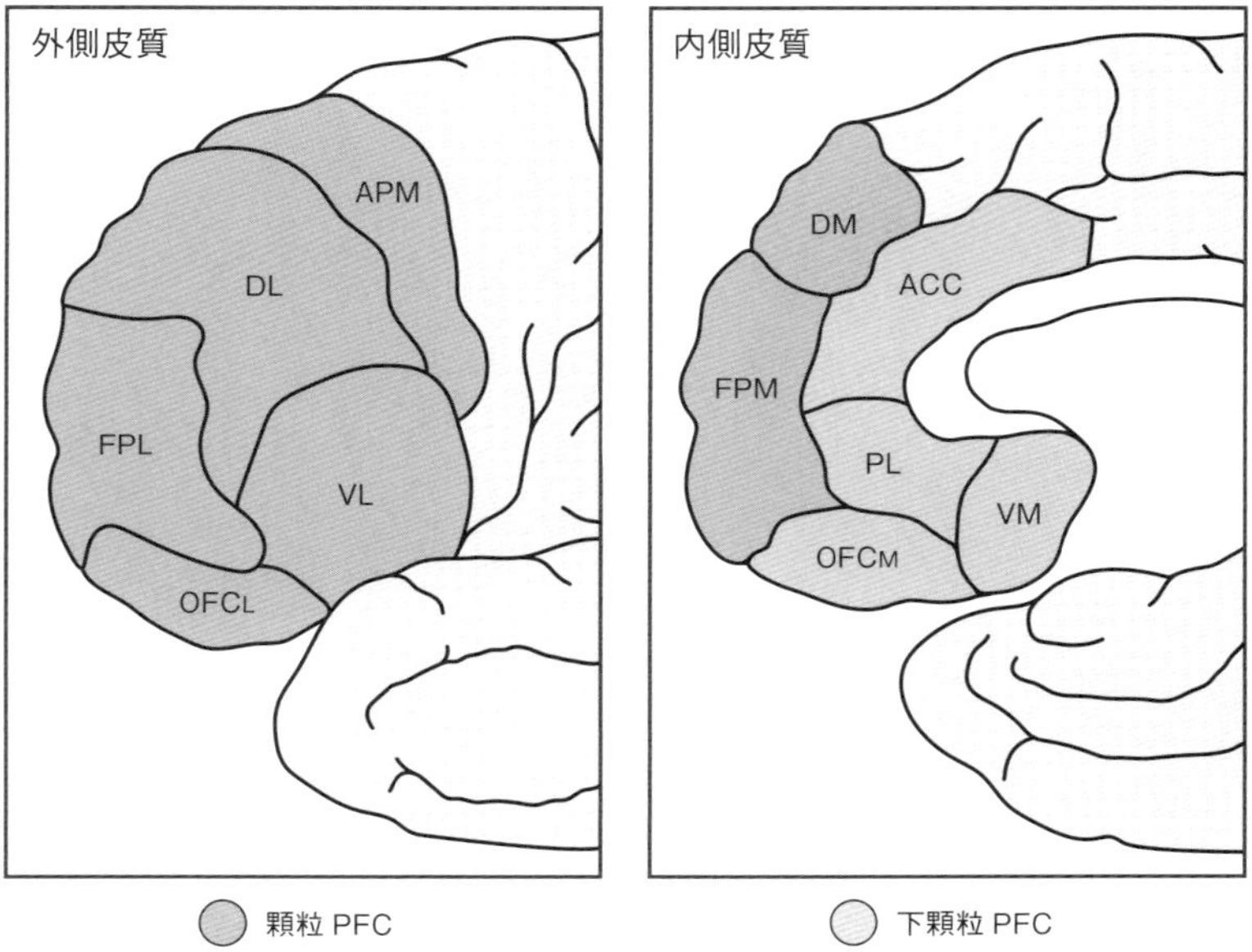

図19・2　人間の脳における顆粒 PFC と下顆粒 PFC。外側 PFC には次の領域が含まれる。前部前運動皮質（APM）、背外側 PFC（DL）、腹外側 PFC（VL）、外側前頭極（FPL）、外側眼窩前頭皮質（OFCL）。内側 PFC は次の領域によって構成される。背内側 PFC（DM）、前帯状 PFC（ACC）、内側前頭極（FPM）、前辺縁皮質（PL）、内側眼窩前頭皮質（OFCM）、腹内側 PFC（VM）。FPM と DM は、内側に位置するが、顆粒領域である点に注意されたい。

法を用いてＰＦＣの損傷の影響を調査したときに得られた。この課題では、サルは実験者が二つのくぼみのうちのどちらかの下にエサを置くところを見ていた。次に遮断幕が下ろされ、サルはエサを見ることができなくなった。遅延時間がしばらく経過してからスクリーンは上げられ、サルはエサを見つけて食べることができた。ＰＦＣに損傷を負っていないサルは、遅延時間が数秒であろうが、数分であろうが、どちらのくぼみにエサが置かれているのかをやすやすと思い出した。それに対してＰＦＣに損傷を負ったサルは、遅延時間が短ければ課題をこなせたが、長くなるとこなせなくなった。ヤコブセンはこの結果について、次のように述べている。顆粒ＰＦＣに損傷を負ったサルは、問題解決のために一時記憶に情報を保つことができなかったが、物体の性質に関して過去に学習したこと、ならびに学習された習慣を使うことならできた。

ヤコブセンの研究は、現在ではワーキングメモリーとして知られている顆粒ＰＦＣの役割に関するその後の連綿たる研究の嚆矢になった。一九五〇年代にモーティマー・ミシュキンとカール・プリブラムによって行なわれた非常に重要な研究で、背外側ＰＦＣが、サルが遅延反応課題で用いた一時記憶の基盤をなす顆粒ＰＦＣ領域であることが見出された。のちにホアキン・フスターとパトリシア・ゴールドマン＝ラキッチは、サルが遅延反応課題を遂行しているあいだ、背外側ＰＦＣの個々のニューロンの神経活動を記録し、それによって遅延期間に何本かのニューロンが一貫して活性化していることを発見した。この結果は、サルがいかに反応するかを決定する際、情報がワーキングメモリーのさまざまな処理によって心に保たれていたことを示唆する。

背外側ＰＦＣは、腹外側ＰＦＣを含む外側ＰＦＣに属する構成要素である。現在では、これら両者がワーキングメモリーに関与していることが知られている。外側ＰＦＣの三つ目の構成要素に外側眼窩ＰＦＣがある。外側眼窩ＰＦＣは、刺激の価値が重要になる課題で、ワーキングメモリーに寄与する。なお以下にワーキングメモリーのメカニズムについて述べるにあたっては、説明をシンプルにするために、下位領域の名称ではなく、より包括的な名称、「外側ＰＦＣ」を用いる。

遅延反応課題における、ワーキングメモリーに対する外側ＰＦＣの関与は、この領域が新皮質の感覚領域から入力情報を受け取っているという事実にはっきりと示されている。一例をあげよう。視覚皮質は二

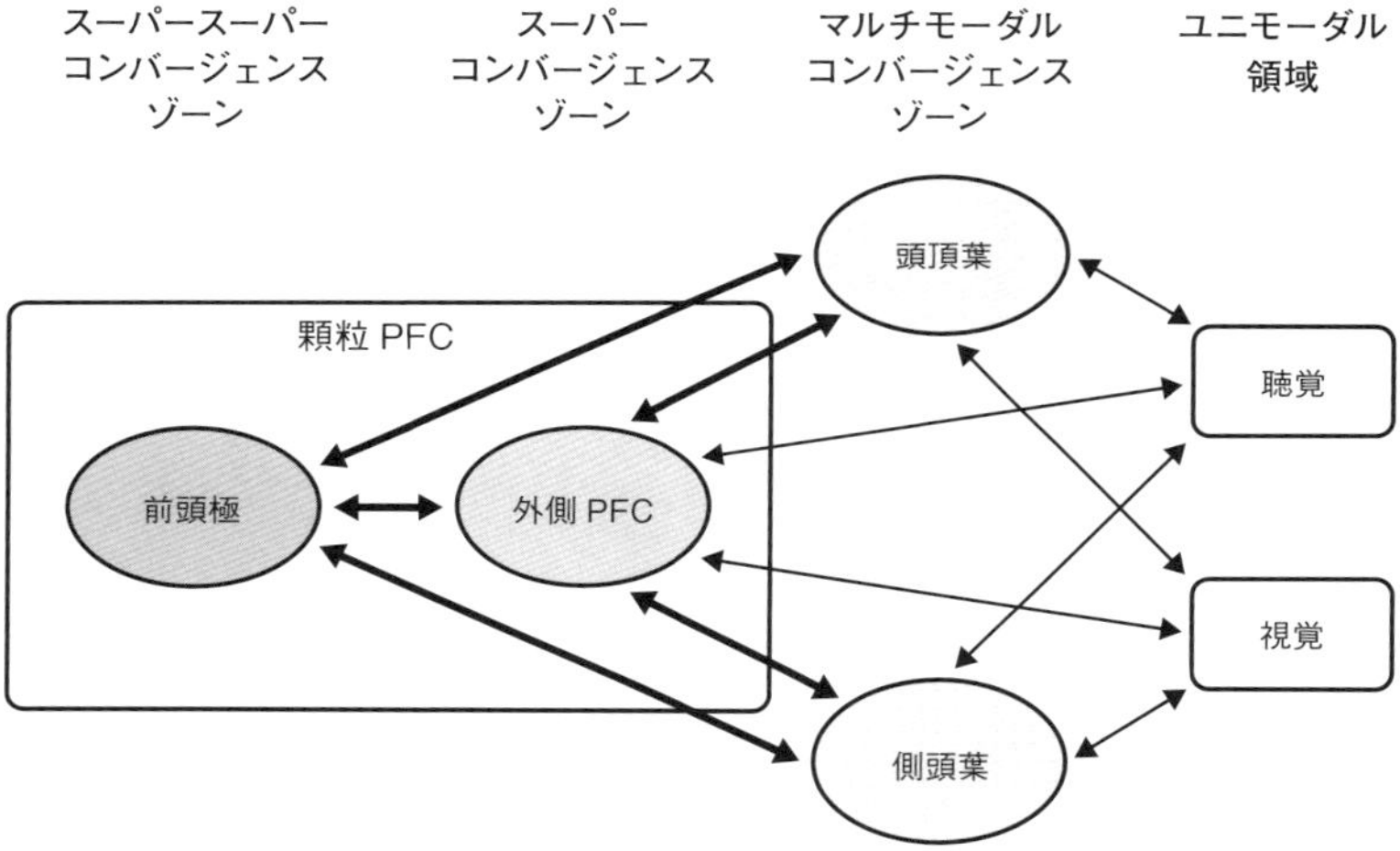

図19・3　顆粒 PFC へのユニモーダル入力とマルチモーダル入力

つの経路を介して外側ＰＦＣと結合している。一方の経路は、視覚皮質と、物体認識を支援する側頭葉の神経回路を、また他方の経路は、視覚皮質と、外界の空間に照らして実行される行動制御の基盤をなす頭頂葉の神経回路を結合している。これら二つの視覚経路は外側ＰＦＣで合流し、互いに異なる特徴（「何が」と「どこで」）を結びつけて、複雑な知覚を形成し行動を制御する支援をしている。

外側ＰＦＣは感覚器官からの情報を、ひとつの感覚モード*の情報同士のみならず、異なる感覚モードの情報同士でも統合する（図19・3）。したがってこの領域は「コンバージェンスゾーン」と呼ばれており、特定の感覚モードに依存しない表象を形成し、サルや人間が、外観、匂い、音、触感、味によって特定の物体が何であるのかを「知る」ことを可能にする。しかし外側ＰＦＣは、側頭葉や頭頂葉の他のコンバージェンスゾーンからも、とりわけ外側ＰＦＣと直接的に、も

＊視覚、聴覚、嗅覚などを指す。

しくは下顆粒中間皮質ＰＦＣとの間接的な結合を介して結合している、記憶に関与する領域からも入力情報を受け取っており、外界に関するさらに抽象的な知識を形成することができる。外側ＰＦＣはマルチモーダルコンバージェンスゾーンから情報を入力しているので、「スーパーコンバージェンスゾーン」と見なすことができる。

また外側ＰＦＣは、入力元の領域に神経を投射し返しており、感覚系や記憶システム、さらにはコンバージェンスゾーンにおける情報処理をトップダウンでコントロールすることができる。前部前運動皮質（ＡＰＭ、図19・2）は、顆粒外側ＰＦＣの一部をなし、背外側領域と結合しているので、外側ＰＦＣ内での情報統合は行動制御に用いられていると考えられる。

前述したサルの研究が示唆するところによれば、外側ＰＦＣが絶え間なく神経活動を行なっていることは、その領域が課題を解決する際の一時的な情報の保管庫として機能していることを示唆する。ワーキングメモリーに関するバドリーのモデルが登場すると、外側ＰＦＣは、ワーキングメモリーの一時的なストレージと実行機能の両方の基盤として必須の役割を果たしていると考えられるようになった。しかしのちになって、ワーキングメモリーが作動しているあいだ、他の領域、とりわけ感覚や記憶を司る皮質領域でも活動が絶え間なく生じていることが明らかになった。そのため、ワーキングメモリーは単純に外側ＰＦＣに局在化されるのではなく、外側ＰＦＣの実行機能によって制御されているさまざまな領域の連合体が関与すると、ブラッドリー・ポーストルは主張した。その際ポーストルは、監視、注意、情報の選択、あるいはニーズ、欲求、目標に関する期待の評価など、外側ＰＦＣと、遅延期間における意思決定の基盤をなす他の領域のあいだで生じる、いくつかの特殊なタイプの相互作用についていくつか要約している。

アール・ミラーらは、そのようなプロセスの細胞基盤を評価し、外側顆粒ＰＦＣの特定の細胞層のニューロンが、感覚や記憶を司る後部のプロセスにトップダウンの実行制御を行使し、ワーキングメモリーへの登録情報の選択を調節していることを示した。

ここで、外側ＰＦＣは注意を始めとする実行機能の唯一の本拠地なのではない点に留意されたい。頭頂皮質も、重要な役割を果たしている。実のところ外側ＰＦＣと頭頂皮質は、前頭頭頂注意ネットワークの重要な協力者同士として連携し合っている。それについては、以下で説明する。

ラットの前辺縁皮質は、哺乳類の顆粒ＰＦＣのホモログだと主張する研究者もいる。彼らがラットの前辺縁ＰＦＣと哺乳類の外側顆粒ＰＦＣを等価と見なす理由の一つは、ラットの前辺縁ＰＦＣが損傷すると、行動の仕方を決定する際にワーキングメモリーに情報を一時的に保っておくことができなくなるからだ。しかし、この説明には問題がある。そもそもこの説明は、ワーキングメモリーと顆粒ＰＦＣを混同している――つまりラットは、ワーキングメモリーを備えているのであれば、顆粒ＰＦＣも備えていなければならないと仮定している。だが、ラットはある種のワーキングメモリーを備えてはいるものの、顆粒ＰＦＣを持たないので、このワーキングメモリーは顆粒ＰＦＣに支えられているわけではない。もう一点注意が必要なのは、ラットにも霊長類にも前辺縁皮質が備わっており、どちらの前辺縁皮質も、前頭頭頂注意ネットワークに属しており、このネットワークがワーキングメモリーに寄与している点である。相違は、霊長類では、前辺縁皮質と頭頂皮質の両方が、外側顆粒ＰＦＣのワーキングメモリーを構成する神経回路と結合しているのに対し、げっ歯類では、認知の利点を享受するために結合する必要のある顆粒ＰＦＣが存在しない点にある。この分野の第一人者の見解によれば、ラットの前辺縁皮質は、単に哺乳類の前辺縁皮質のホモログにすぎないのであって、顆粒ＰＦＣの前駆組織などではない。

ここまでは外側ＰＦＣを強調してきた。しかし、顆粒ＰＦＣの二番目に主要な組織「前頭極」も、認知に重要な役割を果たしている。前頭極は外側ＰＦＣと異なり、コンバージェンスゾーンからしか入力情報を受け取らない。ここで言うコンバージェンスゾーンとは、外側ＰＦＣに位置するものと、外側ＰＦＣに神経投射する頭頂葉と側頭葉に存在するものの両方を含む。さらに言えば、前頭極は、これらすべてのコンバージェンスゾーンの入力領域に対して神経投射を送り返し、ＰＦＣ認知処理階層の最上位を占めている（図19・3）。そのため脳のもっとも概念的な部位と呼ばれてきた。外側ＰＦＣをスーパーコンバージェンスゾーンと呼ぶのであれば、前頭極は「スーパースーパーコンバージェンスゾーン」と呼べるだろう。

認知における外側ＰＦＣの役割に関する研究は、現在進行中である。しかしそのことは、研究が進展していないことを意味するのではない。アール・ミラーとジョナサン・コーエンは、ワーキングメモリーに対する顆粒ＰＦＣの寄与に関して次のようにまとめている。

神経科学の根本的な謎の一つとして、いかに脳内における数十億本のニューロンの分散的な活動から、協調的かつ目標指向的な行動が生じるのかがあげられる。単純な行動であれば、脳の入力システムと出力システムのあいだの比較的単純な相互作用に依存することができる。一〇万本以下のニューロンしか備えていない動物（人間の脳には一〇〇〇億本、もしくはそれを超えるニューロンが存在する）でも、食物に近づき、捕食者を避けることができる。もっと大きな脳を持つ動物の行動は、より臨機応変である。しかしそれにはコストがともなう。たとえば人間は、感覚系や運動系の働きによって外界に関する詳細な情報を得て、さまざまな行動を選択できるのとは裏腹に、干渉を受けたり混乱したりしやすい。外界に関する情報が増加し、行動の選択肢が増えれば、不確実性に振り回されないよう、それにふさわしい注意、意思決定、機能の協調が必要になる。このような種々の可能性に対処し混乱を緩和するために、人間は、低次の感覚・運動プロセスを、共通のテーマに、すなわち一つの内的目標に沿わせるメカニズムを進化させた。この認知制御能力には脳領域に広範に分布する神経回路が関与していることに疑いはないが、なかでもＰＦＣがとりわけ重要な役割を果たしていると一般に見なされている。

霊長類におけるモデルベースの目標指向的行動を司る脳のメカニズム

霊長類のワーキングメモリーは目標指向的行動において必須の役割を果たしている。それだけなら霊長類以外の哺乳類にも当てはまるが、霊長類においては、二つの点でその能力が増強されている。まず、低次の（霊長類以外の）哺乳類と霊長類が共有する脳領域は、霊長類が分岐したあとでも進化し続けていること。二点目は、重要な霊長類のほとんどが顆粒ＰＦＣを備えているのに対し、低次の哺乳類は備えていないことである。

目標指向的行動を司る基本的な神経回路は、げっ歯類と霊長類のあいだでよく似ている。以下にいくつか例をあげておく。

- 背内側線条体、感覚・運動皮質、中脳のドーパミンニューロンが、道具的な反応・強化刺激による連合形成の基盤をなす。
- 扁桃体基底外側核と腹側線条体（側坐核）が、強化刺激を予測する刺激の誘因価に基づくパブロフ型動機づけに寄与している。

・眼窩ＰＦＣと扁桃体によって誘因価が取り出される。
・島皮質と扁桃体によって、ホメオスタシスの状態と照らしての、その瞬間における強化刺激の価値が評価される。
・海馬は新皮質から受け取った感覚刺激を用いて空間マップを形成するだけでなく、意味記憶を用いて空間内の物体の位置を決定し、眼窩ＰＦＣ、島皮質、扁桃体から受け取った情報を用いて採餌中に遭遇した物体の価値を見積もる。
・複数の選択肢のあいだの競合を解決して行動を選択する際に、前帯状皮質が重要な役割を果たす。

とはいえ、げっ歯類のシステムと霊長類のシステムのあいだには重要な差異がある。そもそも、以上の領域はすべて、霊長類が他の哺乳類から分岐したあとでも進化し続けている——要するに、増強されている。たとえば霊長類の中間皮質ＰＦＣは、その内部においても、他の領域との結合においても、より緻密に配線されている。そのため霊長類の中間皮質には次のような特徴がある。

・眼窩ＰＦＣと島皮質は、刺激と反応の価値や、身体の状態に関する情報の、より複雑な統合を行なうことができる。
・記憶を統合してスキーマを形成する腹内側ＰＦＣの能力は向上している。
・状況が変化したときに行動オプションを臨機応変に選択する前帯状皮質の能力は向上している。
・海馬は、扁桃体、眼窩ＰＦＣ、島皮質から刺激と反応の価値に関する情報を受け取るだけでなく、価値それ自体をコード化し、さまざまな手がかりの期待値と、手がかりが得られる場所という形態で、物理空間の経路を表象する「価値マップ」を形成する。

しかしもっとも重要な相違は、顆粒ＰＦＣに見られる。霊長類は、コンバージェンスゾーンから外側ＰＦＣのワーキングメモリーへの入力によって高次の推論を可能にする、非常に複雑な表象（メンタルモデル）を形成できるようになったのだ。ラットを始めとする低次の哺乳類には、メンタルモデルや抽象的な思考がまったく欠けているというわけではない。だが低次の哺乳類のＰＦＣは、霊長類の顆粒ＰＦＣが持つ高度の認知機能の集中化や結合性を欠いている。これが、メンタルモデルや抽象能力という点でラットとサルを別物の存在にしているのである。

前頭極は外側ＰＦＣを含めた他のコンバージェンスゾーンと相互作用することで、霊長類の認知能力を格段に高めている。ファルシャド・マンスーリー、エチェンヌ・ケクランらは、サルにおける外側ＰＦＣと前頭極の役割について次のように要約している。外側ＰＦＣとその結合領域は、特定の目標の追求に焦点を絞ることを可能にしている。この方策は、便益とリスクが相応に安定している状況のもとでは最適である。しかしたいていの状況では、便益とリスクは揺れ動く。その場合、現在追求している目標を棚上げして別の目標に切り替える能力が、非常に有利になる。現在の目標をワーキングメモリーに維持し、よりよい代替策が見つからなかった場合には、もとの目標を再び追求できるだけの能力をサルが備えていることを考えれば、とりわけそのことは当てはまる。サルの前頭極は、まさにその種の、計画立案や抽象的な思考で必須の役割を果たす並行処理《マルチタスキング》を可能にしているのだ。

人間のＰＦＣは特別か？

人間には他の霊長類にはない皮質領域が備わっているのか否かが盛んに議論されている。言語領域は、人間の脳のコンバージェンスゾーンにおける独自の拡張だと長らく考えられていた。しかし最近になって、この領域のホモログが他の霊長類にも見つかっている。類人猿を含め、人間以外の霊長類に自然言語が備わっていることを裏づける、説得力のある証拠が得られていない点に鑑みると、人間の脳のコンバージェンスゾーンは、人類が祖先の類人猿から分岐した際に言語の使用に転用されるようになったと考えられる。

また顆粒ＰＦＣのサイズは、初期の人類が祖先の類人猿から分岐したときにかなり増大したと長く考えられていた。しかし一九九〇年代後半になると、この考えは、人間のＰＦＣが、人間と同等の体重を持つ霊長類に予想される程度のサイズにすぎないと主張する研究者たちによって異議を唱えられるようになった。しかしこの新たな見方は、より緻密な分析によって明らかにされている重要な差異を無視していると して、従来の見方を支持するトッド・プリウスやスティーヴン・ワイズらの研究者たちもいる。彼らの主張によれば、新皮質の感覚・運動領域の大きさは人間と他の霊長類のあいだで大差がないのは確かだとしても、身体の大きさで補正すれば人間のコンバージェンスゾーンはかなり増大している。そして、そのなかでももっともサイズが大きくなったのは顆粒ＰＦＣだった。さらに言えば顆粒ＰＦＣは、他の霊長類より人間におけるほうが、後部のコンバージェンスゾーンとの結合度が高く、また人間の顆粒ＰＦＣは、エネルギー代謝に関連する新たな遺伝子の発現の場所でもある。

すでに述べたように、前頭極は、人間の脳における最高レベルの概念的処理、とりわけ階層的な関係推論を行なう能力の基盤をなすと考えられている。サルでも人間でも、前頭極は外側と内側の構成要素からなる。しかし証拠が示すところによれば、人間の外側前頭極は、他の霊長類にはない構成要素からなっている。霊長類が外側ＰＦＣと前頭極を加えたおかげで、サルが、現在の目標の追求を一時的に中断してさまざまな代替目標を考慮できるようになったのと同じように、人間は、独自の外側前頭極を用いてより複雑なバリエーション、すなわち現在の目標を追求しつつ、他の可能な解決策を考慮することができるようになったのである。

事実、人間を対象に行なわれたカリン・ルーロフスらの研究では、行動制御に関して複数の戦略が関与する複雑な情動調節課題で、外側前頭極が動員されることが示されている。彼女らは構造的、機能的結合性を計測するフィンガープリント法を用い、サルの脳には対応する組織が存在しない前頭極の解剖学的部位が、感覚運動皮質、後部皮質のコンバージェンスゾーン（とりわけ後部頭頂皮質）、扁桃体との結合を介して、この課題の遂行に寄与していることを見出したのだ。

人間の前頭極に関する別の考えに、ポール・バージェスらが提起する「ゲートウェイ仮説」がある。それによれば、前頭極の外側部と内側部は、人間の認知に関しておのおの別の形で寄与している。つまり内側前頭極は外部刺激に対して、また、外側前頭極は内的な心の状態に対していかに注意を向けるかを調節している。これら二つの認知制御のバランスは、人間が備えるもっとも基本的な二つの思考様式――一つは外界に関する思考で、もう一つは内的経験に関する思考――のゲートウェイになる。

言語の追加と顆粒ＰＦＣの拡張は、人間が備えるワーキングメモリーをとりわけ強力なものにする。しかし概念的な進歩を達成するためには、ワーキングメモリーのもっとも重要な特徴の一つを十分に理解する必要がある。前述のとおり、バドリーの考え――ワーキングメモリーの実行機能は、監視や制御のプロセスのみならず、情報の一時的な保持にも関与しているとする考え――は、感覚や記憶を司る後部の領域が、この一時的な情報の保持に大幅に関与しているとする考えによって棄却されている。しかし、特殊化したシステムだけでは、人間の被験者に、とりわけ感覚モードをまたがる複数の特徴（物体の外観、音、それを見た場所や時間など）を結びつける必要のある複雑な認知課題を与える研究によって得られた結果を説明するには不十分であることが判明している。この結果は、複数の特殊化したシステム同士の統合を可能にする何らかの一時的な保管メカニズムを想定しない限り説明不可能である。

この問題を解決するにあたって、バドリーは「エピソディック・バッファ」という概念を提起した。エピソディック・バッファとは、いくつかの従属システムから取得され、一時的に保管されているさまざまな種類の情報を結びつけ、長期的なエピソード記憶に保管することのできるただ一つの表象を形成するという、限定的な能力を持つ一時的な保管システムをいう。のちの研究では、ユニモーダル*な情報はユニモーダルなシステムの内部で結びつけられることが多いのに対し、複数のモードが関与するより複雑な表象は、エピソディック・バッファ仮説に整合するあり方で結びつけられることが見出されている。

バドリーが提起するエピソディック・バッファの神経基盤はよく理解されていない。しかし、ダニエル・シャクターとドンナ・ローザ・アディスの研究によって、複数の刺激を一つの複合体に統合するよう被験者に求めると、被験者の前頭極が活性化し、心のシミュレーションの多様な要素を一つのエピソードへと結びつけようとするらしいことがわかった。よって前頭極は、人間独自のエピソード的認知に必須の役割を果たしていると考えられる。

ワーキングメモリーは、これまで長く自覚意識に関連づけられてきた。バドリーは、エピソディック・バッファが自覚意識へのゲートウェイをなしていると述べることで、ワーキングメモリーと意識の関連づけを強化した。なおこれについては第Ⅴ部で再度取り上げる。

大型類人猿はどうか？

プリウスとワイズは、外側前頭極の構成要素が人間のみで特殊化したものだとする考えに対して、それが大型類人猿にも備わっている可能性を指摘することで注意を促した。詳細な解剖学的比較のほとんどは、人間とサル**のあいだで行なわれている。倫理的な問題のゆえにチンパンジーを対象にした研究がほとんど存在しないため、チンパンジーや他の大型類人猿の外側前頭極に、人間のものに類似する特殊化が見られるのか否かは定かでない。

特殊化した領域のマクロな探究は、うまくいけば有用なものになるとはいえ、新たな技術の台頭で陰りを見せている。新たな技術とはミクロレベルでの類似点や相違点を突き止められる技術のことで、この技術を用いれば遺伝子の発現や、それによるニューロンの組織化や生理的特徴への影響を解明することができる。たとえば、遺伝子の発現をめぐる相違によって、人間の新皮質の組織構造や生理的特徴が更新され、おそらくはそのおかげで、人間と、類人猿を含めた他の霊長類のあいだの行動や認知における差異が生じたことを示唆する発見が最近得られている。脳の特殊化、つまり目標指向的行動を司る神経回路という霊長類の標準装備が人間独自のバージョンとなったことで、人間は他の霊長類には見られない能力を獲得した。その能力とはワーキングメモリーとその実行機能の動員能力のことで、人間はそれを用いて内的モデルを構築し、記憶に蓄えられた情報を心の内部で検索したり、未来に関するシナリオを描いたりすること

＊ユニモーダルとは視覚なら視覚のみというように単一の感覚モードのみが関与することを意味する。
＊＊サルはチンパンジーを含む類人猿ではないことに留意されたい。

ができるようになったのだ。とはいえ「特殊」とは異なることを意味するのであって、必ずしもよりすぐれていることを意味するわけではない。進化は機能するもの——適応的なもの——を選択するにすぎない。そこに目的など存在しない。

人間の能力と、それを可能にする脳のメカニズムについてうぬぼれるべきではない理由がもう一つある。プリウスの指摘によれば、エネルギー代謝に関係する遺伝的、分子的な変化のゆえに、人間の増強されたＰＦＣと、相互結合するさまざまなコンバージェンスゾーンは、「再配線され、変化していく」。言い換えれば、ＰＦＣの高い代謝率は諸刃の剣になりうる。ＰＦＣは人間が持つもののような認知を可能にする一方、ＰＦＣや、それに依拠する認知能力の機能不全に結びついた、自閉症、統合失調症などの障害にかかりやすくしている。そのため私たちは、綱渡り状態で生きていかねばならないのだ。

人間の認知の神経基盤についての要約

ここで、行動制御におけるメンタルモデルの構築と使用に関与しているさまざまな神経結合と認知プロセスについて概観しておこう。ものごとが進展するにつれ、感覚皮質、記憶皮質、中間皮質ＰＦＣ、顆粒ＰＦＣ（外側ＰＦＣと前頭極を含む）のあいだの複雑かつ平行的な相互作用によって、メンタルモデルの内容が形作られる。各プロセスはつねに流動的な状態が保たれる——すなわち、リアルタイムで動的に更新される。

1．感覚皮質と顆粒ＰＦＣ（とりわけ外側ＰＦＣ）の結合によって、感覚プロセスが外界に関するものなのか、それとも内的イメージに関するものなのかを継続的に監視したりテスト（いわゆる「知覚のリアリティー・モニタリング」）したりすることが可能になる。

2. 感覚皮質と側頭葉の結合によって、関連する記憶が活性化される。そしてそれによって感覚刺激と意味記憶が統合され、側頭葉で意味のある知覚が形成される。その時点で海馬ではスキーマの構築が生じる。これらの記憶を司る神経回路は、外側ＰＦＣにも結合している。

3. 腹内側ＰＦＣは、記憶の正確さを監視し、海馬でのスキーマの構築を導く。そしてスキーマに基づいて、思考や行動のためのスクリプトが生成される。

4. 腹内側ＰＦＣと外側ＰＦＣの結合によって、スキーマとスクリプトが、状況を概念化しそれに関する予測を行なうメンタルモデルに統合される。

5. 腹内側ＰＦＣとその他の中間皮質領域（島皮質、眼窩ＰＦＣ、前帯状皮質）、ならびに（扁桃体や腹側大脳基底核における）目標指向的行動を司る皮質下の神経回路の結合によって、目標指向的行動を制御する際に、ホメオスタシスに関するニーズや、現在の目標の価値がメンタルモデルに統合される。

6. 外側ＰＦＣと前頭極の結合によって、その瞬間に内的プロセスと外的プロセスのどちらが実行されているのかが決定される。

7. 外側ＰＦＣと下流の脳領域――後部頭頂皮質、感覚運動皮質、扁桃体など――の結合によって、情動の状態に基づいて行動実行が制御される。

8. 外側ＰＦＣと前運動皮質の結合によって、モデルベースの行動の実行が制御される。

9. 外側ＰＦＣ、前頭極、中間皮質ＰＦＣの結合によって、目標追求時の柔軟なマルチタスキング、さらには階層的、再帰的な推論が支援される。その結果、状況が変わったときばかりでなく、自分の考えが変わったときにも行動を変えることができる。

私の考えでは、メンタルモデル内のプロセスを含め、以上のプロセスは、非意識的に生じうる。その場合、「認知的次元のみ」が関与する。次の第Ⅴ部では、認知的次元の非意識的なプロセスが、いかに意識的な経験や、意識的な行動制御に寄与しているのかについて見ていく。

V　意識的次元
The Conscious Realm

20　意識は謎なのか？

意識は謎だと言う人がいる。たとえばグーグルで「意識の謎（mystery of consciousness）」とタイプして検索すると、無数のサイトがヒットする。議論を進めるために、ここではいったん、謎は存在するとしておこう。だが謎とは、死後も生き残る魂と同じような意味においてなのか、それともＤＮＡがまだ発見されていなかった頃の進化的な継承のメカニズムと同じような意味においてなのか、どちらだろうか？

哲学のハードプロブレム

意識は元来、哲学者が得意とするトピックだった。事実、現代の私たちが意識を概念化するあり方はデカルト哲学に由来するとよく言われる。ただし古代ギリシャ人も、同じ心的領域のかなりの範囲を指して、「魂（*psyche*）」のような彼ら独自の言葉を用いていたのは確かだが。デカルトの業績は、自己認識能力によって、自分は自分であると知ることを可能にする意識の特別な性質を強調した点にある。すでに見たように、ジョン・ロックはのちに、記憶の形態による、過去の自分に関する意識的な知識に基づいて、現在の自分が過去の自分と同一の意識的な人格であることを認識する能力という考えを導入した。さらに時代が下ると、アレクサンダー・ベインは、「私たちは、〈暖かい目〉や〈愛情〉をもって自分の思考を見る」と述べ、さらに親密な意識の見方を提起した。一九世紀後半、ウィリアム・ジェイムズは、「暖かさと親密さ」という言葉を用いて、意識の状態の個人的な性質に言及した。

今日では、哲学者のトマス・ネーゲルのおかげもあって、意識の特別な性質は、意識とは何かに関する議論の中心を占めている。彼はこの性質を「現象的感覚」と呼んでいる――赤を赤らしく見せるもの、怖れを怖れと感じさせるもの。したがって意識の状態とは、何かであるように感じることであり、それに対して無意識的な状態には、そのような感覚がともなわない。では、なぜ意識的な心の状態にはこの現象的感覚がともなうのか？　哲学者のデイヴィッド・チャーマーズは、この問いを意識の「ハードプロブレム」と呼ぶ。ネーゲルやチャーマーズのような哲学者（両人ともニューヨーク大学の私の同僚である）は、その種の感覚を「クオリア」と呼んでいる。二人とも、科学によって意識を解明することはできないと考えている。チャーマーズは、経験には脳が不可欠である点については認めているものの、なぜそうなのかについては永久に謎のまま残ると考えている。オーウェン・フラナガンは、意識を神秘的な非物理的法則に基づくものとして捉える古い二元論の伝統に言及しつつ、チャーマーズを「新神秘主義者」と呼ぶ。

科学者は研究の指針として、心の複雑な諸側面をいかに概念化すべきかをめぐって哲学者から多くを学んできた。しかし科学の目標は、哲学の目標とは異なる場合が多い。だから私を含めた多くの科学者が、チャーマーズの言う「ハードプロブレム」が科学的に解決困難であるように思える理由は、それが科学ではなく哲学の問題だからだと考えているのだ。

実のところ私は、意識の謎のいくつか、というよりおそらくそのほとんどは、チャーマーズの言うハードプロブレムを熱心に追いかけていることに起因すると考えている。アニル・セスが著書『なぜ私は私であるのか――神経科学が解き明かした意識の謎』で述べているように、科学者は、科学者がなすべきことをすることで、すなわち「意識的経験の現象的な性質を説明、予測、制御する」ことで、意識に関するいわば真の問題に焦点を絞るべきである。意識が物理的で生物学的な成り立ちの一部である点を受け入れるまでは、私たちは意識とは何かをめぐって当惑し続けることになるだろう。

論理の限界

哲学者たち、少なくとも心に関心のある「分析哲学者」は、論理を用いて可能な限り水も漏らさぬ議論を繰り広げようとする。論理に基づく秀逸な議論は人の心に非常に快く響く――説得力があり真であるように聞こえる。まったく正しいと感じられるがゆえに、その主張が偽ではありえないようにさえ聞こえる。クオリアをめぐる主張に関して言えば、それが何か真《リアル》に実在するものを指しているかのように思える。非物理主義者の哲学者は基本的に二元論者であるため、非物理的な意識をリアルなものと見なしているのだろうが、科学者にとっては非物理的な意識という言い方は撞着語法以外の何ものでもない。物理主義者の哲学者J・J・C・スマートの指摘によれば、心の物質的な見方と二元論的な見方の対立の解決に役立つ科学的な実験を考案することなどできない。

ウィリアム・ジェイムズは哲学者であるとともに科学者でもあり、両者としての立場から心に関するトピックを取り上げている。彼は心を一方では非物質的な魂として、他方では脳の物理的な一側面として捉えることで自身の葛藤を表現し、「私たちが行なう推論は、魂の非存在を決定的に証明してはこなかった。

魂という概念は、科学的目的からすれば冗長であることを証明したにすぎない」と嘆いている。

ジェイムズの難題《ジレンマ》から教訓を得るとすれば、それは、心の本質に関する指針を哲学に求めると、次のように自問せざるをえなくなるということだ。哲学者たちは、哲学的な問いに関する議論をしているのか、それとも心がいかに脳を介して物理的に作用しているのかをめぐる議論をしているのだろうか？　クオリアは、少なくとも現在論じられている形態では、哲学的な問題と見なすことができ、ジェイムズが魂について述べたように、科学的な目的にとっては余分な概念である可能性が高い。

科学に哲学的な理論は無用であると言いたいのではない。哲学者のモーリス・メルロ＝ポンティは、「哲学を欠けば、科学は自分が何を語っているのかを知りようがない」と述べている。少しばかり言い過ぎだが、やや言い方を和らげれば正しいと思う。つまり、私は次のように考えている。科学者がデータの収集と分析の専門家であるのに対し、哲学者は思考の専門家である――これは、科学的な問題に哲学者が持ち込む論理的な分析から科学者が恩恵を受けられることを意味する。だから私は哲学者と協力し合うことがあるし、彼らの貢献を評価しているのだ。

しかし脳が論理的に思考できるからといって、進化が脳を主に論理マシンとして配線したということにはならない。哲学者のU・T・プレイスはジェイムズの教えに従って、「意識は脳内のプロセスであるという命題を、論理的な観点から否定することはできない」と述べている。最終的な分析において論理は非常に有用ではあるが、論理によって生命に関するあらゆる難問に答えられるわけではない。たとえばダニエル・カーネマンとエイモス・トベルスキーは次のように述べている。人は、厳密な論理ではなく、似たような状況のもとで人間が通常どう振る舞うかを教えてくれる常識などの、経験則（心の近道）に頼ることが多い。

生物という存在は混沌としており、つまるところ科学者は、哲学的な知見をいつ用いて、いつ避けるべきかを心得ておく必要がある。他の分野の知見を無闇に科学に引き込めば、キャメロン・ブリックらが「ありもしない本質（illusory essence）」と呼ぶものに科学が振り回される危険を冒すことになる。ありもしない本質とは、第Ｉ部で述べたように、あたかもそれが真の実体であるかのような説明力を帯びた概念やレッテルや分類名のことをいう。「自己」や「人格」や「知性」はそのありふれた例であり、「クオリア」もそうだと言えよう。

意識に関する非物理的な見方（二元論など）への関与は、哲学的立場としては完全に妥当なものだが、科学の出発点としては致命的だ。意識が物質的な状態でなければ、それは科学の対象になりえない。物理主義者のダニエル・デネットは、チャーマーズのハードプロブレムが、「生命は非物理的な要素に依存する」と考える、とうに廃れた生物学の見方である生気論（第Ⅱ部参照）の正当性を擁護するに等しいとまで主張する。それに対してチャーマーズは哲学的に反論しているが、デネットの指摘はまったくの的はずれではない。科学的な現象をめぐる非物理的な説明を鵜呑みにし、哲学的な概念に対する科学的な解決手段として用いると、ウサギの穴に落ちて不思議の国に連れ去られてしまうだろう。

たとえば第Ⅱ部で取り上げた意識の統合情報理論（ＩＩＴ）は、意識が全宇宙に広がっていると考え、一種の汎心論と見なされている。その種の考えは、現代における世俗的なスピリチュアリズムの復活の一部として、大きな人気を博している。しかしＩＩＴは、強力な科学的批判にさらされている。信仰にも似た科学的飛躍が必要だと言う人もいれば、エセ科学として言下に否定する人もいる。二〇一九年、さまざまな理論的立場を代表する大勢の意識の研究者が、実践的な根拠に基づいて汎心論の熱狂を鎮静させる必要性を訴える次のような文書を発表した。

実証的な研究を推進するにあたって、意識の理論には最大限の重要性があるとはいえ、実証的に有益な仮説と、物質的な一連の論理ゲートに意識がある可能性を認める、不可解で検証不可能な汎心論的主張を区別することは重要である。資金が限られているなかで、私たちは何を優先させるかに慎重になるべきだ。

ハクワン・ラウとマティアス・ミシェルは、よりよい意識の実証理論が考案されるまで、私たちは非物理主義的な心の見方に辛抱強く耐え、それが自然に消滅していくのを待つべきだと主張する。しかし私は、もっと手っ取り早いハードプロブレムの解決法があると考えている。それには単に、物質世界の物理的な現象だけを科学の対象として認めさえすればよいのだ。それでも意識が難題である点に変わりはないだろうが、物理主義的かつ科学的に解決可能という意味で難題なのであって、神秘的で科学的に解決不可能という意味においてではない。

科学と魂

一九九八年、私はポーランドのクラクフ近郊の丘陵地帯で、プロテスタントの神学者によって開催され、意外にもバチカンの支援も受けていた会合に参加した。そこには、物理学者、哲学者、脳科学者も参加していた。この会合を組織した神学者たちは、神学的な意味での魂と科学的な意味での意識が等しいと、また、両者とも生きた人間の脳における物理的な顕現であるという考えを持っていた。彼らにそのような考えがあったため、この会合の目的は、人間の魂を、死後も存続し、復活を遂げた際にはもう一度身体と融合する実体と見なすことのできる新たな物理学を見出すことにあった。言い換えると、自分たちの理論が物理学と整合しないという事態に直面した彼らは、〔自分たちの理論と整合する〕新たな物理学を求めていたのである。

意識が身体の死とともに消滅する物理的な実体であることを認める人のあいだでも、問題がむずかしすぎて実際にそれを証明できるとは思っていない人がいる。だがアレクサンダー・フレミングが、細菌感染には謎が多すぎて、その治療法を発見しようとする試みは徒労に終わらざるをえないと考えていたら、彼がペニシリンを発見することはなかっただろう。あるいはワトソン、クリック、フランクリンが遺伝の謎を解くことはむずかしすぎると考えていたら、彼らはDNAを発見できなかっただろう。迅速なワクチン開発という困難な課題に挑む人々がいなければ、新型コロナ感染症による死者はもっと増えていたはずだ。以上の、あるいはその他多くの困難な科学的課題が解決されていなければ、世界は現在ある世界とはかけ離れたものになっていただろう。

実のところ科学的な問題は、解決法が見出されるまでは多かれ少なかれ謎めいて見えるものだ。しかしそのことは、物理的な説明を欠く科学的な現象を理解しようとする試みとはまったく異なる。意識が物理的な世界に属する現象でなければ、科学的にそれを研究することはできない。そこで議論は終わりだ。

意識の物理的な説明によって何がもたらされるのか？

ここまで用いてきた意味で言えば、物理法則を侵犯しない限り、いかなる意識の科学的な説明も、物理主義的だと言えよう。しかし、意識は最終的には物理法則で説明されるはずだとする、それよりも強い信念を持つ人もいる。この二つ目の考えは、あらゆる科学をたった一つの枠組みに統合しようとする科学の一潮流から派生したものだ。この「科学の統合」という考えを最初に提起したのは哲学者のルドルフ・カルナップで、彼は一九二〇年代に、あらゆる科学の分野にわたり、「実証的な言明は、たった一つの言語——物理学の言語——で表現できる」と主張した。この潮流の核心をなす考えは、「生物学の基礎には化学があり、また化学の基礎には物理学がある」というものだ。したがって生物学は化学の用語で、また化学は物理学の用語で最終的に説明されるはずだった。

この見方をさらに進めると、心理学は脳科学に、脳科学は生物学に、生物学は生物化学に、生物化学は物理化学に、物理化学は物理学に還元されることになる。すると最終的には、意識的な心の状態は、原子核を周回する電子などといった物理的な現象によって説明されることになるだろう。それが正しければ、機械に意識を持たせることも可能になるはずだ。それについては、本書の最後に取り上げる。

物理的な原理に基づく意識の理論は、現在でも存在する。しかし私の感覚では、少なくとも現時点では、物理学は意識に対する最善の科学的なアプローチにはならない。意識を化学に、そして物理学に関連づけるためには、私たちはもっと意識の生物学について知る必要がある。それを可能にするには、まず意識の心理に関する神経科学的な理解を深めなければならない。なぜなら、理解の枠組みをまず確立しなければ、何かを別の何かに還元することなどできないからだ。

神経科学における還元はメカニズムに関してなされるべきだという見解が、最近になってウィリアム・ベクテルによって表明されている。では、メカニズムの説明は、どのレベルまで掘り下げて適用されるべきなのだろうか？　私が還元主義者だったとしたら、少なくとも四つの存在次元と、それらの相互作用を理解するために、生物的次元まで掘り下げれば十分だと見なすだろう。それで不十分であれば、化学的、あるいは物理学的なメカニズムを含む説明へとさらに掘り下げていけばよい。

だが、物理主義による意識の説明は、物理学まで還元する必要がない。さまざまなレベルに属するプロセス同士の「非還元主義的な」相互作用——とりわけ生物的、神経生物的、認知的、意識的という四つの存在次元間の相互作用——に基づく説明は、最終的に物理主義的な説明になるはずだからだ。

心理を行動に還元する

科学の統合という潮流によって喧伝されてきた科学的な還元主義は、より低次のレベルの内部に、より高次のレベルを包摂することを意味する。しかしカルナップが前述の理論を提起する以前の二〇世紀初頭においてさえ、心理学の分野では、動物や人間の行動を説明する際に無闇に意識を持ち出す風潮に抗おうと内乱を画策する行動主義者が登場し、独自のバージョンの還元主義が生み出されていた。こうして、かつては意識による説明が普通だったのが、行動（刺激と反応）の説明によって置き換えられたのだ。

この意識の厄払いは、心理学を「ハードサイエンス」にする試みの一環であり、哲学者のギルバート・ライルから、遅ればせながら多大な支持を受けた。ライルは一九四九年に、「意識は機械のなかの幽霊である」と言ったことで知られている。つまり、人間の行動に関する物理主義的な説明に意識の居場所はないということだ。

一九九三年、ダニエル・デネットは、あたかも行動主義が終焉を迎えたかのごとく、認知科学が不毛な行動主義に勝利したと述べた。しかし同年、デネット同様心の哲学者であったブルース・マンガンは、デネットに反論して、行動主義が依然として残存していると——声は小さくなったものの案外無傷のままだと――主張した。それから三〇年が経過した今でも、心理学や神経科学の特定の分野では、主観的な心の状態に言及することの害悪が叫び続けられており、事態は依然として変わっていない。

行動主義者の不毛な説明も、神経生物的次元における行動（先天的な反応、条件づけられた反応、固定的な反応パターン、パブロフ型動機づけによる反応、道具的習慣）の説明としてなら通用する。しかし認知的なメンタルモデルや意識によって制御される行動を説明するとなると、まったく通用しなくなる。認知心理学が誕生したときにこの区別が認識されていれば、二つのアプローチは共存して、おのおのが相応の分野で独自の説明力を発揮していたかもしれない。

心理を神経メカニズムに還元する

行動主義者による還元を生き残った心理学は、次に心理の神経活動への還元に対処しなければならなくなった。神経科学は、解剖学者、生理学者、化学者、発達生物学者、心理学者で構成される雑種的な分野として、一九六〇年代後半に公式に始まった。いわゆるハードサイエンスの出身でなかったのは、心理学者だけだった。心理学の基礎をなす神経科学が成熟した暁には、心理学は間違いなく解体すると考え始める科学者もいた。哲学者のポール＆パトリシア・チャーチランドは、この見方の代表者だった。彼らは一九八〇年代に、神経科学の進歩によって心の状態と一般に言われているものに関する、より正確な説明が提供され、よって時代遅れの素朴な概念に基づく、おかしな心理の説明に対する需要はなくなるだろうと主張した。

チャーチランド夫妻の見方と一致して、カリフォルニア州サンディエゴで夫妻の同僚であり、ＤＮＡの発見者の一人でもあったフランシス・クリック*は、神経科学に転向したあと、「人間はニューロンの集まりにすぎない」と語った。また著名な生物学者リチャード・ドーキンスは、「私たちは生存する機械――遺伝子と呼ばれる利己的な分子を保存するべく盲目的に行動するようプログラムされたロボットの乗り物――だ」と述べた。行動がほんとうにその種の下位のプロセスによって決定されているのであれば、「自由意志」などというおかしな民間信仰は、やがてあとかたもなく消え去るはずだった。しかしそうはなっておらず、思うに、少なくともチャーチランド夫妻、クリック、ドーキンスが示唆しているような規模で消え去ることは今後もないだろう。

素朴心理学の概念は、私たちの内面的な心の生活と、外的な社会的生活の基盤をなしている。著名な心理学者ジェローム・ブルーナーが述べるように、「素朴心理学は、人生において起こりうるありふれたできごとに正当性と権威を与える」。要するに、心に関する人々の常識的な信念は、心理学の核心をなし、人間の本性の探究においてつねに中心を占めるはずなのだ。それが、人間の心の機能のありようなのだから。もちろん、素朴心理学は、やがて必然的に科学的な概念を取り込むだろう。たとえば科学の素人が、快感をドーパミン濃度の高まりに、また愛をオキシトシン濃度の高まりに気軽に結びつけて語るなどといった具合に。いずれの考えも科学的には疑わしいが、たとえ正しかったとしても、そこで語られているのが「快」であり「愛」である点に変わりはない。

それはそれとして、思うにチャーチランド夫妻のアプローチは、神経生物的次元の行動制御プロセス――つまり反射、固定的動作パターン、パブロフ型条件づけによる反応、刺激と反応に基づく習慣行動を制御するモデルフリーの神経プロセス――に適用するのであれば、まったく問題はない。これらの行動制御プロセスは、素朴心理学の概念や、意識的な心の状態を含意する語彙を用いずに説明することができるし、そうすべきである。たとえばすでに述べたように、私たちは危険な状況に置かれると「怖れ」を感じ、負傷すれば痛みを覚えるが、その事実は、怖れや痛みの主観的な感覚によって直接的に逃走や身もだえが引き起こされることを意味するわけではない。一九五〇年代に心理学者のメルヴィン・マークスが指摘したように、怖れなどの心の状態を指す言葉を、防御行動を制御する脳の状態の名前として用いることは、誤解を招く。なぜなら、行動や、その行動を制御している神経回路が、意識的な怖れという心の状態の性質を引き継いでいるという結論に至ってしまうからだ。この問題の解決法は、心の状態に言及する場合にのみ心の状態に関する言葉を用い、意識的な心の状態に相関しても依存はしない行動制御のプロセスに言及する場合には、非主観的な状態に関する言葉（行動主義の言葉）を用いるというものになる。そのため私は、「危険が迫ったときに生じる不動化《フリージング》を制御する扁桃体の神経回路は、怖れの神経回路ではない」と主張しているのだ。それは防御によって生存を確保するための神経回路であり、怖れという心の状態は、身の危険を意識的に察知したときに生じるものなのである。

だからと言って、心の状態は神経的な現象ではないと言いたいのではない。言いたいのは、意識的に制御されている行動に関しては、神経的な説明の一部に心の状態が含まれねばならないが、意識的に制御されていない行動に関しては、その説明に心の状態が含まれるべきではないということだ。

心理学は神経科学なしに存続してきた。しかし心理学がなければ、現在のような神経科学は、存在しえないだろう。生涯の仕事として神経科学を選択する人が増え、一般の人々のあいだでも神経科学の人気が高まっている理由は、人間の心を理解しようとする際に神経科学が役に立つからだ。そしてそのためには、

＊夫妻はカリフォルニア大学サンディエゴ校に、クリックはサンディエゴのソーク研究所に勤めていた。

心理学の知見が必要とされる。神経科学に依拠する「心」の障害の治療の失敗について考えてみればよい。それらの障害が「心」の障害と呼ばれているのには相応の理由がある。

意識研究の復活

すでに取り上げたカール・ラシュリーの見方は、いかなる意識的な状態にも、非意識的な情報プロセスが先立つと考える。この基本的な考えは、意識とは独立して心を研究することを可能にし、認知心理学の誕生に際して重要な要因になった。この言い方は、簡単な問題（行動を制御する非意識的なプロセス）に焦点を絞り、困難な問題（意識）への取り組みをあきらめることであるかのように響くかもしれない。だが、その見立ては正しくない。

意識的な状態に先立つ非意識、より正確に言えば前意識を研究する場合、われわれ研究者は意識的な経験にマイクロ秒単位で先立つ神経プロセスを扱うことになる。そのような前意識のプロセスを探究することで大きな進歩が得られているのは確かだ。しかしだからと言って、意識の領域に科学的に踏み込むことが容易になったわけではない。とはいえ私たちが直面している困難の原因は、一部の哲学者によって強調されている意識の一時的で漠然とした質ではなく、われわれが現時点で利用できる道具《ツール》や概念の限界にある。

科学は、決定的な発見がなされるまでは、過去の業績を基盤として、その上に構築されていくプロセスだ。トマス・クーンがこの決定的な発見を「パラダイムシフト」と呼んだことはよく知られている。意識の研究においては、それがまだ起こっていないという事実は、憂慮すべき問題ではない——パラダイムシフトは起こるべきときに起こる。

意識の研究における当初の障害は、意識を人間の心理の一要因と見なすことに対する行動主義者の反発がきわめて強いことにあった。しかし行動主義全盛の時代においてすら、神経疾患患者を対象に知覚、注意、記憶、言語能力を研究する研究者がいたし、意識的経験に対する脳の損傷の影響を論じていた研究者さえいた。これらの「神経心理学者」たちは、医療の現場で神経学者や神経科医と協力し合うことが多く、その成果を神経学や神経心理学の専門誌に発表していた。その結果彼らは、行動主義のドグマによって課された、意識に対する制限から免れていたのだ。

一九八〇年代になると、「認知神経科学」と呼ばれる分野が、神経心理学者のマイケル・ガザニガと認知心理学者のジョージ・ミラーによって創設された。その中心的な考えは、認知心理学の方法を用いて脳の心理的な機能を解明するというものだった。ある意味で、認知神経科学は神経心理学の焼き直しにすぎないとも言えよう。そうであったとしても、認知神経科学は成功した。というのも、それによって患者を被験者とする認知研究が、神経科学における心（意識を含む）と脳の両方の探究の主流になり、それとともに神経科学の考えや方法が心理学に持ち込まれたからだ。かくして神経心理学と認知神経科学のおかげで、今日、意識が盛んに研究されているのである。

21　意識の種類

意識という言葉は、あたかも何か一つの事象を指すかのように用いられることが多い。しかし、そうではない。まず意識を大きく二つの種類に分ける必要がある。

「生物意識」は、生きている、覚醒している、外界の刺激に対して行動によって反応している状態を指し、代謝に依存して生物的存在を、また、神経系の内臓的機能に依存して神経生物的存在を維持する。それを欠けば、脳は死に、認知的、意識的存在を維持することができなくなる。生物意識は、睡眠・覚醒サイクルや、目覚めているときの覚醒度のコントロールを可能にする脳幹の覚醒システムによって部分的に保たれている。生物意識は神経生物的次元の特徴なので、神経系を備えるすべての動物が、昏睡状態に置かれている、重度の脳損傷を負っているなどといったことがない限り、この種類の意識を持つ。しかし、生物意識は心の状態をともなわない。

「心的状態意識」は、世界と世界に対する自己の関係を経験し、意識的次元を持つ動物のみが備えている。それは経験の内容によって規定される。経験の内容は、感覚、運動、記憶、認知を司るシステムなど、非意識的に情報を処理する、さまざまな脳のシステムによって供給される。心的状態意識が生物意識に依存していることは明らかである——生きていなければ、心の状態を意識できるはずはない。

生きていて刺激に反応することと、心の状態を自覚していることを、「生物」や「心的状態」という修飾部分を省略して「意識」という同一の用語で呼ぶことには問題がある。事実、意識を生きていて反応することと見なす科学者もいれば、自覚を持っていることと見なす科学者もいる。この差異に通じていない人は混乱するだろう。したがって明言しておくと、本章の焦点は心的状態意識にある。

心的状態意識

哲学者や科学者によって、意識的な心の状態に関するさまざまな理論が提起されてきた。ここでは「一次理論」「高次理論」「グローバル・ワークスペース理論」という三つの包括的な理論に的を絞る。これら三つの理論に特に着目する理由は、それらの理論がすでに徹底的に研究され議論されているからであり、また、他の理論の多くが、以上三つの理論のいずれかの枠組みに収まると見なせるからである。意識に関するこれらの理論や他の理論をめぐる研究や考えのほとんどは、感覚的な、とりわけ視覚的な意識を対象にしているため、意識的な心の状態を司る脳のメカニズムに関する議論の多くは、ＰＦＣ、それもとりわけ外側ＰＦＣの顆粒領域と視覚皮質の関係に焦点を絞っている。

「一次理論（First-order theory, FOT）」は、もっとも基本的で単純な理論である。この理論では、たとえば外界に存在するリンゴの表象が視覚皮質によって構築されると、人はそのリンゴを意識的に見ると論じる。この理論に従えば、その経験にはＰＦＣは必要とされないが、ＰＦＣのおかげで視覚皮質の経験に認知的にアクセスし、それについて報告することができる。ニューヨーク大学の私の同僚で哲学者のネッド・ブロックは、一次理論の著名な理論家の一人である。他には、ヴィクター・ラムやラフィ・マラックらがいる。

一方で「高次理論（Higher-order theory, HOT）」は、次のように考える。視覚的な意識に感覚処理は必要だが、それだけでは十分でない。外界に関する主観的な視覚経験は、視覚皮質で形成された表象が、さらにPFCで認知的に処理されると生じる。この追加の処理は、認知的な再表象、あるいは再記述と呼ばれることが多い。HOTでは、外界のできごとに関する意識的な経験には、この再表象／再記述が必須だとされている。哲学界における代表的なHOT支持者であるデイヴィッド・ローゼンタールは、高次の経験の重要な特徴として「他動詞性」をあげている。この原理は、ある刺激に対して内的な気づきの状態を自覚していなければ、その刺激に対して意識的な経験をしていないと考える。またほとんどのバージョンのHOTで重要とされているもう一つの特徴に、高次の認知状態それ自体は意識的に経験されないというものがある。高次の認知状態は一次状態の経験を可能にしている前意識的な再表象／再記述であり、高次の状態それ自体を意識的に経験するためには、さらなる再表象／再記述が必要とされる、と考えられているのだ。なお、HOTにはさまざまなバリエーションがあるが、それについては本章の後半で見ていく。

心理学者バーナード・バースによって提起された「グローバル・ワークスペース理論」は、FOTとHOTの中間に位置する。現時点でのこの理論の代表者はスタニスラス・ドゥアンヌらで、自らのモデルを「ニューロナル・グローバル・ワークスペース理論」と呼んでいる。この理論はHOTと同様、視覚処理だけでは不十分であり、PFCによって認知的に処理される必要があると、また、その際のPFCの活動は注意によって維持されると主張する。しかしHOTとは異なり、グローバル・ワークスペース理論は、視覚情報の再表象／再記述を形成するのではなく、PFCが低次の情報を受け取り、記憶、認知、情動などに関与する、広範に分散するさまざまな脳システムに向けてその情報を一斉送信《ブロードキャスト》すると想定する。一斉送信によって低次の状態が強化され安定するので――グローバル・ワークスペース理論では、それによって意識的経験が生じるとされる――、この理論は、FOTの変奏の一つと見なされている。

要するに、従来のFOTが視覚的な意識にPFCは不要だと主張するのに対し、グローバル・ワークスペース／プレイグラウンド理論*は、PFCの必要性を認めるものの、おもに低次の状態の増幅に必要だと考える。またHOTでは、主観的な経験にはPFCが必須だと見なされる。

私がHOTに与する理由

リチャード・ブラウン、ハクワン・ラウ、そして私は、HOTには他の二つの理論にまさる利点があると考えている。そもそもHOTのみが、意識の他動詞性――意識的な状態にあるという自覚――を説明することができる。加えて、HOTは意識的経験の集中化された側面を説明する。それに対しFOTは、さまざまな低次の意識的経験ごとに個別的な脳のメカニズムが進化したとする考えに基づく。またそのことは、一次状態のトップダウンの増幅処理に意識的経験が由来すると考える点で、グローバル・ワークスペース理論にも当てはまる。視覚皮質、聴覚皮質、運動感覚皮質、味覚皮質、嗅覚皮質、運動皮質、記憶を司る皮質、情動ネットワークなどが、おのおの独自の意識のメカニズムを進化させたとは考えられないし、また説明として不十分である。事態をさらに複雑にしているのは、各感覚モードを司る皮質が刺激の複数

*グローバル・プレイグラウンド理論については次節参照。

の特徴を処理している点だ。たとえば視覚皮質は、おのおの明るさ、色、輪郭、形状、動きなどを処理する複数のサブシステムで構成されている。ならば、それぞれのサブシステム内に独自の意識的経験を生むメカニズムが進化したのだろうか？

ＨＯＴは、いかなる一次状態も、ＰＦＣが関与する集中化された認知システムによって意識化されると想定することで、複数の一次的な意識のメカニズムという問題を回避する。グローバル・ワークスペース理論は、一斉送信によってＰＦＣに依拠しつつ低次の状態が増幅し維持されると見なすが、ＨＯＴとは異なり、ＰＦＣそれ自体は意識的経験にそれほど寄与しない。さらに言えば、ＨＯＴはより複雑な経験、たとえば記憶や情動が関与する経験における主観的な内容についてより単純に説明できる。また不安、うつなどの心の病に特徴的に見られる、不適応な主観的経験を解明する方法を提供してくれる。

ＨＯＴではそれほど問題にならないがＦＯＴには当てはまるもう一つの批判に、数百ミリ秒の間隔で与えられた二つの刺激が一つの刺激として知覚されるという、「ポストディクティブプロセッシング」の発見に由来するものがある。二つの刺激に関与する多様な神経活動のパターンが、「イベントチャンク」として一つに束ねられることが研究によって見出されている。イベントチャンクは、単独で存在する場合（遠い夜空で稲妻が光るのにふと気づいた場合など）もあれば、互いにつなぎ合わされ、比較的長期にわたって展開されるより複雑な意味ある複合体として存在する場合（たとえば、雷がすぐ近くに落ちたときの経験やそれに対する反応）もある。意識の一次理論の説明範囲は狭く、感覚や記憶のシステムのさまざまな特徴の認知的統合を扱えないため、この発見を簡単には説明できない。

クレア・サージェントらが提起する、比較的新しいバージョンのグローバル・ワークスペース理論は、ポストディクティブプロセッシングに関して一次理論よりすぐれた説明を提供する巧妙なひねりを加えている。サージェントらは、彼女らの言う「グローバル・プレイグラウンド」で、低次の表象の広範なネットワークが一時的に維持され共有されるが、それは数百ミリ秒しか続かないと主張する。これは一種の心の迷走状態《マインド・ワンダリング》であり、これから見るように、脳のいわゆるデフォルト・モード・ネットワークに依存する。何かに注意が向けられると、グローバル・プレイグラウンドの状態は、外側顆粒ＰＦＣの神経回路を介してワーキングメモリーに登録され、それによりグローバル・ワークスペースでの一斉送信が可能になるのだ。

ＨＯＴは、ローカルな一次理論よりグローバルな一次理論と共通点が多い。たとえば、ＨＯＴ理論家のハクワン・ラウとグローバル・ワークスペース理論家のスタニスラス・ドゥアンヌは、日常の意識的な経験においては、たいていそれら両者のプロセスが合わさって作用すると主張する。グローバルスペースに一斉送信された情報のすべてが意識的に経験されるわけではないので、経験それ自体を説明するためには、高次の再表象／再記述のような概念が必要とされる。また、高次の再表象から意識的な経験が生じるに十分なほど長期にわたる活性状態を保つためには、末梢の一斉送信による結合ループを介した連続的な伝播が必要になるだろう。なお、その考えについてはあとで説明する。

マイケル・グラツィアーノの注意スキーマ理論は、ＨＯＴやグローバル・ワークスペース理論といくつかの特徴を共有する。とりわけ、これら三つの理論はすべて、意識に対する注意の重要性を強調し、ＰＦＣに中心的な役割を与えている。事実グラツィアーノは、彼の理論によってＨＯＴとグローバル・ワークスペース理論が統合されると主張している。しかしリチャード・ブラウンと私の考えでは、注意スキーマは、ＨＯＴの高次の状態とは異なり、自分の心の状態を意識するのに必要になる、思考に似た自覚を提供しない。したがって、ＨＯＴによってグローバル・ワークスペース理論と注意スキーマ理論が統合されるというのがわれわれの見方だ。

HOTに対する批判

HOTには批判がある。一次理論の支持者によれば、高次の表象はすでに意識されている一次状態への認知的なアクセスを提供するにすぎない。しかしこの批判は、一次状態が、意識的な活動が生じる場所であることを前提にしている。その前提が間違いであることはすでに述べた。

HOTはまた、メタ認知と同等であるとして批判されてきた。HOTに基づく研究では、意識しているという自信の度合いに関するメタ認知的な判断を意識の代理指標として用いることが多い。しかしHOT理論家はたいてい、メタ認知と意識を同じものとは考えていない。たとえば彼らには、高次の意識の測定手段として、メタ認知的な自信の判断よりも言葉による報告のほうが正確であると考える傾向がある。それを踏まえたうえで述べると、メタ認知と高次の意識はPFCの神経メカニズムを共有しているため、また、関連するPFCの神経回路の働きを探究するにあたり、言葉による報告よりメタ認知的なアプローチのほうがより大きな方法論的正確さを与えてくれるので、意識的な経験の直接的な測定値ではないとしても、メタ認知的な自信の判断も、言葉による報告もともに有用である。ニック・シアとクリス・フリスはこの点に関して、グローバル・ワークスペース理論にメタ認知を含めれば、意識的な経験をもっとうまく説明できるかもしれないと述べている。しかしHOT理論家の観点からすれば、それでもグローバル・ワークスペース理論は、意識的経験を説明するために高次の再表象／再記述を必要とする。

もう一つのHOTに対する批判として、人は意識的な経験に自己が関与していることを自覚していない場合もあるのに、HOTはつねに自覚していると想定しているというものがある。この批判は、与えられた無意味な刺激に対して特に個人的主体が関与する理由のない、視覚の研究に関連して提起されることが多い。だがこの批判は、HOTで要請されるタイプの私的な表象をめぐる誤解に基づいている。HOTでは、自分が経験の主体であるという、完全な反省的自覚の状態が必要とされてはおらず、通常HOTが意味している経験とは、最小限の「薄い」、つまり暗黙的な私的関与――自分の知覚状態が自分のものであることを暗黙的に［特に意識せずに］知りつつも、明示的にはそれと認識する必要のない私的関与――を指している。たとえばわが家に入ろうとするとき、私たちはその家が自分の家であることをわざわざ思い出す必要などない。その家が自分の家であることを暗黙的に知っているのは、これまでその家に住んでいるうちに脳がわが家に関する知識を蓄積し、その家のさまざまな特徴に馴染んでいるからだ。同様に、これまでの生涯を通じて形成してきた、生物学的な家（身体）と心理的な家（心）との単なる馴染みを通じて、私たちは自分の身体や心の状態がどのように感じられるかをよく知っている。この暗黙的な所有の感覚の重要性は、脳の損傷によってそれが失われたときにもっとも明確になる。そのような事態が生じると、その人は生物的、心理的な基盤を失ってしまうのだ。

HOTのバリエーション

HOT理論家のあいだでも、高次の状態とは何か、あるいはそれがいかに意識に寄与するのかをめぐってさまざまな異論がある。「知覚のリアリティー・モニタリング」と呼ばれるラウの理論では、意識は一次状態と高次の状態の両方によって規定される。彼のモデルでは、高次の状態は、関連する一次的な感覚情報を暗黙的に指し示し、リアルな感覚状態と幻想や幻覚にすぎない感覚状態を区別する。ここでいう「指し示す」とは、高次の状態が持つ内容量を最小限に留める、一種の低次の内容の希薄な再記述を意味する。それに関連する希薄なPFCコード化理論に、スティーブン・フレミングの「高次状態空間（HOSS）」理論がある。この理論によれば、脳は、外界に関して学習された一次的な知覚表象に関する信念に基づく暗黙的な推論を用いて高次の状態を構築する。以上二つの希薄理論は、「概念は暗黙的に意味を指し示すポインターである」とする一般的な理解に、ある程度関連する。

「自己組織化するメタプレゼンテーション」理論と呼ばれるアクセル・クリールマンのHOTは、意識が低次の状態から抽出された既存の学習に基づく豊かな高次処理に依存すると考える。この学習は非常に単純で自動的なものでありうるため、高次の状態の基盤をなすプロセスを表すためには、「再記述」あるいは「再表象／再記述」という用語を使うよう推奨している。クリールマンによれば、グローバル・ワークスペースで情報を広範に使えるのは、この学習された高次の再記述のおかげなのである。

リチャード・ブラウンの「再表象の高次の再表象（HOROR）」理論は、ここまで紹介してきた他のHOT理論とは異なり、一次状態の必要性を最小限に抑える――この理論は、視覚皮質が損傷して一次状態を欠いていても、意識的な視覚経験が得られる場合があることを示す発見によって支持される。ローゼンタールの基本的なHOT理論に似て、また他のほとんどのHOT理論とは異なり、ブラウンは、豊かな記憶に部分的に依拠する豊かな処理を強調する。しかし、高次の状態によって一次状態の自覚が可能になると論じるローゼンタールとは対照的に、ブラウンは、高次の状態それ自体によって経験が構成されると主張する。事実彼は、低次の状態と高次の状態のあいだに不整合がある場合、意識的な経験は、高次の状態に関するものになると述べている。

ブラウンと私は、彼のHOROR理論に基づいて高次の情動理論を構築した。そしてそれは、次章で取り上げる私の階層的マルチステートHOT理論の基盤になった。しかし、その前にそれに至る簡単な歴史について述べておく必要がある。

車輪の再発明

意識的な心の状態の神経基盤をめぐる最近の議論の多くは、「意識的な経験は最終的に視覚皮質が決定するのか、それともPFCが決定するのか」に焦点を絞っている。この問いは、フランシス・クリックとクリストフ・コッホの論文によって一九九〇年代に脚光を浴びるようになった。意識の理解が進展していないことに気づいた二人は、視覚システムに関しては非常に多くのことが知られているのだから、視覚的な気づきに焦点を絞ることが、意識の研究を進展させるためのすぐれた戦略になるだろうと主張したのだ。

クリックとコッホは既存の研究をもとに、視覚皮質とPFC（外側顆粒PFCを意味する）の結合が重要だと主張した。とりわけ、PFCは視覚処理の初期段階ではなく最終段階から入力情報を受け取っているのだから、人は視覚処理の最終段階から受け取った視覚情報のみを意識しているはずだと論じた。

意識にはPFCが重要な役割を果たしているという考えは特に新しいものではなかったものの、DNAの発見者の一人としてのクリックの名声によって、二人の考えは、哲学者、心理学者、神経科学者、生物学者、数理モデルを使う研究者、物理学者、そしてメディアの注目を浴びた。つまりクリックとコッホの共著論文は、視覚的な意識に関する科学的な研究に対する今日に至る熱狂を引き起こしたのである。だが事実を言えば、一九世紀後半以来、意識の研究のほとんどは、クリックとコッホが述べたのと同じ理由で視覚に的を絞っていた。しかし、車輪の再発明はときに有用になる。

クリックとコッホの論文が発表されたあと数年間、外側ＰＦＣが視覚的意識に関係していることを示唆する研究が蓄積されていった。一例をあげよう。瞬間的に画像を点滅させることで、視覚刺激を意識的に捉えられないようにすると、被験者の多くは何も見なかったと報告したのに対し、いく分長く表示させると、何を見たかを報告することができた。そして、刺激が提示されているあいだに被験者の脳をスキャンすると、被験者が、見たイメージを正しく報告したケースでは、視覚皮質と外側ＰＦＣの双方が活性化していたのに対し、そうでないケースでは視覚皮質のみが活性化していた。

その種の発見は、明らかに外側ＰＦＣの活動が意識的経験に相関することを示している。そのような相関は単に意識的な一次状態への認知的なアクセスを示すにすぎないと、一次理論の支持者は主張する。だが、視覚刺激を与えるあいだに、「経頭蓋磁気刺激」と呼ばれる手順を用いて外側ＰＦＣの活動を一時的に変えた研究では、何を見たかを報告する被験者の能力が混乱した。この結果は、ＰＦＣがそこで因果的な役割を果たしていることを示唆する。

感覚中心アプローチの再考

意識研究において、感覚中心アプローチがさまざまな成果をもたらしてきたことは確かだ。しかし、そこには二つの負の側面が存在する。一つは、この分野の研究者たちが、視覚皮質と外側ＰＦＣのあいだの処理ループに意識の問題の答えが見出されるはずだという考えに固執してしまったことである。もう一つは、研究のほとんどが、色、明るさ、形状、線の動きの方向、点、光点などの、単純な感覚刺激に対する気づきに焦点を絞っていることだ。その種の単純な刺激を用いれば、刺激の物理的な性質と、それによって引き起こされた意識的経験のあいだの関係を、精密かつ定量的に研究することが容易になる。しかしそのような狭い視点では、現実生活で起こる生きた経験は説明できない。たとえば、他者と感情を共有するときに、あるいはジェーン・オースティンの「あなたは私の心を突きさす。私は半分苦悶し、半分希望を感じる。（…）私はあなたしか愛していない」などといった、詩や小説の文章を読んだときに心のなかで生じる情動の状態を説明することなどできない。思うに、単純な感覚刺激に対する気づきのみならず、記憶や情動、あるいは個人的に有意味な経験、さらには苦悩をも説明できる、新たなＨＯＴが必要とされている。

ＦＯＴやＨＯＴと存在次元

ＨＯＴ、ならびに第15章で取り上げた三重システム理論の観点からすると、非認知的な一次状態は神経生物的次元（システム１）に、前意識的な認知的状態に相当する高次の状態は認知的次元（システム２）に、そして高次の意識的状態は意識的次元（システム３）に属する。

22　意識を意味あるものにする

本章では、「意識の階層的マルチステート高次理論（multi-state hierarchical higher-order theory of consciousness）」と私が呼ぶ、意識の高次理論について説明する。この理論は他のさまざまなHOT理論の特徴を取り入れているが、そのほとんどとは異なり、経験を意味あるものにすることにおいて記憶が中心的な役割を果たしている点を強調する。

意味ある意識的経験は記憶を必要とする

実験室とは異なり日常生活では、形状や色などの単純な視覚的特徴は、通常私たちが経験する意味のある物体に埋め込まれている。また意味のある物体は、場面《シーン》と呼ばれる、物理的に、あるいは社会的に意味のある複雑な文脈に埋め込まれていることが多い。

心理学者のジェローム・ブルーナーは、一九四〇年代に行なった単純ながらよく知られている研究で、いかに文脈によって知覚が形成されるかを例証した。彼は被験者に文字A、B、Cからなる縦の列と、数字12、13、14からなる横の列で構成される〔十字型の〕イメージを見せた。しかし、イメージの中心をなす、Bと13を表す文字には同一のアイコンが使われていた。つまり、Bとしても13としても見えるよう1と3の間隔が調整されていたのだ。すると縦の列を読むよう求められた被験者はBとして、横の列を読むよう求められた被験者は13として、中央のイメージを読んだのである。

意味は記憶からやって来る。私たちは、生まれたときから文字や数字を知っているわけではない（もちろんネコ、木、山、鉛筆、ツナサンド、車についても同じことが言える）。私たちは、それらの日常の事物が何であるかを学ばねばならない。そしてひとたび学んでしまえば、その後は形成した記憶を用いて、個々の物体を特定のカテゴリーのメンバーとして、また他のカテゴリーのメンバーではないものとして認識するようになる。

知覚に対する記憶の重要性は、一九世紀の生理学者で物理学者ヘルマン・フォン・ヘルムホルツがはっきりと示した。ヘルムホルツは、記憶として蓄えられた過去の経験によって、たった今眼前に存在するものに関する「無意識的な結論」を引き出すことが可能になると主張した。その際彼は、錯視や幻肢などのさまざまな事例を用いて、のちに「無意識的推論」と呼ばれるようになる概念、言い換えると意識的な知覚を形作る期待という概念を支持した。

バートレットのスキーマの概念（第Ⅳ部参照）は、ヘルムホルツ流の無意識的な推論を可能にする記憶として考えることができる。たとえばサクランボと赤いビー玉は、類似の視覚的な特徴を帯びているが（どちらも赤みを帯び丸く、サイズが似通っている）、私たちは経験から両者が別ものであることを知っている――一方は果物の一種で食べることができ、他方はある種のゲームで使うもので食べることができない。スーパーマーケットで奥の果物売場に置かれている赤みを帯びた丸く小さな物体の束を見かけたら、その状況によって活性化されたスキーマによって、あなたはそれがビー玉ではなくサクランボだと推測するだろう。同様に、教室で黄色い液体が入ったコップを持つ子どもを見た人は、その中身がリンゴジュースのような飲み物であろうと想定するのに対し、バーで黄色い液体の入ったグラスを持つおとなを見た人は、その中身がビールであろうと想定するはずだ。

このような考えに沿って、カール・フリストン、アニル・セス、クリス・フリス、リサ・フェルドマン・バレットらは、知覚が、過去に経験して記憶に蓄えられた情報に基づく、たった今眼前にあるものに関する期待や予測であると主張する。この考えは、免疫学者から神経科学者に転向したノーベル賞受賞者ジェラルド・エーデルマンも共有しており、彼は意識を「想起された現在」と呼んだ。記憶研究の第一人者リチャード・トンプソンは、「記憶なくして心は存在しえない」と、素っ気なく述べている。最後にヘルムホルツの同時代人エヴァルト・ヘリングの言葉を紹介しよう。

記憶は、無数の現象を全体へと結びつける。物質の引力によって一つに保たれなければ、身体は無数の原子の塵のように分解してしまうのと同じように、多数の瞬間を含む意識は――記憶の結合力なしては――無数の断片へと分解してしまうだろう。

このように、これまで長く無視されてきた、意識における記憶の役割に対する関心が、今や高まりつつある。

視点を覆す

今や、主観的な経験の基盤をなす一連の前意識的なプロセスの主要な構成要素として記憶を措定する意識の理論を構築する準備が整った。それにあたって、私はクリックとコッホの考えの一部を取り入れるが、その際視点を覆す。つまり、視覚皮質からPFCへの出力結合から始めるのではなく、PFCとそれが受け取る多様な入力情報に焦点を絞る。

ここで明確にしておくと、各脳領域は、独自の機能を実行する孤立したモジュールなのではない。機能は、複数の脳領域に属する神経回路のあいだの相互作用に依存する。たとえばPFCの諸領域は、他の領域との結合を介して意識に寄与することができるのだ。

第Ⅳ部で論じたように、外側PFCはユニモーダルな感覚領域*のみならず、側頭葉と頭頂葉の記憶を司る脳領域（記憶領域）を含め、複数のモードの情報を扱うマルチモーダルなコンバージェンスゾーンからも入力情報を受け取っている。この記憶領域は、下顆粒中間皮質PFCの領域へも入力情報を送っており、また両領域は互いに相互作用し、さらには外側PFCにも結合している。よって外側PFCは二つの経路を介して記憶情報を受け取っている――記憶領域から直接受け取るとともに、中間皮質PFCを経由して間接的にも受け取っている。加えて、前頭極は外側PFCや中間皮質PFCのみならず、相互作用している側頭葉や頭頂葉の記憶を司るコンバージェンスゾーンからも入力情報を受け取っていることを思い出そう。

＊視覚なら視覚のみに関与する感覚領域。

記憶領域や他のマルチモーダルな領域からＰＦＣへの入力は、ユニモーダルな感覚領域からの入力以上とは言わないまでも、それと同程度に、日常生活における複雑な意識的経験に寄与している。記憶がなければ、感覚は意味を失う。記憶は、複雑な経験の究極のまとめ役なのである。

言語処理領域も、マルチモーダルな構造をなす。だから私たちは、話し言葉からも書き言葉からも同じ意味を汲み取ることができるのだ。字幕を読みながら外国語映画を観ているところを想像してみよう。登場人物の一人が突然あなたの母国語でしゃべり始め字幕が消えても、あなたはストーリー展開とその内容を引き続き楽々と追うことができるだろう。意味は言葉の伝達方法に結びついてはおらず、あなたがこれまで言葉やその用法に関して学んで蓄積してきた、スキーマを含めたマルチモーダルな記憶に依拠している。

私はすでに、記憶に関する入力情報を受け取り、外側ＰＦＣと前頭極と結合している中間皮質領域の役割について簡単に説明した。しかし、この下顆粒領域の一つ、腹内側ＰＦＣは、特に強調に値する。この領域は、スキーマの構築に必須の役割を果たしている。繰り返すと、スキーマとは私たちが日常生活で遭遇する物体や状況に意味を付与する概念的なひな型を意味する。スキーマの構築は、眼窩ＰＦＣや前帯状皮質と結合している、海馬などの側頭葉に位置する記憶システムの諸領域で始まる。これら二つの領域からの出力情報は腹内側ＰＦＣで合流し、そこでスキーマとしてパッケージ化され、ワーキングメモリーにおけるメンタルモデル構築に用いるために、外側ＰＦＣや前頭極とのあいだで共有される。

意識の階層的マルチステート理論の構成要素

私が提起する「意識の階層的マルチステート高次理論」は、感覚皮質と外側ＰＦＣの相互作用という従来の見方を、下顆粒ＰＦＣ、ならびに顆粒ＰＦＣの神経回路によって再表象／再記述され、高次のメンタルモデルと意識的経験に寄与するさまざまな状態を生成する複数の階層で構成された構造からなる、より複雑な解剖学的配置という見方で置き換える。

この理論の機能的な特徴をなすさまざまな状態と、それに関与する脳領域には、一次の低次状態（感覚皮質の諸領域）、二次の低次状態（側頭葉や頭頂葉に位置する記憶領域と他のコンバージェンスゾーン）、下位の高次状態（前帯状皮質、眼窩ＰＦＣ、腹内側ＰＦＣ、前辺縁ＰＦＣ、島皮質を含む下顆粒ＰＦＣの中間皮質領域）、そしてワーキングメモリーにメンタルモデルを構築するために、より低次の状態を再表象／再構築し、指し示す高次状態（顆粒ＰＦＣ）がある。また図22・1に示されていない状態／脳領域に、目標処理と代謝の必要性に関連する低次状態（大脳基底核、扁桃体、側坐核、視床下部）があり、それらの脳領域のおのおのが、内側中間皮質ＰＦＣの下位の高次領域と結合している。

この階層モデルの二つのおもな特徴を強調しておこう。ここで、ローゼンタールの従来のＨＯＴでは、高次状態は、低次の感覚的な状態を意識的なものにする概念化を意味していたことを思い出そう。しかし従来の見方は、そのような概念化を支援する記憶メカニズムを提示していなかった。それに対して私の理論は、高次の概念化に記憶を用いるいくつかの方法を含む。またリチャード・ブラウンのＨＯＲＯＲ理論に従って、概念化それ自体が、経験を生む可能性を考慮する。つまり低次状態は、経験を可能にすることが往々にしてあるとしても、本質的ではないと考えるのだ。

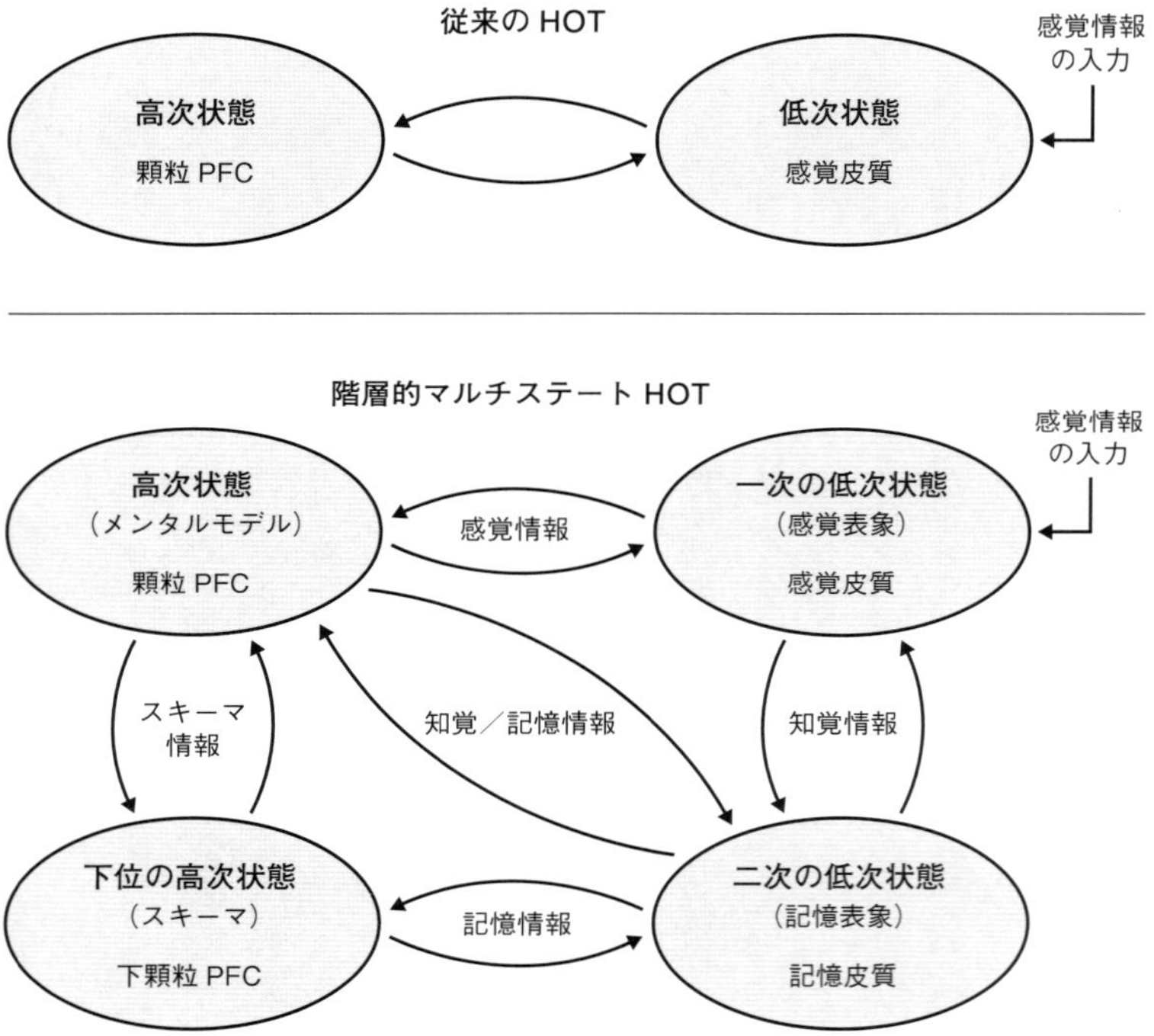

図22・1　従来の高次理論と私の階層的マルチステート高次理論

哲学者のホルヘ・モラレスは最近、意識におけるＰＦＣの役割を理解するにあたり私の理論が非常に役立つと主張した。彼によれば、私の理論では、ＰＦＣで処理される表象は多様で冗長性を帯び、複数種類の処理システム（感覚システム、記憶システム、概念システム）に端を発することを反映して、さまざまな抽象度を持つ。その結果、「気づきの神経的な焦点は、時間の経過にともない事態が進むにつれ変わりうる。（…）ルドゥーの理論のこのような特徴は、ＰＦＣの損傷がつねに完全な意識の喪失をもたらすとは限らない理由を批判的に追及する、ＨＯＴ理論の敵対者によく見受けられる議論を封じる。（…）システムは動的で分散しており、多数の裏口やバックアップがあるというのが、批判者の疑問に対するルドゥーの回答だ」

再帰性、一斉送信、高次の気づき

私の理論は、高次の意識がワーキングメモリー・メンタルモデルの持続的な活動に依存することを前提にしている。では、何がその活動を持続させているのか？　その答えは「一連の再帰的な結合」──すなわち、脳領域間の処理ループを形成する相互的な結合──というものだ。

意識の研究では、再帰性は斬新な考えではない。たとえば一次理論は、視覚皮質の下位領域内、もしくは下位領域間の狭い範囲での再帰性が神経活動を恒久化させ、意識的経験を可能にしていると主張する。また再帰性は、グローバル・ワークスペース理論の一斉送信の概念の特徴でもある。この理論では、意識的経験はPFCと他のさまざまな領域のあいだの相互的な処理ループの持続的な活動に依存すると考えられている。前章で述べたようにアクセル・クリールマンらは、高次の意識の形成と維持に再帰性と一斉送信が重要な役割を果たしているという、ここで私が依拠している考えを提唱した。

もっとも単純なケースでは、視覚刺激に起因する高次の気づきは、視覚皮質と顆粒PFCのあいだの距離を隔てた再帰性と、視覚皮質ならびに顆粒PFC内での狭い範囲の再帰性を必要とする。これらの処理ループを介した神経的な処理の流れの注意による制御は、視覚皮質がボトムアップの方向でPFCに送る情報を更新し、視覚皮質が外界の何に焦点を絞りPFCに送り返すかを、PFCがトップダウンに選択することを可能にする。

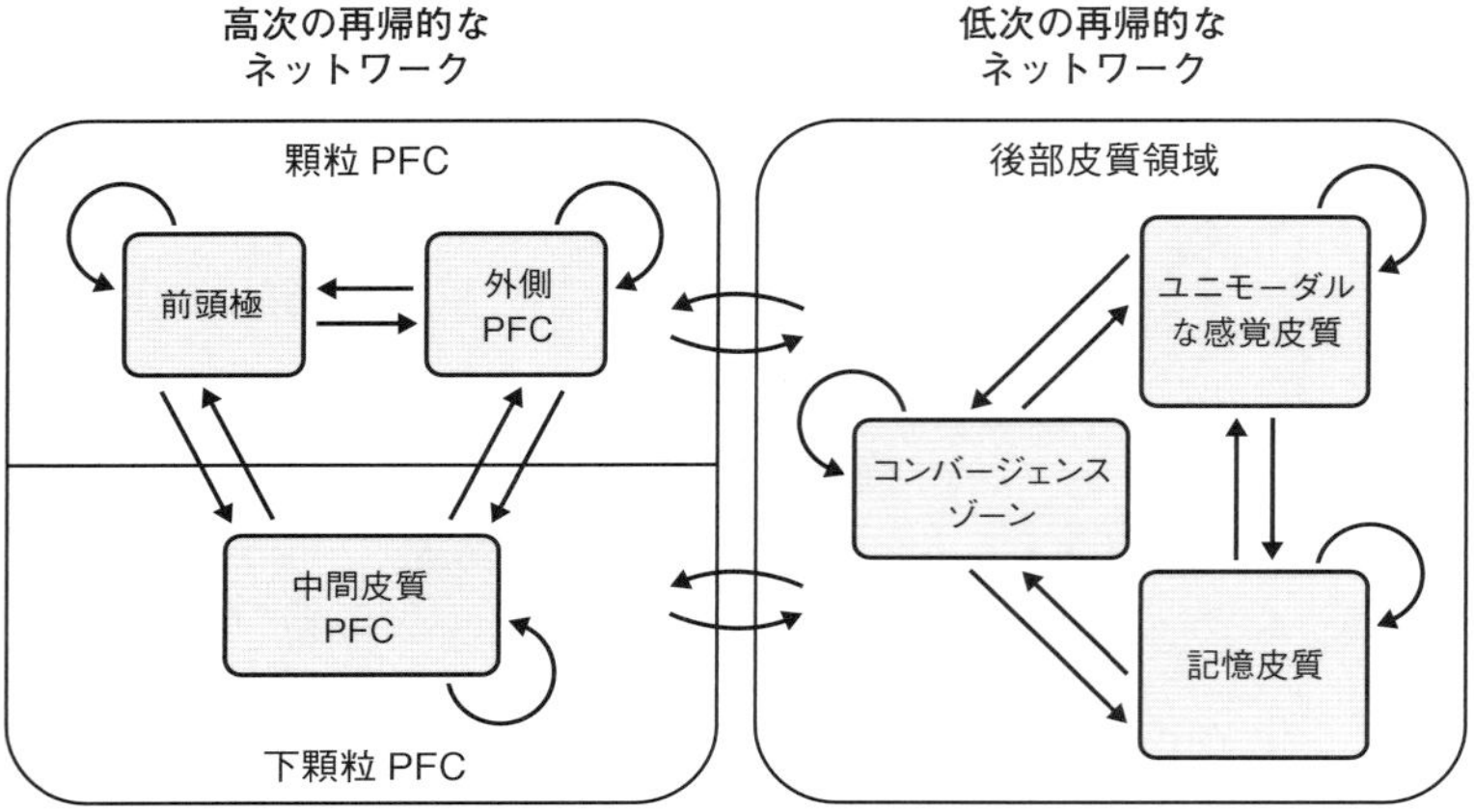

図22・2　高次のPFC内、ならびにPFCと低次の領域間での再帰的な処理と一斉送信

複雑であることが普通である日常の状況で生じる経験はマルチモーダルであり、そこにはより複雑な再帰的相互作用が関与する。顆粒／下顆粒ＰＦＣの諸領域は、さまざまな低次領域から多様な内容（感覚情報、知覚情報、記憶情報など）を受け取る。顆粒ＰＦＣの諸領域はこれらの内容を再表象し、それを用いてワーキングメモリー・メンタルモデルを構築する。低次領域内、ならびに顆粒／下顆粒ＰＦＣ内での狭い範囲の再帰性によって、各領域内の活動が、一時的に維持される。ＰＦＣと低次領域（感覚領域、記憶領域を含む）のあいだの距離を隔てた再帰性は、ＰＦＣのメンタルモデルの活動を維持、更新し、つねに変化している低次の内容を反映するべく高次の内容を修正する。

ＰＦＣの一斉送信によって維持される、範囲の狭い、もしくは距離を隔てた再帰ループを介した持続的な情報伝播は、意識的経験の形成と維持が可能になるほど十分に長く認知ネットワーク全体を活性化しておくのに必須の役割を果たしているのかもしれない。しかし、意識をＰＦＣによって一斉送信されたシグナルに結びつけるグローバル・ワークスペース理論とは異なり、私の理論では、意識は前意識的なPFCワーキングメモリー・メンタルモデル内の再帰的な活動に依存し、範囲の狭い、もしくは距離を隔てた一斉送信によって、関連する再帰的神経回路を介した情報伝播が維持されると見なされる。ワーキングメモリーが作動していると、PFC内で機能的な結合性の高まりが見られるという発見は、メンタルモデル、よって意識的経験の維持にPFC内での範囲の狭い再帰的活動が関与しているとする考えに整合する。

PFCのメンタルモデルの内容はたいてい、低次領域からボトムアップに送られてくる入力情報に依存する。しかしメンタルモデルの主要な特徴は、記憶（とりわけスキーマ）を用いて現在の状況をシミュレート（想像）する能力にある。視覚皮質を損傷し、そのために低次の視覚状態を持たない患者が、外界に関するものではないとしても、鮮明な視覚経験を持ちうる理由は、それによって説明できるのかもしれない。それについては、リチャード・ブラウンのHOROR理論との関連ですでに説明した。

ここで明確にしておくと、私の理論は意識的経験には前意識的なワーキングメモリー・メンタルモデルが関与していると見なすが、そのことは、ワーキングメモリーとメンタルモデルだけで意識的経験が生じることを意味するわけではない。必要なものはもっとたくさんある。

意識に対するPFCの寄与を紐解く

私はPFC内の再帰的な活動に関して、あたかも三つの包括的な領域（外側PFC、前頭極、中間皮質PFC）のあいだの再帰的な結合が関与しているかのように記述した。このような描き方は基本的な考えを説明する際には有用だとしても、実際の状況を過度に単純化したものにすぎない。まず次のことを指摘しておくべきだろう。それら三つの領域のおのおのは、複数の下位領域や神経回路で構成されている。そしてそれらの下位領域や神経回路は、同一領域内、あるいはPFCの他の部位の下位領域と互いに結合している（第Ⅳ部参照）。

低次領域で数ミリ秒を隔てて無意識的に処理された複数の刺激が、統合された全体的な「イベントチャンク」として同時に経験されるようになることはすでに述べた。この、時間をまたぐ非意識的な情報統合は、私が述べたような神経的な枠組み、すなわち意識的経験が、非意識的な高次のメンタルモデル内のさまざまな表象の持続的な更新や統合によって支援されるとする神経的な枠組みと整合する。

次に、PFCの各領域が意識的経験に対していかに貢献しているのかを見ていこう。それにあたり、認知機能において特定のPFC領域が果たしている既知の役割を要約した、カリナ・クリストフ、カリン・ルーロフス、ダグマー・ザイタモヴァらの研究を参照する。

「外側PFC」は低次の感覚／運動領域、記憶領域、その他のコンバージェンスゾーン、ならびに扁桃体と直接的に相互作用することで、柔軟なトップダウンの実行制御を可能にしている。外側PFCの高次の神経回路に送る情報を制限することで、意識的な思考の変化が最小限に抑えられ、現在の目標やその期待値に焦点を絞ることが可能になる――ワーキングメモリー関連の言葉を用いれば、「注意の集中」や「リフレッシング」が可能になる。また、腹外側の構成要素は比較的低次の抽象概念を、背外側の構成要素はより高次の抽象に関与する。

「前頭極」は、もっとも高次の抽象概念による推論や問題解決に寄与していると考えられる（第Ⅳ部参照）。つまり、記憶を用いて新しさを評価したり、代わりの目標を評価してその価値を予測したりするのだ。また、現在考慮中の目標には無関係な思考を抑制することで、思考の焦点を絞る。なお創造的な思考は、そのような抑制作用を緩和することで促される。

中間皮質ＰＦＣ領域（腹内側ＰＦＣ、前辺縁ＰＦＣ、前帯状皮質、眼窩ＰＦＣ、島皮質など）は、スキーマ、概念、過去や現在の目標の状態、ホメオスタシス（代謝）の維持の必要性に関連する情報を、外側ＰＦＣや前頭極の顆粒領域へと送る導管として機能する。

ＰＦＣと意識に関する誤解

高次理論も、グローバル・ワークスペース理論も、注意スキーマ理論も、意識的経験の説明にＰＦＣを持ち込む。意識におけるＰＦＣの関与という考えを裏づける根拠は、ＰＦＣの機能的活動の高まりが意識的経験や、意識に関連すると考えられているメタ認知課題の成績に相関することを示す発見に求められる。この相関は示唆的ではあるが、意識におけるＰＦＣの役割に直接的に関与するわけではない。しかし、直接的に関与することが示されている研究もある。たとえば、ＰＦＣに損傷を負った人は、意識に障害をきたし、意識的経験に関連するメタ認知課題の成績が低下する。一次理論家はこの結論に疑義を呈しているが、彼らは重要な機微を見落としている。

ＰＦＣは、意識的にも非意識的にも情報を処理する。したがって、ある状態がＰＦＣに依存しているというだけで、その状態が意識的であると仮定することはできない。それとともに、ＰＦＣの損傷によって自覚意識の喪失が見られなかったからといって、そこには意識的経験が関与していないと結論づけられるわけではない。一例をあげよう。ＰＦＣの損傷は、必ずしも意識を完全に失わせることなく、意識を微妙に変性させる場合がある。それは、意識の喪失をいかに評価するかで大きく変わってくる。ＰＦＣに障害を負った患者が、障害を負う前と同じような状態で意識的であるか否かは、厳密な科学的検査と比べて精度の足りない標準的な臨床試験ではわからない場合もある。もう一つの問題として、人間の意識の研究の絶対的基準《ゴールドスタンダード》である自己報告は顆粒ＰＦＣに依拠する点があげられる。つまりＰＦＣが損傷すると、発話が変化すること、もしくは能力の喪失を補おうとして作話が行なわれやすいことによって自己報告が毀損されうるという問題があるのだ。

　ＰＦＣにはさまざまな下位領域が存在するがゆえに、正確な損傷箇所をつき止めるためには、可能な限り多くの情報を集めることが肝要になる。その損傷は、顆粒ＰＦＣと中間皮質ＰＦＣの双方に及ぶのか？　顆粒ＰＦＣや中間皮質ＰＦＣのどの下位領域が損傷しているのか？　ＰＦＣの損傷は、一方の大脳半球に対するものなのか、それとも両半球に対するものなのか？　ＰＦＣ以外の脳領域は、どの程度の損傷を負っているのか？　臨床例における損傷は混沌としているので、以上の問いに正確に答えるのは困難であることが多い。

　ある機能が脳損傷後に失われると、その機能は損傷を受けた脳領域が担っていたと想定されることが多い。しかし、この判断は誤解を招きうる。なぜなら、損傷を免れた脳領域が、損傷を受けた領域の肩代わりをしている場合もあるからだ。たとえば、視覚皮質に損傷を負った患者でも意識的な視覚経験を持つことがある。これは、ＰＦＣが失われた低次の状態をシミュレートし、患者本人には現実と区別することのむずかしい幻覚を生み出すことで起こるのだ。この事実は、高次のトップダウンのプロセスが低次の状態と同程度に、場合によってはそれ以上に知覚に寄与しているとする説にも整合する。

　視覚皮質が無傷で、外側ＰＦＣが損傷した場合はどうだろう？　前頭極が損傷していなければ、外側PFCの損傷は相殺されるかもしれない。なぜなら、前頭極も外側PFCも、他の多数の領域と同じように結合しているからだ。しかし、外側PFCが無傷だったとしても、通常は前頭極が概念化の仕事の大部分を請け負っており、背外側PFCはおもに、低次の目標と行動制御を担当している。それに対して、前頭極が選択的に損傷すると――その位置からして、めったに起こらないが――無傷の外側PFCは、両方が無傷であった場合の「簡易版の」役割を果たせると考えられる。

ならば、前頭極と外側PFCの両方が完全に損傷したら何が起こるのだろうか？　その場合、負荷は、下位の高次の状態を生む下顆粒中間皮質PFCの諸領域にかかることになる。低次の哺乳類――げっ歯類など――では、中間皮質PFCの神経回路は、目標指向的な行動に関するワーキングメモリー・メンタルモデルを構築する。しかし霊長類以外の哺乳類では、中間皮質がもっとも高次の組織をなす。そのため、人間が顆粒PFCを失うと、精巧なメンタルモデルを構築する顆粒PFCの能力によって通常は隠されていた、中間皮質が持つスキーマ処理やメンタルモデル構築の能力に基づく、洗練度の劣る形態の意識が顕現するだろう。したがって人間において顕現した中間皮質PFCに依拠する意識は、厳密にはラットの意識には似ていないはずだ。というのも、中間皮質PFCの諸領域は、低次の哺乳類から霊長類が、また低次の霊長類から類人猿が、さらには類人猿から人類が分岐したあとでも進化し続けているからである。さらに言えば、人間の中間皮質は言語や言語記憶によって、中間皮質を備えた他の哺乳類には不可能なあり方で、内的生活と外界の両方に関するメンタルモデルを構築する能力を備えている。

すべてのPFC（下顆粒PFCと顆粒PFC）領域を失った場合、まったく別の種類の意識が出現することも考えられる。たとえば、頭頂葉の諸領域はPFCの実行機能を欠くものの、HOTやグローバル・ワークスペース理論では、実行制御に寄与しPFCの必須のパートナーとして機能していると見なされることが多い。加えて、高次の処理ということになると、海馬も相応の役割を果たしており、事実、特に空間的な意識に関して、のみならずより一般的な意識の理論の主題としてこれまで扱われてきた。ならばおそらく、PFCが大きな損傷を受けた場合には、頭頂皮質か海馬のいずれか、もしくはそれらのあいだの相互作用に基づく原初的形態の意識が出現するかもしれない。

ここでビョルン・マーカーの論文に言及しておくべきだろう。彼はその論文で、皮質組織が非常に少ない水頭症患者を対象にした実験の結果に基づいて、「意識は大脳皮質にまったく依存しない」と論じている。彼が引用している研究では、意識の有無は、心の状態に関する証拠ではなく、感覚運動の反応性に基づいて判断されている。これは、彼が心の状態を、覚醒状態や感覚刺激に対する反応――言い換えると生物意識――として記述していることと整合する。マーカーは、一般におとなの人間が経験しているもののような意識に言及しているのではないとはっきり述べている。それにもかかわらず、精神科医マーク・ソームズを始めとする、マーカーの論文を引用している多くの研究者たちは、皮質なくしても心的状態意識が存在しうることを裏づける証拠として、彼の発見を取り上げている。しかし、これは誤解である。なぜなら神経生物的次元の原初的な感覚・運動プロセスから心的状態意識を推定することはできないからだ。

スティーブン・フレミングらによる発見は、以上の概要におおよそ合致する。彼らはメタ認知的な枠組みを用いることで、潜在的で前反省的なプロセスにおける中間皮質PFCの神経回路の関与を、また、反省的な意識的経験や、真実を述べるべきかうそをつくべきかの判断における外側ＰＦＣの神経回路、とりわけ外側前頭極の神経回路の関与を示している。

ここまで私はＰＦＣのプロセスを強調してきた。しかし、だからと言って意識的な経験にはＰＦＣが絶対に必要であると主張したいのではない。ＰＦＣが部分的に、あるいは完全に損傷したときに出現する、さまざまな種類の意識的な状態が存在する。とはいえＰＦＣを欠く意識を持つことは、エアコンとＧＰＳと衛星放送を受信できるラジオを完備したガソリン車ではなく、牛に引かれた幌馬車で全国を旅して回るようなものだ。どちらの手段を使っても目的地にたどり着けるだろう。しかし、旅行の内実はまったく異なったものになるはずだ。

予告編

私が読者諸氏であれば、次のような疑問を抱くだろう。「ワーキングメモリー・メンタルモデルからどうやって意識的経験が生じるのか？」。それに対する答えを端的に言うと、「メンタルモデルは、意識的経験の内容を生成する筋書き《ストーリーライン》、すなわち物語を生み出す」というものになる。言い換えると、物語の形成は意識というゴールラインを横切るためのできごとなのである。だがその詳細に関しては最終章で述べるので、それまで辛抱強く待ってほしい。というのも、それにあたってまず説明しておかねばならないことがあるからだ。

23　事実認識と自己認識

ここまで私は、意識における記憶の重要性を強調してきた。しかし意識的経験の種類によって、その基盤をなす記憶の種類は変わってくる。

長期記憶は、たいてい顕在記憶と潜在記憶に分類される。「顕在記憶」は、ワーキングメモリーに取り出して、そこで内観され意識的に経験しうる形態で構築され蓄積されている記憶をいう。意図的にその内容を「宣言」できるので、「宣言的記憶」と呼ばれることもある。それに対して「潜在記憶」は、手続き学習によって蓄積され、非言語的な身体反応によってのみ取り出され表現される。本章では、宣言的な顕在記憶と、それが支えているタイプの意識に焦点を絞り、潜在記憶は次章で取り上げる。

顕在記憶のタイプ

意識的にアクセスすることのできる顕在記憶の典型は「意味記憶」で、ワーキングメモリーとの関連ですでに述べたように、事実や概念に関する知識が関与するものであり、スキーマの基盤をなす点が重要だ。

もう一つのタイプの顕在記憶は、より個人的で自分自身の経験に関するものである。一例をあげよう。自宅で旅行の準備を整えながらギリシャの観光ガイドを読むことで、ギリシャに関する意味的な事実を学ぶことができる。だがそれは、ギリシャ文化を自ら体験することとはまったく違う。ギリシャ文化を自ら体験すれば、具体的な内容を含む記憶が形成される。そしてその記憶には、自分がいつそこにいたのかを示す時間に関する刻印、自分がどこにいたのかを示す場所に関する刻印、さらには自分が何を見て何をし、そのとき誰と一緒にいたのかを示す、できごとに関する刻印が押されている。このような「いつ」「どこで」「何を」は、いわゆる「エピソード記憶」の不可欠の要素をなす。

一九七〇年代前半にエンデル・タルヴィングが意味記憶とエピソード記憶を区別したとき、彼は両者をまったく異なる種類の状態として扱った。だが現在の理解では、意味記憶はエピソード記憶とは独立して生じうるとしても、エピソード記憶には関連する意味的な情報が必ず含まれていると考えられている。とはいえ、エピソード記憶には独自の要素が含まれる——エピソード記憶によってのみ、私たちは個人的なアイデンティティーや人生の継続性を構築することができる。

マーティン・コンウェイは、エピソード記憶のおもな特徴について論じている。思い切った解釈を交えながらそれについて紹介しよう。人生のうち目覚めているあらゆる瞬間が、一つのエピソードをなす。しかしほとんどのエピソードは、自分にとって特別な意味がない限り、すぐに忘れられる。エピソード記憶は、時間、場所、内容という形態で経験をコード化する。非常に鮮明な場合もあるが、エピソード記憶のすべてが鮮明・正確であるわけではない。

エピソード記憶は、従来は過去の経験それ自体の書庫《アーカイブ》として考えられていたが、過去に起こったことの正確な写し《カーボンコピー》ではない。できごとの微に入り細を穿った内容を取り出すのではなく、特定の経験に関して蓄積されている要点と、関連する意味的スキーマを用いて、いつどこで何が起こったかに関するシナリオ、つまり物語《ナラティブ》を構築するのだ。この構築プロセスはとりとめがないので、想起された記憶は実際の経験とは大幅に異なる場合がある。だからあなたと私が同一のできごとを経験したとしても、互いに大きく異なる記憶が形成されうるのである。

顕在的な意識の内容は顕在記憶によって可能になる

意味記憶とエピソード記憶の区別が導入されてから一〇年ほどが経過した頃、タルヴィングは、これら二種類の記憶が二つの異なる意識的経験の基盤をなすと主張し、それらを「認識的意識《ノエティック》」と「自己認識的意識《オートノエティック》」と呼んだ。

ノエティックな意識の状態は、世界に関する意味的な事実や概念に基づく心的内容を保ち、スキーマが関与する場合が多い。スキーマとは、すでに見たように日常生活で遭遇する物体や状況に意味を付与するひな型をいう。それに対してオートノエティックな意識の状態は、「自分」が経験の主体であるようなエピソードに関する心的内容を持つ。したがってタルヴィングは、二つの意識がおのおの異なるタイプの知識に結びついていると主張した。彼によれば、ノエティックな意識の状態は事実（概念を含む）に関する知識に、またオートノエティックな意識の状態は自己認識に関する個人的な知識に結びつく。

おそらく、オートノエティック意識のもっともよく知られた特徴は、「心的時間旅行《メンタルタイムトラベル》」であろう。「私たちは記憶を介して現在の自分が過去の自分と同じであることを知る」とロックが述べたとき、実のところ彼は、心的時間旅行を行なう能力について語っていたのだ。同様にウィリアム・ジェイムズは、「記憶は事実に関する単なる日付以上のものを必要とする。自分の過去における日付でなければならないのだ」と書いている。どうやらジェイムズも、心的時間旅行のようなものを想定していたらしい。

エピソード的なオートノエティック意識は、自分の人生の過去をもとにエピソードを構築することに加え、現在を心的に経験し、将来の自分に起こりそうな状況を想像することを可能にする。神経科学者ジェルジ・ブザーキの言葉をもじって言えば、エピソード記憶は、過去、現在、未来を構築するために用いる検索エンジンのごとく機能する。実のところ、オートノエティック意識は非常に高度な形態のメンタルモデルなのだ。

タルヴィングは長らく、記憶の理解における意識の重要性と、意識の理解における記憶の重要性を強調していた。私は二〇一五年の著書『不安（*Anxious*）』を執筆する過程で彼の考えの信奉者になり、それ以来記憶と意識の関係を喧伝するようになった。

ノエシスとオートノエシスの基盤をなすメタ認知プロセス

ジャネット・メトカーフとリサ・ソンは、タルヴィングのノエティックな意識の状態とオートノエティックな意識の状態を、意味記憶とエピソード記憶のメタ認知的な表象という言葉で解釈している。メタ認知的な表象は記憶に関してはより高次であるがゆえに、実のところ彼女らのモデルは、彼女ら自身が認めているように、意識に関する高次理論の一種と見なせる。

一例をあげよう。木になるリンゴのノエティック意識には、ワーキングメモリー・メンタルモデルにおける、低次の感覚、記憶情報（スキーマを含む）のメタ認知的な（高次の）再表象／再記述が関与する。

それによって、リンゴと、その状況的な文脈の概念化が、また最終的にはそれらに関する経験が生まれる。それに対して同じ状況に関するオートノエティックな経験は、リンゴを見て、ワーキングメモリー・メンタルモデルにおけるエピソード記憶のメタ認知的な（高次の）再表象／再記述を介して、たとえば子どもの頃にリンゴ拾いをした記憶が蘇ったときに生じる。このオートノエティックな経験が生じると、それを意識している人は、リンゴを経験し、その経験をめぐる思考を持つ主体と化すのだ。

オートノエシスにおける「自己」

顕在的な意識、とりわけオートノエティック意識は、個人的なエピソード記憶を介した「自己」が関与するとされることが多い。しかし、そのような経験に関与する自己は、何かを行なう行為主体ではない。この自己は、心的時間旅行をしているときに、その人を自分の過去や未来に連れて行ってくれるわけではない。そうではなく、心的時間旅行を行なう認知的な能力は、自分が主人公になる経験を構築することを可能にするのだ。自己が関与する限りにおいて、それは「行為主体的（行動について語りそれを司る実体）」であるより、「情報的（エピソード記憶に基づく物語構築の結果）」である。しかし、自己の意識的経験における個人的な関与を自覚しているか否かに関係なく、それには個人的な暗黙の知識がともなわれ、それによってノエティックであるかオートノエティックであるかを問わず、自己の経験に関する顕示的な意識がどのように感じられるかが決定される。なお、それについては次章で論じる。

ノエシスとオートノエシスの基盤をなす脳のメカニズム

意識の研究はただでさえむずかしいが、とりわけその基盤となる脳のメカニズムを理解しようとすると、さらに困難なものになる。しかしタルヴィングの理論と、それにメタ認知的なひねりを加えたメトカーフとソンの理論を合わせれば、通常より容易に理解できるようになるだろう。つまり、意味記憶とエピソード記憶は、ノエティック／オートノエティックな意識の状態を生成するプロセスのもとで、認知的に再表象／再記述される低次の状態として考えうるので（図22・1参照）、意識から非意識を隔てる境界を見極めるために知るべきことの多くは、意味記憶とエピソード記憶に関する既存の研究から得ることができるのだ。

表23・1は、意味記憶とエピソード記憶に関与する神経回路を宿すおもな皮質領域を、図22・1に示されている低次状態と高次状態という階層レベルに関連づけて、一覧したものである。表を見ればわかるように、意味記憶とエピソード記憶は、個別ながら一部が重なり合う神経回路によって処理される。意味記憶とエピソード記憶の入力が重なる領域は、「収斂領域」欄に示されている。

オートノエシスそれ自体の神経基盤は、その基盤をなすエピソード記憶の神経基盤とは異なり、一九九七年にマーク・ホイーラー、ドナルド・スタス、ならびにタルヴィングによって最初に詳述された。その際彼らは、前頭葉に損傷を負った患者が自分自身に対する批判的態度を失ったという結論を導いたアレクサンドル・ルリヤの古典的な発見に基づきつつ、ＰＦＣの諸領域の関与を強調した。また彼らは、前頭葉の「精神外科手術」を受けた患者を対象に行なった実験で得られた発見にも参照している。ちなみにそのような患者は、自分自身の問題を、あたかも第三者的視点から見たかのごとく無関心な態度で話すことが

表23・1　意味記憶とエピソード記憶に関与するおもな脳領域と、その階層的な状態との関係。

表象の状態	意味記憶	収斂領域	エピソード記憶
一次の低次状態 感覚	**感覚新皮質** 腹側視覚経路		**感覚新皮質** 背側視覚経路
二次の低次状態 感覚＆記憶	**側頭葉新皮質** 下側、上側、極		**頭頂葉新皮質** 楔前部＆脳梁膨大後部皮質
	内側側頭葉 嗅周野、外側嗅内野	**内側側頭葉** 海馬	**内側側頭葉** 海馬傍回、内側嗅内野
下位の高次状態 記憶＆スキーマ	**中間皮質 PFC** 眼窩、内側	**中間皮質 PFC** 島皮質、内側、腹内側	**中間皮質 PFC** 前帯状皮質
高次の神経回路 メンタルモデル	**新皮質 PFC** 背／腹外側、外／内側前頭極	**新皮質 PFC** 背／腹外側、外／内側前頭極	**新皮質 PFC** 背／腹外側、外／内側前頭極

多い。どちらのタイプの患者も、自分自身の問題に関してほとんど何の洞察も得ていないように思われた。ホイーラー、スタス、タルヴィングは、以上の発見や他の発見が、前頭葉の損傷によってオートノエティック意識を生む完全な機能が失われたために、自己認識に関して意味のあるあり方で反省する能力が壊滅的な打撃を受けたことを意味すると解釈した。

すでに見たように、意識はたった一つの脳領域の産物でもなければ、たった一つの脳領域のさまざまな神経回路の産物でもない。それには複数の脳領域の神経回路同士の相互作用が必要とされる。アムノン・ダフニ＝メロムとシャヘル・アルジーは最近、オートノエシスの神経基盤を総括し、PFCの諸領域のみならず側頭葉や頭頂葉の諸領域、とりわけエピソード記憶に結びついた領域の関与を示す証拠を提示している。

私が現在考案中の図式では、オートノエシスは、低次の感覚／記憶状態の高次の再表象／再記述の結果として生じ、それには中間次元に属する領域（下顆粒中間皮質）と高次の領域（顆粒新皮質）の両方、ならびにそれらの領域と感覚領域や記憶領域などの諸領域の神経回路の結合を含むＰＦＣの神経回路が関与する。

過去、現在、未来のエピソード

タルヴィングはオートノエティック意識をエピソード記憶に結びつけた。これは、オートノエティックな意識状態にあるときには、過去の人生で起こった何らかのできごとが再構築されていることを意味すると解釈される場合がある。しかしそればかりでなく、現在のエピソードや未来のシナリオを構築するためのひな型も、過去のエピソードに関するスキーマという形態によるエピソード記憶から構築される。

未来への心的時間旅行とまったく同じではないとしても密接に関連する概念には、ランディー・バックナーとダニエル・キャロルの「自己（個人的）投影」、トーマス・ズデンドルフ、アダム・ブーリイ、ジョナサン・レッドショーの「見通し（未来の思考、予見）」、ダニエル・シャクターとドンナ・ローザ・アディスの「エピソード的な未来のシミュレーションの構築」などがある。これらすべてを関連づけているのは、個人の仮説的な未来への関与である。

個人的投影、見通し、エピソード的な未来思考、未来への心的時間旅行の密接な関係を考慮すると、これらは脳のメカニズムを共有している可能性が高い。事実、これらのプロセスのおのおのは、「デフォルト・モード・ネットワーク」と一般に呼ばれている脳のネットワークの一部をなす、一群の相互結合した脳領域に依拠している。それには側頭葉と頭頂葉、ならびに中間皮質PFCの神経回路が関与している。このネットワークは、脳が安静状態にあるときに活性化すると考えられている。この状態に置かれているとき、心は単純に迷走状態にあり、その際「自分自身」が主題である場合が多い。

しかし個人的投影、見通し、エピソード的な未来シミュレーション、未来への心的時間旅行に寄与しているのはデフォルト・モード・ネットワークだけではなく、側頭葉や頭頂葉の諸領域からエピソード記憶を取り出して、メンタルモデルに統合するために外側PFCにも依存している。加えて前頭極は、代替戦略や代替目標の価値を評価するにあたって、再帰的かつ階層的な推論を可能にしている。また外的環境から内的経験への視点の切り替えを調節している。内的情報と外的情報のいずれかに注意を向けることにおける前頭極の役割は、すでに取り上げた、高次の意識に関する知覚のリアリティー・モニタリング理論に関連している。また前頭極は、エピソード記憶、想像力、自己の情動に関する主観的なメタ認知の関係を理解する際に重要になる。グローバル・ワークスペース理論、注意スキーマ理論、HOTはいずれも、類似のプロセスと脳領域に依拠しているが、すでに述べたように、私の考えでは、自分自身が主題であるような意識的経験をもっともうまく説明できるのはHOTである。

心的時間旅行とそのさまざまな現れ方に関連する他の要素に「主観的なメタ認知」がある。それには、自己認識をめぐる思考、過去自分がしたことに関するエピソード記憶をめぐる思考、今後経験する可能性のある未来のエピソードの予測が含まれる。また他の例として、新たな情報を考慮に入れることで心を改める能力があげられる。スティーブン・フレミングらは、それには前頭極が関与していることを発見した。また彼らは、前頭極、とりわけ外側前頭極が、自分が意識的に信じていることを外に向かって表現することのみならず、実際には信じていない偽りの立場を表明すること、すなわち悪意をもってか利他的な理由によってかを問わず、欺瞞的な態度を取ることをも可能にしている点を示した。

また他の研究によって、情動的な経験の強度に関する主観的な感覚の形成に前頭極が動員されることが見出されている。またさらに別の研究によって、前頭極に経頭蓋磁気刺激を適用すると、意思決定におけるメタ認知的な内観が阻害されることが示されている。「心の理論」――自分自身の心の働きに関する理解に基づいて他者が何を考えているかを想像する能力――は、前頭極が関与する主観的なメタ認知能力のもう一つの例である。

前頭前皮質、デフォルト・モード・ネットワーク、自己認識

脳内の自己というトピックは、少なくとも一九世紀に起こった有名なフィニアス・ゲージの事例までさかのぼる。線路工事に従事していたゲージは、事故によってＰＦＣの内側領域に損傷を負う。かつては親切で思慮深かった彼は、この損傷のせいで気まぐれで信用ならない人物に変わってしまう。前述したホイーラー、スタス、タルヴィングが用いたデータには、ＰＦＣの外側と内側の諸領域に大きな損傷を負った患者から得られたものが含まれており、彼らが述べるように内側ＰＦＣの損傷によって自己認識の欠如がもたらされることに疑いはない。「自己」という標題を持つ最近の研究の多くは、すでに述べたように、「心の迷走《マインド・ワンダリング》」を引き起こすデフォルト・モード・ネットワーク（ＤＭＮ）に属する内側中間皮質ＰＦＣや他の領域の関与を見出している。おそらくその理由は、私たちの心が迷走しているときにはたいてい自分自身のことについて考えているからだろう。

内側ＰＦＣという用語は通常、腹内側皮質、前辺縁皮質、前帯状皮質、内側眼窩皮質などの下顆粒中間

皮質の諸領域を指している。しかしＤＭＮとの関連で用いられる場合には、背内側ＰＦＣと内側前頭極の諸領域もそこに含まれる。これは問題を引き起こしうる。というのも、これら二つの領域は内側に位置しているにもかかわらず、ＰＦＣの顆粒領域に含まれるからである（図19・2参照）。霊長類にしか見られない顆粒領域と、あらゆる哺乳類が備えている下顆粒内側領域を、その差を考慮せずに一緒にすれば、顆粒領域と下顆粒領域のそれぞれが、自己認識に関する情報の処理に独自の貢献をしている事実を見落とす結果になるだろう。

ＤＭＮの顆粒領域と下顆粒領域の差異を認識しておくことは、ＤＭＮの進化の歴史と、自己認識の処理におけるその役割を理解する際、ならびにＤＭＮと顆粒ＰＦＣの諸領域の相互作用を明確化する際に必須であるように思われる。たとえば、最適な認知活動にはＤＭＮと顆粒ＰＦＣ内の認知ネットワークの相互排他的な相互作用が必要だ――つまり両方同時に活動しない場合に最善の働きが得られる――と見なされることが多い。しかし最近の研究が強調するところでは、特定の状況下ではＤＭＮと顆粒ＰＦＣの諸領域は協調し合う。だがここで、内側顆粒ＰＦＣの諸領域は、ワーキングメモリーに関与していると従来考えられてきた外側顆粒ＰＦＣにより強く連携しているのか、それとも中間皮質の諸領域により緊密に結合しているのかという重要な問いが生じる。一つの可能性として、内側前頭極と背内側ＰＦＣにおける内側という位置は、機能の問題というより単なる場所の問題にすぎない――つまり、顆粒皮質の進化に際してたまたま内側に押し込められたにすぎない――ということが考えられる。いずれにせよ、この問題は今後の解決を待たねばならない。

記憶と意識の再考

顕在記憶は、意識的な記憶として言及されることが多い。しかし、その言い方はやや誤解を招く。むしろ顕在記憶は、高次のネットワークに適切に再表象／再記述された場合に意識的に経験されると言うべきだろう。この状態が生じると、それが意味記憶なのかエピソード記憶なのかに従って、事実や概念に関するノエティックな経験が生じたり、個人的に意味のあるオートノエティックな経験が生じたりする。しかし、タルヴィングは三種類目の意識的な経験、「アノエシス」を提起していることを忘れるべきではない。次章では、それについて取り上げる。

24　非認識的意識

エンデル・タルヴィングは、潜在的な手続き記憶に基づく意識の状態を「アノエティック意識」の状態と呼んだ。オートノエティック意識を自己認識に、またノエティック意識を事実に関する知識に結びつけたのと同様、アノエシスを「非認識的知識（non-knowing knowledge）」に結びつけたのである。

一見これはナンセンスに思える。手続き記憶が潜在的――つまり無意識的――であり、行動においてのみ表現されるのなら、いかにしてその再表象／再記述が意識的に自覚されるのか？　そもそも非認識的知識とはいったい何なのか？

タルヴィングはアノエシスに関してはほとんど何も書き残していないことを考えると、どうやらそれにあまり関心を抱いていなかったらしい。もしかすると、彼はつじつま合わせのためにアノエシスを持ち出したのかもしれない。だが、私はそうではないと考えている。彼はおそらく、ウィリアム・ジェイムズ以来もっとも賢く思慮深い心理学者だったのだから、明確に書き残していなかったにせよ、何か重要なことを考えていた可能性は高い。以下に彼が考えていたであろうことを、私なりに解釈してみよう。

アノエシスの逆説

アノエシスを理解するにあたっての根本的な問題は、「手続き記憶は無意識的である」「アノエティックな状態の基盤には無意識的な手続き記憶がある」「アノエシスは意識の一形態である」という、それに関する三つの考えが互いに整合しない点にある。だが私は、これら三つの考えを整合させることができると考えている。

意味記憶とエピソード記憶は強い制約を受けた心理的な概念で、どちらも独自の神経回路が関与している。しかし手続き記憶は、どちらかと言えば混淆的な概念で、脳全体に分散するさまざまな種類の学習機能から構成される。そしてそれらは、事実に関する意味的な知識や、個人に関する自伝的な知識とは異なり、明示的に学習されたものではないという事実によってのみ結びつけられている。

マリエ・ヴァンデケルクホフとヤーク・パンクセップは、タルヴィングのアノエシスをウィリアム・ジェイムズが「意識の流れ」の「辺縁」「半影」「光背」などと呼んだものに関連づけている。ジェイムズによれば、それらのあいまいで暗黙的な状態は、「しっくりしている」と感じられる、中身の詰まった意識的な状態なのである。

ジェイムズの言う「辺縁」や「しっくりしているという感覚」は、現代の何人かの哲学者によって採用されている。たとえばブルース・マンガンは、しっくりしているという感覚が、意識と非意識の相互作用を制御するもっとも重要な要因だと述べている。マンガンは、辺縁的な感覚を「内臓感覚」「メタ認知的な確信度の判断」「言いたいことが口先まで出かかっている経験」「既知感」などといった現代の心理学研究の主題へと拡張している。私なら、それにレオン・フェスティンガーの概念「認知的不協和」を加えるだろう。認知的不協和とは、心のなかに互いに相容れない複数の信念が並存する場合に「しっくりしない」という感覚が生じることをいう。また、ダニエル・オッペンハイマーが提起する「流暢さ」という概念も加えたい。これは、心的課題を達成する際の容易さや困難さに関する、あいまいな主観的経験をいう。

しかしマンガンよりはるか以前、それどころかタルヴィングより前に、アーサー・リーバーは、人が世界に関する直観的な知識を形成し、それを用いて同時に起こっている外界の複数の事象の関係を暗黙的に理解するあり方を特徴づけるために、無意識の暗黙的学習という概念を導入している。

マンガンによれば、言いたいことが口先まで出かかっているという現象は、ジェイムズの言う「辺縁」の典型例である。この状況は、たとえば誰かの名前を思い出せないにもかかわらず、間違いなく知っているはずだと確信しているときに生じる。しかし名前が思い出せないにもかかわらず、たいていその人物に関するさまざまな情報（年齢、髪の色、民族、個人的な特徴など）は、はっきりと認識している。ゾルタン・ディーンズは、何かを知っている（馴染んでいるように感じている）ことを確信していながら、何をどのように知っているかがわからない状況に人々が陥りうるという考えを裏づける科学的な証拠を見出している。

アシャー・コリアトはこの考えに沿って、その種のあいまいな辺縁的な感覚を「純然たる主観的経験」と呼んでいる。彼によれば、純然たる主観的経験は、自分が知っていると感じる特定の内容ではなく、記憶の状態を監視し、あるなしに関する結論を導く無意識的なプロセスによって形作られた潜在的な推論に依存する。この記憶の無意識的な監視は、手続き的なメタ認知、あるいは潜在的なメタ認知と呼ばれている。スティーブン・フレミングは最近、――何かがあるかないかを報告する能力は、その対象になる項目に対する自覚について報告する能力とは異なるという――類似の指摘をしている。

なぜ意識は、暗黙的で辺縁的な構成要素と、顕在的で焦点的な構成要素からなる二重構造をなすのか？マンガンはこの状況を交換条件《トレードオフ》として説明している。刺激はワーキングメモリーを介して選択され、焦点意識の内部で注意を向けられる場合がある。そしてその結果として、言葉として口にできる（内観し報告することのできる）内容になる。辺縁状態は顕在的な意識の状態をともない、それに馴染みの感覚やしっくりしているという感覚を吹き込む。しかしその過程で、ワーキングメモリーや言葉にする能力には最小限の負荷しかかからない。マンガンによれば、辺縁的な構成要素の機能は、無意識的な手続き記憶の広大なリポジトリから適切な情報を高度に凝縮された形態で絞り込み、かくして焦点意識の限られた能力を研ぎ澄ますことにある。

すでに述べたように、手続き記憶は、学習や適応を司る、事実上あらゆる脳領域に、それどころか脊髄や、感覚や運動に関連する末梢の神経節にさえ位置する多様な神経回路を包摂する混淆的な概念である。これらの手続き的な学習プロセスが「自動的」で「意識的ではない」と考えられている限り、定義上それらは、マンガンが言うところの「広大な無意識的文脈」の一部をなすことになる。しかし彼は、その広大な無意識に「認知的無意識」の例をいくつか含めている（このような神経生物的次元と認知的次元の混在は、従来の二重システムのアプローチには修正を施す必要があることを示すもう一つの例になる――第Ⅳ部参照）。

焦点を絞った顕在的な意識をノエシスとオートノエシスに、また辺縁意識をアノエシスに関連づければ、顕在的な意識に対するあいまいなアノエシスの心理的な関係が明確になる。アノエティックな状態は、ノエティックな状態やオートノエティックな状態に、ジェイムズやそれ以前にアレクサンダー・ベインが言及していた暖かさ、柔和さ、親密さを与える。言い換えると、辺縁に関する純粋な感覚は、アノエティックな意識とまったく同一のものであると考えられる。

メトカーフとソンによれば、アノエシスは、オートノエティック意識やノエティック意識と同様、再表象／再記述、この場合には手続き的、あるいは潜在的なメタ認知を必要とする。しかしアノエシスをめぐってそのような高次の説明を提起するためには、手続き記憶に基づく手続き的なメタ認知が、ある種の意識の基盤になりうる理由をまず説明する必要がある。というのも、手続き記憶も手続き的なメタ認知も、一般に無意識的なものと見なされているからだ。無意識的なプロセスの多様性に鑑みると、確かに無意識の度合いが異なる、さまざまな種類のプロセスの存在を受け入れる余地はある。事実マンガンは、辺縁状態が真に無意識的な情報と、中身の詰まった（顕在的な）焦点意識の中間に位置し、それらのあいだを架橋していると主張する。

ジェイムズは辺縁状態を、「しっくりしている」と感じられる、中身の詰まった顕在的な意識の状態として見なす。タルヴィングはアノエティックな状態がノエティックな状態やオートノエティックな状態にともなって、それらを色づけていると考える。二人の考えは非常に近い。以上を考え合わせると、辺縁状態はノエシスとオートノエシスに馴染みの感覚やしっくりしているという感覚（あるいはしっくりしないという感覚）を与えると、またそれによって、アノエティック意識のすべてではないとしても多くの性質や作用が規定されると、私は主張したい。

ジェイムズの辺縁の概念とタルヴィングのアノエシスを結びつける、ヴァンデケルクホフとパンクセップの考えを知らなければ、私は決してこの結論に至らなかっただろう。しかし、ある重要な点で私の考えと彼らの考えは異なる。たとえば彼らは、扁桃体の低次状態を怖れという辺縁感情の源泉として扱っている。しかし私の考えでは、扁桃体の低次状態は、顆粒ＰＦＣのメンタルモデルに登録されて、危険を危険と感じさせるノエティックな自覚や、怖れの感情のような、ノエティックな危険に関するオートノエティ

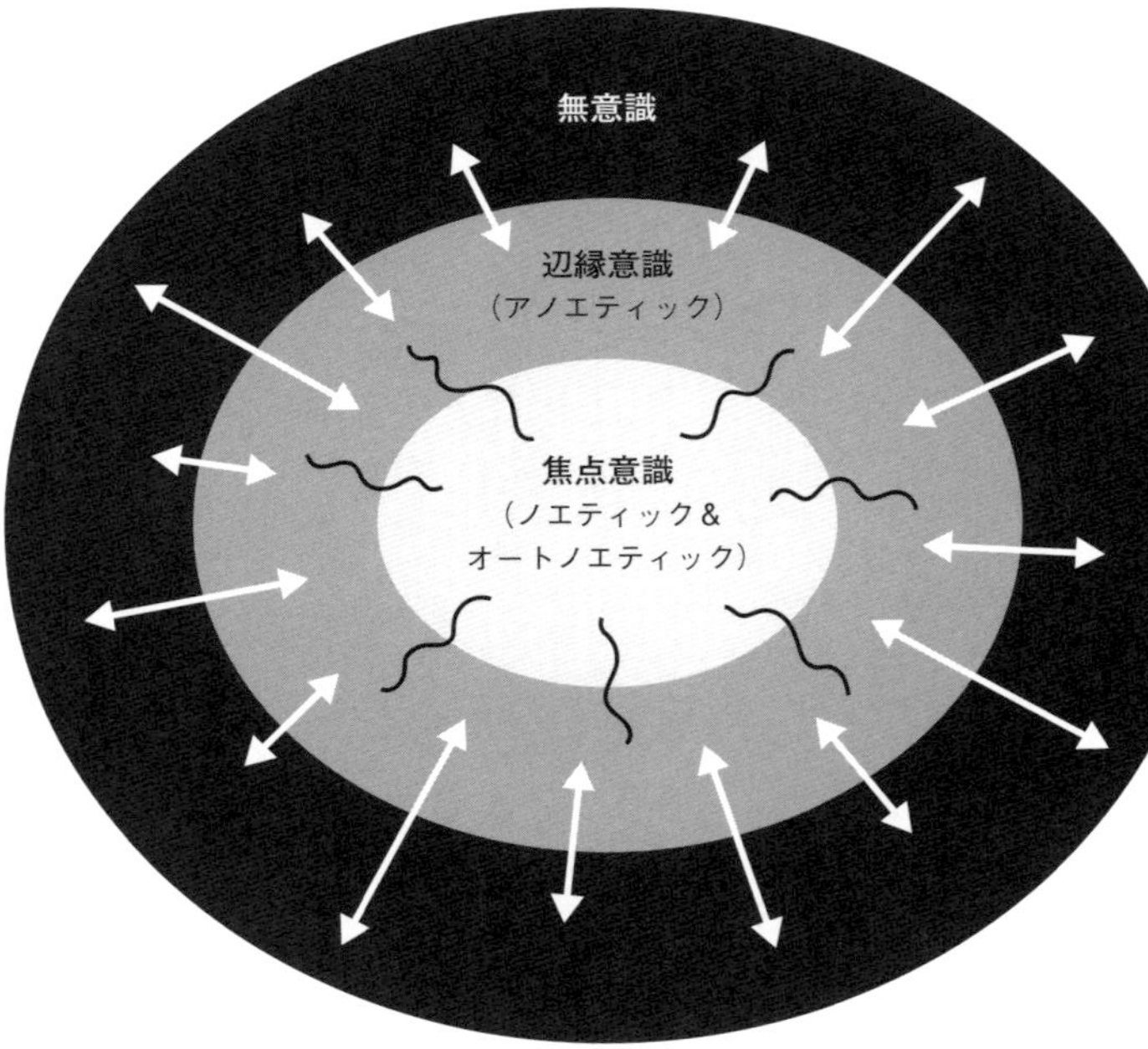

図24・1　無意識的な辺縁意識と焦点意識の状態の関係

ックな自覚を生じさせるためには、下顆粒中間皮質ＰＦＣを介して再表象／再記述されねばならない。

エトムント・フッサールやジャン＝ポール・サルトルらの現象学者たちは、前反省的な状態によって反省的な自己認識が可能になると主張した。フッサールやサルトルの考えをもとに、ショーン・ギャラガーやダン・ザハヴィは、前反省的な状態が存在しなければ、反省的な意識と呼べるようなものは存在しなくなるだろうと述べている。アノエシスが一種の前反省的な状態であるとするなら、ギャラガーやザハヴィの考えは、「アノエティック意識が存在しなければ、ノエティック意識やオートノエティック意識と呼べるようなものは存在しなくなるだろう」と言い換えられるはずだ。

アノエシスとアフェクト

情動研究では、覚醒度が異なりうる感情価《ヴェイレンス》（ポジティブかネガティブか）に言及して「アフェクト」という用語がよく使われる。たとえば怖れは、ネガティブな感情価を帯びた覚醒度の高い情動状態であり、また悲しみはネガティブな感情価を帯びた覚醒度の低い情動状態である。アフェクトは、しっくりしているかいないかが感じられるアノエティックな状態の枠組みに包摂されると見なせるのではないだろうか。

アノエシスと心や身体の状態の「所有」

ティモシー・レーンは、視覚的な刺激に意識的に気づいていないながら、その知覚に対する所有の感覚を欠く患者について報告している。本章の文脈に沿って言えば、この患者は、意識的な刺激に対するノエティック意識は持ちながら、その状態がしっくりしているようには感じられず、そのせいで自分の知覚を所有しているように感じることができないと見なせるだろう。

同様にスタンリー・クラインは、脳に損傷を負ったあと、心や身体の状態が「しっくりしている」（自分に属している）と感じられなくなった患者について述べている。彼によれば、そのような例は、通常顕在的な意識の状態をしっくりしていると感じさせる、ほとんど気づかれていない微妙な状態の重要性を浮き彫りにする。

ここまでの議論からすると、健常者におけるアノエティックな辺縁意識は、中身の詰まった顕在的な心的状態が自分のものであるという暗黙的な知識が、明示的に肯定せずして形成されることを可能にしているように思われる。ウィリアム・ジェイムズらが指摘しているように、「欠如の感覚は、感覚の欠如とは異なる」のだ。

他の証拠は、離人症（サイコシスの症状や、幻覚剤の服用などで生じる状態）の研究から得られている。たとえばカリナ・クリストフらは、そのような状態に置かれると、自分の身体の反応や心の状態を他者のものとして見ている傍観者であるかのごとく自分自身を感じる場合があると述べている。とりわけ興味深いことに、クリストフの研究チームは、そのような状態に置かれた被験者に、（身体と心の状態の所有感に関与している）デフォルト・モード・ネットワークの中間皮質PFCの構成要素と、（自己認識に関わる内面的な語りの基盤をなす認知プロセスに関与している）内側前頭極のあいだの機能的な断絶を見出している。所有感に対する影響が、認知的な影響に先立っている点は重要だ。これは、通常はアノエティックで暗黙的な所有の自覚によって、その瞬間におけるノエティックな、あるいはオートノエティックな顕在的自覚に対してしっくりしているという感覚が加わる可能性とも整合する。この断絶は、大脳半球の内側壁に位置する、下顆粒中間皮質の諸領域と顆粒新皮質の諸領域を区別することの重要性を明確化する。

自分の身体がしっくりと感じられないという状況と、しっくりとした所有の感覚が失われた状況を区別することは重要である。たとえば吐き気や頭痛やめまいがして気分が悪いときには、身体がどうにもしっくりしないように感じられる。同様に気分が落ち込んでいるときには、身体が疲れている、あるいは重いと感じられる。しかし、ここに挙げたような身体がしっくりしないという感覚には、自分の身体の状態に関する内容に依存する顕在的な自覚がともなう。言い換えると、その種の状況においては、アノエシスとノエシスとオートノエシスは適切に相互作用している。しかしクリストフらの主張によれば、身体や心の所有感が失われると、アノエシスと顕在的な意識状態が切り離される。

クリストフらは、他にも非常に興味深い指摘をしている――幻覚剤や瞑想／マインドフルネスの実践が不安や苦悩の緩和に役立つ理由は、その実践によって一時的にアノエシスがノエシスとオートノエシスから切り離され、自分自身の持つ思考や信念に自己を同一化する傾向が緩和され、思考や信念の変化が促されるからだと主張している。

まとめると、オートノエティック意識に対するPFCの包括的な貢献には、顕在的なエピソード的知識や意味的な知識を認知的に再表象／再記述し、それを自己認識に関する暗黙的で辺縁的な情報と統合する神経回路が関与している。つまりアノエシスは、かろうじて知覚が可能な程度の非認識的な経験の色合いによって、顕在的な意識を微妙に色づける一種の原初的な心の状態からなる意識であると考えられる。したがってそれは、オートノエティック意識とノエティック意識に結びつく、中身の詰まった顕在的な意識による自覚と、より原初的で、感覚的な事象に反応する、生きている、あるいは覚醒していると感じる非心的な状態（すなわち生物意識）の中間に位置する。

深層学習

しかし、暗黙的で手続き的な処理を司る神経回路の活動は、認知的に再表象／再記述されたときに、アノエティックな所有の感覚を与える無意識的な文脈を、いかにして提供しているのだろうか？　その答えの鍵は深層学習にある。

機械学習や人工知能（ＡＩ）の分野では、脳は深層学習を行なうコンピューター、あるいは予測エラーに基づく――誤りから学ぶ――強化学習に基づく統計的な学習プロセスを用いて深層学習を行なう、一連の神経コンピューターの集まりと見なされている。これらのプロセスは、過去の確率的な規則性から逸脱したときには、継続的かつ無意識的に神経の状態を更新する。AI開拓者の一人であるジューディア・パールは、人間の脳が過去に学習したことを用いて不確実性を低下させる予測を行なう方法として深層学習を特徴づけている。彼によれば、街路を渡る、他者と話すなどといった、日常生活のもっとも単純な意思決定にも不確実性がともなわれる。これらの自動的な学習プロセスによって実行される予測は、何をすべきかをいちいち考えずに、その瞬間に起こった事態に対処できるよう私たちを導いてくれる。

ピョートル・ウィンキールマンらの主張によれば、あいまいな感覚や判断は、再表象されると認知の状態に影響を及ぼし、心の一貫性や流暢さ、よって意識の統合に寄与する。ここで言われている認知の状態が意識のノエティックな状態やオートノエティックな状態を指しているのであれば、それは、手続き的な深層学習のメタ認知的な再表象／再記述によって、いかにアノエティックな辺縁感覚の基盤をなす無意識的な文脈が提供されているのかの説明になるだろう。言い換えるとすでに示唆したように、アノエシスはノエティックな経験やオートノエティックな経験を、しっくりしていると感じさせる万能薬のようなものなのだ――それはまた、赤いものを赤いと、また怖れを怖れとして感じさせるものでもある。

だが、アノエシスにおける再表象／再記述とは正確に言えば何なのか？　ハクワン・ラウと私は、特定の感覚モードのノエティックな知覚経験においては、アノエシスの基盤をなす再表象／再記述には通常、そのとき知覚作用に従事している感覚系の神経回路の活動が関与しているという説を提起した。それらの感覚系の神経回路の一部では、過去に起こった状況に類似する状況に置かれるたびに、特定のタイプの深層学習の活動が必ずや生じるはずなので、そこで生じている感覚系の神経回路の活動は、現在の経験を馴染みがあるように感じさせる。しかしわれわれの見方では、アノエティック意識が生じるためには感覚皮質だけでは不十分であり、さらには低次の感覚情報が、高次のＰＦＣのメンタルモデルにアノエシスを持ち込む手続き的なメタ認知によって再表象／再記述される必要がある。

もっと最近になって、ラウと私は、マティアス・ミシェルとスティーブン・フレミングと共同で、同一性（親近感）に関する主観的な経験の基盤には、視覚皮質とＰＦＣの内部、ならびにそれらを結合する神経回路による手続き的な学習があるという考えを提起した。これを本章の議論に当てはめると、アノエティックな状態は、潜在的なメタ認知によって再表象／再記述される場合に限って、「高次の主観的な質の空間」で生じる他の関連する経験との暗黙的な比較を介して、顕在的な意識的経験にしっくりしているという感覚を与える。

一例をあげよう。あなたは、これまでの生涯を通じて、赤い色に関する経験を何度も繰り返すことで、赤にはさまざまな色調があるにもかかわらず、赤を見ることがどのように感じられるかを深層学習してきた。ラフィ・マラックのような一次理論の支持者なら、赤い色を見るという経験は、あなたが今見ている物体が反射する光の波長が、視覚皮質における深層学習を経て、あなたが「赤」と呼ぶようになった色の波長に一致したときに生じると主張するだろう。それに対してＨＯＴ支持者なら、あなたが赤として知っているものを経験するためには、一次理論支持者の言う一次の手続き的状態が、メタ認知的な手続きによって再表象／再記述されなければならないと主張する。したがってＨＯＴに従えば、リンゴをめぐるノエティックな経験がしっくりと感じられるのは次のような場合においてである。すなわち明るさや陰影に関係なく、たった今目の前にあるリンゴの色合いが、自分にとって赤とはどのように見えるかに関して視覚皮質とＰＦＣが両者間の再帰的な結合を介して深層学習してきた経験の一部をなしている場合である。

リンゴをめぐるノエティックな経験がしっくりと感じられるようになるためには、明らかに色以外の視覚的な特徴も過去に学習したことと整合しなければならない。さまざまなリンゴを見ることで、リンゴの一般的な形状をこれまでに深層学習していれば、その一般的な形状に近い形をしたリンゴは、しっくりと感じられるはずだ。しかし深層学習してきたパターンから大幅に逸脱する（たとえば球体より立方体に近い）リンゴは、不調和に感じられるだろう。アクセル・クリールマンの「きわめて可塑的な高次の意識」という仮説は、それと類似の考えを提起している。

アノエシスは、ただそこに存在する。マンガンが指摘するように、その種の暗黙的な経験は、顕在的な内容を持たないので、通常はワーキングメモリーと発話に対する要求は最小限でしかない。しかし特定のノエティックな状態に関して暗黙的にどのように感じられるかをめぐって深層学習することで形成された予測がはずれると、私たちは不調和を感じ、熟慮による顕在的な認知に基づいて、その事態を矯正しようとする。たとえば紫色のリンゴを目にするなどといった一風変わったノエティックな知覚経験に遭遇すると、私たちはそのリンゴがどうにもしっくりしないと感じるはずだ。そして、その物体は紫色をしてはいても、その点を除けばリンゴに見えると考えるなど、顕在的な認知に基づく何らかの調停が必要になるだろう。

怖れや他の情動におけるアノエシスからオートノエシスへの移行

情動は人間の脳における心的なものの中心をなし、物語《ナラティブ》や民間伝承の素材になり、さらには文化、宗教、アート、文学、私たちの他者や世界との関係――つまり人生における重要事――の基盤になる。情動を説明することのできない意識の理論は、意識の理論の名に値しない。ここで、私の階層的マルチステートHOTにおいて、いかにオートノエティック意識の状態として情動が生じるかを説明しておこう。

扁桃体、視床下部、水道周囲灰白質からなる神経回路は、しばしば哺乳類の「怖れの神経回路」と呼ばれる。それに対して私の主張では、これは脊椎動物の進化の歴史において太古の起源を持つ防御型サバイバル回路をなす。防御型サバイバル回路は、怖れとともに生じる行動反応や生理反応を制御し、それらの反応によって生じるフィードバックは、怖れの感情に寄与するシグナルとして作用する。しかし防御型サバイバル回路それ自体が、怖れの感情を引き起こしているのではない。

私の見方では、怖れの感情は、意味的な経験やエピソード的な経験を通じて危険と認知するようになった刺激の存在に基づいて、自分が危険な状況に置かれているという認知的な解釈を行なうことで生じるオートノエティックな経験なのである。この認知的な解釈は、危険や怖れに関するスキーマ（情動スキーマ）のみならず、自分や、危険や怖れと自分の関係に関するスキーマ（自己スキーマ）を含むスキーマが一時的に活性化され、これらのスキーマのすべてが危険や怖れに関する文化的な理解（文化的スキーマ）によってろ過されることで概念化される。この経験の核心は、顆粒PFCのワーキングメモリー・メンタルモデルにおける活性化されたスキーマのメタ認知的な表象／記述によって形作られる。危険な状況に遭遇しているという概念化は、自分が危機的状況に置かれているというエピソード的な概念化へと、よって自分が怖れを感じているという認識パターンを完成させる方向へとメンタルモデルを偏向させる。これは、個人的に構築され、文化的に制限されたオートノエティックな経験だと言える。

情動語は情動経験を分類《カテゴライズ》し、自己の経験に関する理解や想起を導く概念的な支援を提供する。このラベルは、単に情動の高まりを感じるにあたっては必要とされないが、ラベルが名指す情動を感じる際には必要とされる。情動語を持たない幼い子どもでも、動揺したときにその子どものメンタルモデルが自己の情動と「自己スキーマ（自己認識に関するスキーマ）」に基づいてその状態を怖れとして概念化するのであれば、年長の子どもが怖れとして経験している状態に自分が置かれていることを経験せざるをえない。しかしおとなでも、情動の非意識的な基盤は、通常の情動語によってはっきりと名指せるような経験を生むほどつねに正確ではない。そのような状況に居心地の悪さや懸念や動転を覚えても、より確かなものへとは進展していかないのだ。しかし状況が推移してより多くの情報が集まると、あいまいな感覚は、怖れとして名づけられた経験へと転化するかもしれない。そして怖れは、さらなる情報がつけ加えられることで、怒りや嫉妬や安堵に変容する場合もあるだろう。

私は本章の前半で、マリエ・ヴァンデケルクホフとヤーク・パンクセップの情動理論に言及した。人間における顕在的でオートノエティックな怖れの背後には、アノエティックな経験が存在するが、より顕著な認知的経験によってその経験が見えにくくなっているとする主張には私も同意する。しかし彼らと私の見方の大きな違いは次の点にある。私が、怖れというアノエティックな辺縁的感情には、下顆粒中間皮質ＰＦＣにおける再表象／再記述が必要とされると考えているのに対し、彼らは、それが扁桃体や中脳水道周囲灰白質を含む皮質下の防御型サバイバル回路から直接生じていると考えている。

単純な感覚的知覚の経験とは異なり情動経験は、中間皮質ＰＦＣの神経回路における手続き的なメタ認知を介して、種々の低次の手続き的な状態や脳の広範な神経回路の状態が再表象／再記述されることで情動経験として感じられるようになる場合が多い。ここで、各神経回路は統計的な正規性による深層学習を行なうこと、また知覚処理より情動処理に関与している神経回路のほうがはるかに多いことを思い出されたい。

情動的感情の主たる基盤として、身体の状態に言及されることが多い。しかし、怖れや他の情動のすべての事例《インスタンス》が、予測可能な身体反応をともなうわけではないという点に留意されたい。確固たる生理的興奮が生じていないにもかかわらず、怖れを感じることはある。文化的、個人的に形作られたスキーマによって起こるとされている身体反応がともなわない怖れの感情でも、メンタルモデルに依拠するトップダウンの認知的な指令によって、しっくり感じられるようにすることができる――「とても怖かったので、心臓の高鳴りに気づかなかった」。このメカニズムの基盤には、アントニオ・ダマシオが提起する、身体からのフィードバックがない場合にそれを心的にシミュレートする「あたかもループ」が存在しているのかもしれない。

私は今では、ダマシオの「あたかもループ」の考えに全面的に同意するが、その先を考えている。私にとっては、あらゆる情動が心的シミュレーション――つまりメンタルモデルに基づく心理的な発明（物語）――である。身体からのフィードバックは、低次の混合要素の一部でありうるとしても、必須のものではない。私は、先天的な基本情動と、文化的に獲得された二次情動を区別する見方には与しない。私と同様、リサ・バレット、クリステン・リンドクイスト、ジェラルド・クロア、アンドリュー・オートニーらの認知科学者も、この区別を否定している。

初期の認知科学では、認知と情動は相反するものと見なされていた――認知は意識的理性に基づく理性的なもので、情動は無意識的な情念《パッション》に基づく非理性的なものであると考えられていた。しかし認知と情動は、もはやそれほど狭くは捉えられていない――今や認知には、直観や動機のような非理性的なプロセスも含まれている。加えて、すでに述べたように、情動でさえ、認知的な解釈であると考える、私を含めた研究者がいる。それに対して理性派は、「怖れが理性的で認知的な解釈に依拠するのであれば、私たちはなぜ、客観的な理由がないとわかっているのに怖れを感じることがあるのか？」と反論するかもしれない。しかし前述のとおり、メンタルモデルは動的であり、人は互いに相反する思考や信念を無意識的に抱き、意識のなかでは、刻一刻とそれらのあいだを行ったり来たりすることがある。愛は嫉妬に、嫉妬は怒りに、怒りは怖れに一瞬にして切り替わることがあるのだ。

怖れのような意識的な情動を含め、意識は何のためにあるのだろうか？　ナサニエル・ドーと私は、意識的な怖れを含めた意識が、意識的な熟慮を介した意思決定の新たな道を開くと論じた。ワーキングメモリーに依存するこの利点が、圧倒的な危機や、実際には危険ではないにもかかわらず生じる不安によって認知的な資源が枯渇した場合には打ち消されてしまうことは確かだ。しかし意識的な怖れが、ときにうまく機能しない場合があるからといって、それが目標指向的な意思決定や行動にまったく寄与することはないとは言えない。クリス・フリスとウタ・フリスの主張によれば、熟慮に基づく社会的相互作用は、反省的な自己認識を必要とするのであり、また、オートノエティック意識は、人間の社会的な相互作用と結びつきながら進化してきたのである。

アノエティックな状態はクオリアの身体的な顕現なのか？

アノエシスは、中身の詰まった顕在的な意識状態とともに生じる、「言葉では表現できない」「あいまいな」「半透明な」感情であるなどといった言い方で特徴づけられる点に鑑みると、アノエティックな状態によって、顕在的な意識状態を意識しているということがどのように感じられるかに関する身体的な説明が与えられると主張したくなるかもしれない。要するに、アノエシスはクオリアに関する身体的な説明になるように思えてくるのだ。だが私は、クオリアという用語をアノエシスに適用することに抵抗を感じる。というのもクオリアの非身体的、二元論的、空想的な特徴によって、どうしても不必要な概念的重荷が持ち込まれる結果になるからだ。

一例をあげよう。哲学者のマイケル・タイは最近、マンガンの考えに似た、意識の二元的構造を喧伝する本を刊行した。タイの主張によれば、中身のないあいまいな「どのようなものであるか」性は、私たちが行動や思考で用いている、中身の詰まった表現可能な意識へと移される。タイの考えの多くは本章の議論の方向にも沿うが、中身のないあいまいな「どのようなものであるか」性が身体的なものになるあり方を見通すことのできない彼は、それを説明するために汎心論を持ち出す。しかしこの哲学的な飛躍は、アノエティックな感覚と、顕在的な意識経験にともなう暗黙的で知覚可能な感覚が同一であれば、不必要になるだろう。

25　動物の意識とは、どのようなものでありうるか

私たちの身体は、人類にもっとも近い霊長類のものを含めて他の動物の身体とは明確に異なる。また人間の脳は他の霊長類の脳と大きく異なり、他の霊長類の脳は他の哺乳類の脳とは異なる。このような差異を考慮に入れると、人間以外の動物の心の状態も、人間のものとは異なると見なしても異論はないはずだ。それにもかかわらず異論は存在する。本章では、その理由を考え、その種の論争を焚きつけているいくつかの論点を克服するのに役立つ科学的なアプローチを提示する。

方法論的な障害

問題は、必ずしも人間以外の動物が何を欠いているのかにあるのではない。人間が何を備えているのかにある。人間のみが、言語によって認知システムが再配線される脳を備え、言葉で考え、他者とやり取りすることができる。デカルトによれば、人間が理性的な魂（意識）を所有していることは、発話を通じて示される。同様に、哲学者のダニエル・デネットによれば、人間における意識的な状態の存在証明は、そ

れについて語る能力に見出すことができる。しかし人間は、自分の意識の状態について言語以外の手段を用いて報告することもできる。たとえば画面に映る三つの物体のどれがリンゴかと尋ねられれば、「赤いやつ」と言うこともできれば、該当するリンゴの画像を指差すこともできる。脳に障害がなければ、意識的な経験について言語以外の手段で伝えられる場合のほとんど――すべてとは言わないとしても――では、言語によって報告することもできる。意識的な経験のすべてを完全に正確に言葉で記述することはできなかったとしても、通常はそれについて何がしかを語ることができる。

私たちは、自分が意識していることに関してはたいてい言葉でもそれ以外の手段でも反応できるが、脳内の無意識的な情報には言葉以外の手段を用いて反応するしかない。その結果、言葉による反応とそれ以外の手段による反応の相違は、意識的な行動制御と非意識的な行動制御を分ける際に非常に有用な指標になる。とりわけ言葉以外の手段による反応は、おとなでは意識的にも無意識的にも制御しうるので、（肩をすくめる、あざける、微笑むなどといった象徴的な価値のある行動であっても）意識の読み取りとしてはあいまいであるのに対し、言葉による報告には、はるかに大きな信頼性がある。

言葉をまだ話せない乳幼児についてはどうだろう？　著名な児童心理学者マイケル・ルイスによれば、自己反省的な意識は、生後一八か月から二四か月にかけて現れ始める。彼の指摘では、行動に基づいて言えば、子どもは怖れや他の情動を経験するようになる以前から、あたかも意識して怖がっているように見えることがある。

科学的な観点から結論すると、言葉以外の手段による反応の多くは、意識的な制御の存在を示す証拠としては不十分である。したがって、意識的な心の状態と、行動を制御する非意識的なプロセスを区別するもっとも簡単で信頼できる方法は、言葉による報告だと言える。だから口頭報告（健忘症、虚言癖、精神障害を除く）は、たとえ不完全であっても、人間の意識の評価における絶対的な基準だと考えられているのだ。したがって口頭報告は、何かを意識していることの最善の報告になり、受けた刺激について言葉で報告できないことは、本人がその刺激を意識していないことの何よりの証拠になるのだ。しかし口頭報告の欠点は、何かを経験した時点とそれを報告する時点の間隔が空けば空くほど、それだけワーキングメモリー・メンタルモデルの内容より長期記憶に依存する度合いが高まり、そのせいで報告の真実性が薄れることである。

このような方法論的な問題のゆえに、動物に意識の存在を裏づける証拠を見出そうとする研究者は、他の、より不十分な戦略に訴えることが多い。そのなかでもとりわけよく知られている戦略は、「人間の行動からの類推《アナロジー》」だ。つまり、私たち人間が刺激を意識しているときに取る行動に似た行動を動物が取った場合、その動物の行動を人間の場合と同様に意識的なものと見なすのである。このアプローチは、意識に言及せずに済ませられる、より単純な（強化学習などの）代わりの説明を無視しているとして批判されてきた。批判者たちは、人間以外の動物に意識が存在することを否定したいがために非意識的な説明を提示しているのではなく、行動の観察のみに立脚した場合に意識について何が言えるのか、あるいは何が言えないのかに関して、より厳格な基準を適用しようとしてそうしているのである。

ダーウィンの科学的擬人主義の影響

動物の意識を科学的に実証する手段として、人間の行動とのアナロジーに過度に依存するという戦略は、おもにダーウィンと、彼が生きていた時代の社会的な風潮に由来する。

クリストフ・マーティーは、二〇〇九年に刊行された『サイエンティフィック・アメリカン』誌に投稿した記事のなかで、一八三八年に、ダーウィンと彼のフィアンセ、エマ・ウェッジウッドのあいだで交わされた書簡の内容を要約している。そのなかでダーウィンは、ウェッジウッド宛てに、自分の研究によって、すべての生物が共通の祖先から派生した——つまり聖書にある創造物語は間違いである——という結論に至ったと述べている。それに対してウェッジウッドは、「ヨハネによる福音書の第一三章の末尾にある、使徒たちに対する救世主の別れの言葉をよく読んでください」と返答している。二人はやがて結婚するが、彼女は死によって二人が分かたれる——つまり彼女は天国に召され、彼は地獄に落とされる——ことを怖れていた。

ウェッジウッドの懸念は、ダーウィンに影響を及ぼした。ダーウィンは、英国国教会によって形作られたヴィクトリア朝文化のもとで、神の恩寵ではなく生物学的な力の産物として人間の身体を扱えば、困難な道を歩まざるをえないと悟った。こうして彼は、自分の理論についてあまり語らなくなり、確実な証拠が得られるまではそれを発表しようとしなかった。

ウェッジウッドと書簡を交換し合ってから二〇年以上が経過した一八五九年、ダーウィンは『種の起源』を刊行した。そこでは、動物の身体の漸進的な進化に焦点が絞られ、人間に関する言及はほとんどなかった。だがそれでも、英国民にはあまり歓迎されなかった。

ダーウィンの次著『人間の由来』が刊行されるまでには、さらに一〇年かかっている。ついに彼は、「人間が他のすべての生物種と同様、何らかの既存の形態の生物から派生したのか否か」を論じて、一歩先に進んだのだ。そして解剖学的類似性と心的類似性に基づいて、人間が動物から進化したと結論する。本章との関係でもっとも重要なことに、彼は「心的能力という点で、人間と高次の哺乳類のあいだに本質的な差異はない」とも記している。

しかしながらダーウィンは、人間の心の動物的な特徴を列挙するのではなく、人間に関する言葉で動物の心について論じ始める。なぜ彼は、そのような方向に走ったのだろうか？　エリザベス・ノールはダーウィンの格闘について、進化に関する自分の見方に対する、いい加減で敵対的な評価に困惑させられ、「このより明るい見方」によって、自分の理論が大衆に受け入れられることを願っていたと指摘している。

ダーウィンのこの新たなアプローチは、翌年に刊行された『人及び動物の表情について』にとりわけ明瞭に見て取れる。そのなかで、彼は情動の進化に対して逸話的で常識的な（素朴心理学の）アプローチを適用している。人間は危害から逃れようとする際には怖れを感じているのだから、危害から逃れようとしている動物も、怖れを感じているに違いない。そう主張する。また彼は、イヌや他の哺乳類におけるあざけり、嫉妬、誇り、軽蔑についても書いている。心理学者のフレッド・ケラーの指摘によれば、人間の心の状態に関する言葉で動物の行動を説明するという、逸話を用いたダーウィンのアプローチは、「彼のそれまでの業績を特徴づけてきた自己批判に対する熱意」から大きく逸脱する。

逸話を用いたダーウィンのアプローチは、一九世紀後半に芽生え始めていた動物心理学に深い影響を及ぼした。ダーウィンの献身的な支持者を代表するジョージ・ロマネスは、「行動は動物の心の大使である」と述べた。動物の行動の心的な原因を説明するにあたり逸話を濫用するというアプローチは、二〇世紀に入っても用いられ続けた。そして行動主義の台頭のおもな要因になり、心理学で行動の説明として心の状態を持ち出すことを数十年にわたって拒否する結果をもたらした。

二〇世紀半ばになって行動主義の影響が弱まり始めると、残念ながら動物の行動の擬人化された説明が復活する。ラットは強化刺激のためにレバーを押すのではなく、「快」を求めて押し、危機に陥ると「怖れ」のせいで不動化《フリーズ》するとされるようになったのだ。この傾向は現在でも続いている。人間の心の状態を記述するために作られた用語が、科学の分野で広く、そしてときに無差別に、動物の行動を説明するために使われているのである。事実、擬人主義を堂々と掲げる科学者もいる。

常識や伝承に整合する直感や常識に基づく動物の意識に関する主張は、いかにも正しく感じられる。しかも、その主張が権威ある科学者によって繰り返し語られると、明瞭な事実として扱われ、誰もそれを疑わなくなる。

解釈には限度があってしかるべきだと主張する私のような科学者は、動物の意識の「否定者」として嘲笑されてきた。しかし実のところ、いわゆる否定者の多くは、動物が意識的な経験を欠いているとは主張していない。意識的な心の状態が存在することの「明らかな証拠」として行動に関するデータを掲げても不十分だと主張したからといって、その人が動物の意識の否定者になるわけではない。

現代において擬人化が猖獗している小さくはない理由の一つは、現代の生物学の父と呼べる人物が、動物と人間の行動の類似点のみに基づいて、人間のものに似た情動や他の心の状態を動物に割り当てても科学的に認められるという考えにお墨付きを与えたからである。しかしこれまで指摘されてきたように、ダーウィンは、いくら偉大な生物学者だったからと言って偉大な心理学者ではなかった。実のところ、彼が脇道に逸れなければ、情動の科学はまったく違ったものになっていただろう。とはいえ、擬人主義を自分に有利になるよう利用しなければ、彼の進化論は成功を収められなかったかもしれない――そして生物学や医学が、ダーウィンの革新的な洞察が可能にした恩恵を受けられなかったとしたら、現代生活もまったく異なったものになっていたかもしれない。

なぜ擬人主義がはびこるのか？

J・S・ケネディは『新しい人間中心主義（*The New Anthropomorphism*）』で、私たちが擬人主義に陥りやすい理由を説明している。

擬人的な思考は、（…）私たちに組み込まれている。（…）それは幼い頃から文化的に言い聞かされる。また、自然選択によって私たちの遺伝的な構成に「あらかじめプログラム」されている可能性もある。その理由はおそらく、動物の行動を予測し制御する際に有用だったからであろう。

ケネディの主張によれば、人間の言語は擬人主義的な色彩が濃く、そのせいで私たちの概念や思考も、その方向に傾きやすい。ケネディのこの見方が正しければ、擬人主義は人間の本性の一部をなし、誰もがペットに人間の情動に似た情動を見出すのも、おそらくそのせいだろう。それはそれで構わない。科学者は、いつのときにも科学者でなければならないわけではないのだから。しかし科学者であるときには、科学者らしく振る舞わねばならない。

動物の意識に関する科学的な議論は、直感や信念に基づきがちになる。哲学者のバートランド・ラッセルは、「注意深く観察された動物はすべて、観察が始まる前から観察者が信じていた哲学を確証するよう行動する」と述べている。

しかし、人間が危険や他の生物学的に重要な刺激（食物、セックスの相手）に反応するのと同じあり方で動物が行動するからといって、類似の状況で人間が経験しているものに似た意識を動物が経験していることを意味するわけではない。人間以外の動物が、意識的に行なっているとされる行動は、認知的、あるいは行動的に、より単純な要因によって説明することができる（意識的な制御を持ち出さずに説明できる）場合が多い。

人は誰も、車にはねられて道路脇で身をよじり遠吠えしているイヌを目にすると、そのイヌがひどい苦痛を覚えていると考える。確かに、見た目にはそのように行動している。しかしイヌのその行動は反射的な反応であり、苦痛に満ちた心の状態を反映しているのではない。

本質的に動物を擬人化する傾向がある私たちは、乳児や動物がいかなる意識的な経験をしているのかを理解する際に、自分の心の働きを参照することが多い。類似の状況のもとでは、動物は人間の感情に似た感情を抱いているはずだという想定が、妥当な道徳的判断と見なされている。しかし、それは科学的に妥当な判断ではない。反射的な行動は神経生物的次元に属する反応にすぎないので、それを意識的な経験の科学的な指標として用いることはできない。また認知的次元に属する行動も、それだけでは意識を決定づけるものではない。なぜなら、そのような行動は意識的にも、非意識的にも制御することができるからだ。ある行動が意識的に制御されていることを示すためには、意識それ自体を測定し、意識ではない作用に基づく説明を一切排除しなければならない。

哲学者のブライアン・キーは、特に魚類に関して述べるなかで、動物における痛みの意識的な経験を測定する決定的な尺度として行動反応を用いることができない理由について、非常に似通った指摘をしている。彼は、「魚は痛みを感じない」と主張しているのではなく、有害な刺激に対する動物の行動反応を観察するにあたって私たちが陥りがちな擬人化された「素朴な直感」によっては、その動物が主観的に痛みを経験していると結論づけるための根拠としては不十分だと主張しているのである。

ではなぜ、人間の意識の研究は、より堅固な基盤に立っているのか？　脳に先天的な障害のある人を除けば、すべての人間が、同じ基本的な組織構造と機能的能力を持つ脳――同じ四つの存在次元――を備えて生まれて来る。その点に鑑みると、自分の心の状態を自覚する能力が私に備わっているのであれば、あなたもそれと同じ能力を備えていると、相応の確信を持って想定できるだろう。

マイク・ガザニガは意識を直観として記述している。いかなる生物の特徴にも当てはまることだが、この意識の特徴には個人差があるとしても、あらゆる人間が現実に、あるいは少なくとも潜在的に備えている。他の動物の脳は人間の脳とは異なるので、科学者は、自分たちの経験を他の動物の経験に一般化しないよう注意すべきである。

方法論的な障害を最小限に抑える方法

私は厳密さを重視する科学者として振る舞っていないときには、動物について擬人的な言葉で語っても特に決まり悪く感じたりはしない。それどころか、科学者として振る舞っているときでさえ、意識的な経験を持つ動物がいる可能性について気軽に話すことができる。とはいえ、確固とした証明を妨げる方法論的な問題のゆえに、「かもしれない」「可能性がある」などといったぼかしを加えるようにしている。なぜなら、動物に意識があるか否か、またあるのなら、その動物にとってそれはどのようなものなのかに関して、確実な結論を出すことは不可能だからだ。

方法論的な問題を完全に取り除くことはできないのかもしれない。とはいえ、それを最小限に抑える方法はあるはずだ。哲学者のマティアス・ミシェルは最近、「人間以外の動物の意識に関する研究は、（…）

人間から着手して、意識的な心の状態を意識的な心の状態として特別なものにしている能力を特定すべきである」と述べている。

ジョナサン・バーチらはその線に沿って、最近では人間の意識の特徴――知覚の豊かさ、時間的な統合、自己認識など――を動物にも探すことでいくつかの研究を行なっている。だがそれらのなかで、意識それ自体に関連する特徴は「自己認識」だけであり、しかもそれでさえ、人間以外の動物における意識の指標と見なせるか否かに関して、侃々諤々たる議論が繰り返されている。それ以外の特徴は、人間における意識と行動の相関関係を示すにすぎない。ただし、得られた結果を意識の存在の確たる証拠としないかぎり、さまざまな動物を対象にこの相関を評価することは、確かに有用であろう。

私は、人間以外の哺乳類における意識的な心の状態とはどのようなものでありうるかを理解するために、それとは異なる実証的なアプローチに取り組んできた。そしてその際、人間におけるアノエティック、ノエティック、オートノエティックな意識を司る脳のメカニズムを検討することから着手した。このアプローチは、他の哺乳類にいかなる種類の意識が存在しうるかを、人間と他の哺乳類の脳の類似性や差異性に基づいて逆行分析《リバースエンジニアリング》する手段を提供してくれる。

いくつか例をあげよう。あらゆる哺乳類が、下顆粒中間皮質PFCの諸領域を備えている。したがって、人間においてこれらの諸領域が可能にしている種類の意識はすべて、少なくともある程度は、人間以外の霊長類や霊長類以外の哺乳類も備えていると考えられる。また、すべての類人霊長類（サル、類人猿、人間）は顆粒PFCを備えているのに対し、他の哺乳類は備えていないので、顆粒PFCの諸領域が人間の意識に果たしている役割は何であれ、他の霊長類には何らかの形態で見られたとしても、霊長類以外の哺乳類には欠けているものと考えられる。さらに言えば、初期に進化した霊長類（原猿類やメガネザル）は

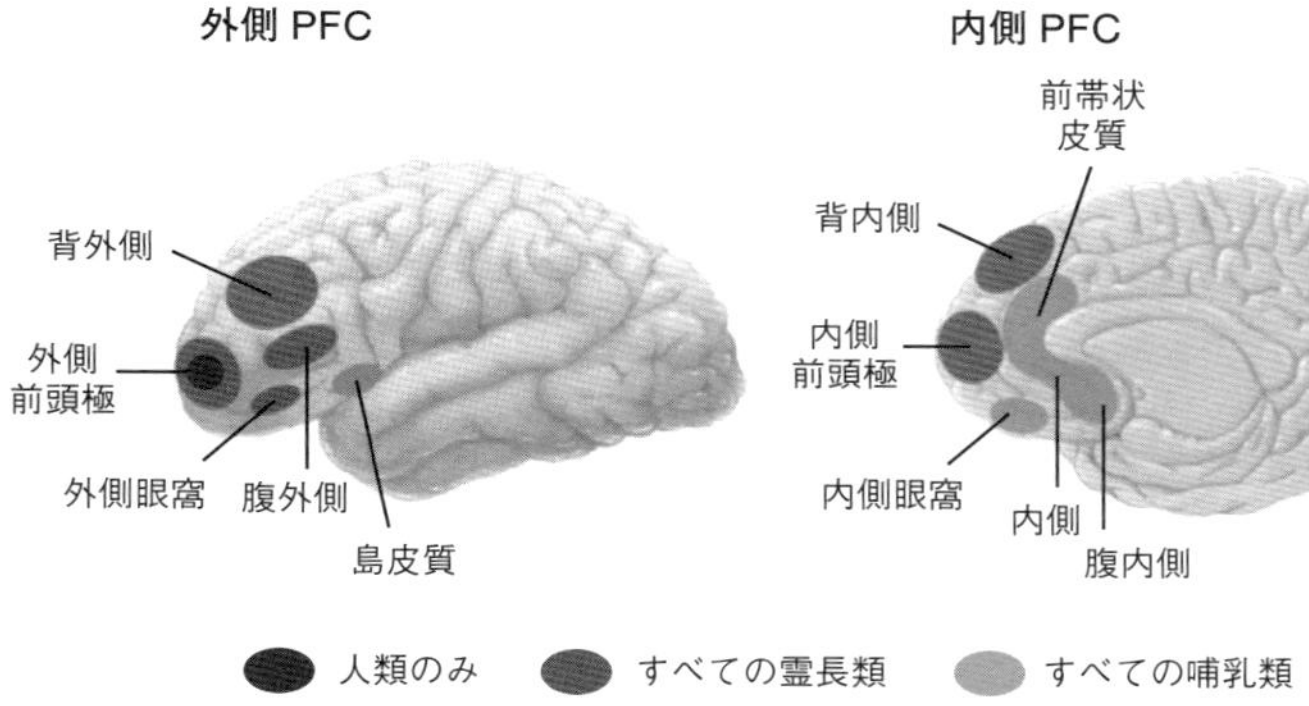

図25・1　人類のみが備えるPFC領域、霊長類のみが備えるPFC領域、すべての哺乳類が備えるPFC領域。Joseph E. LeDoux, "What Emotions Might Be Like in Other Animals," *Current Biology* 31(2021): R821-R837, figure 3.

初歩的な顆粒ＰＦＣしか備えていないので、それらの動物が持つ意識の能力は、仮に存在していたとしても、おそらくサルの能力と、霊長類以外の哺乳類が持つ能力の中間程度のものにすぎないだろう。最後にもう一例あげておくと、顆粒ＰＦＣ内の人間にしか存在しない領域、とりわけ前頭極内の諸領域の意識に対する貢献は、他の霊長類（おそらくはいくつかの大型類人猿を除いて）や哺乳類には見られないはずだ。図25・1は、すべての哺乳類が共有するＰＦＣ領域、霊長類独自の領域、人類独自の領域の位置を示したものである。

私の考えでは、すべての哺乳類において、下顆粒中間皮質ＰＦＣの諸領域はアノエティックな辺縁意識の感覚に寄与している。また外側ならびに内側顆粒皮質の諸領域は、類人霊長類における事実や概念に関するノエティック意識に、外側前頭極は、人間ならびにおそらくは他のいくつかの大型類人猿における、オートノエティック意識と、その心的時間旅行の能力に寄与している。

このアプローチの長所は、人間以外の動物における行動と心の関係のあるべき姿をめぐる憶測ではなく、心と脳の関係をめぐる実証的なデータに基づくことだ。たとえば、人間だけが備える外側前頭極の構成要素が実際に、自分自身がオートノエティックな経験を持つ実体であることを知るのに必須の役割を果たしているということが確証されれば、霊長類を含めた他の動物に堅実な自己認識を見出すことがきわめて困難な理由が明確になるだろう。同様に、背外側などのＰＦＣの外側領域が、事実や概念に関するノエティック意識に重要な役割を果たしているのであれば、サルの意識が人間の意識にいかに似ているか、あるいは霊長類以外の哺乳類の意識とはいかに異なるかについて何らかの手がかりが得られるだろう。さらに言えば、人間では中間皮質ＰＦＣがアノエティック意識を可能にしているのであれば、すべての哺乳類が周縁的でアノエティックな経験を共有しているという洞察が得られるはずだ。

ここで、いくつかの留意事項がある。私は以上の領域に意識が宿っていると主張したいのではなく、それらの領域の神経回路が、相互の、あるいは他の領域とのさまざまな結合を介して、意識の形成に重要な役割を果たしていると言いたいという点がまず一つ。二点目は次のとおり。第Ⅳ部で述べたように、霊長類の脳は霊長類が他の哺乳類から分岐してからも、また人間の脳は人類が他の霊長類から分岐してからも進化し続けている。したがって、動物Ａが動物Ｂのものと類似する脳領域を備えているからといって、必ずしも動物Ａが動物Ｂと同一の脳領域と機能を備えていることを意味するわけではない――アノエシスは哺乳類全体のあいだで似通っていたとしても、霊長類と他の哺乳類のあいだや、人間と他の霊長類のあいだではやや異なるかもしれない。三点目は二点目に関係し、人間の脳に言語能力が加わったのは新たなできごと――漸進的な進化の一例ではなく進化的な革新――であり、私たちの思考、計画立案、意思決定、理解、感情に関する能力に、言語能力が大きな影響を及ぼしている点だ。四点目は、私の解剖学的な仮説が単純すぎる、あるいは間違っていることがやがて判明したとしても、アノエティック意識、ノエティック意識、オートノエティック意識に関して、あるいは意識的な心の状態を分類するために、他の解剖学的な仮説を立てるに際して、ここに提起した基本的な戦略は通用するという点である。

温血動物と冷血動物の意識

意識的な心の状態に関する私の見方は、哺乳類や鳥類などの真の内温性の動物に限定されると考えられる認知的な再表象／再記述のプロセスに関連する（第17章参照）。しかし、内温性によってモデルベースの認知が保証されるわけではないのと同じように（鳥類ではモデルベースの認知は一部の種にしか備わっていない）、意識の基盤になりうる認知を備えていることが、意識の存在を保証するわけではない。哺乳類であれば、私たちは少なくとも、メンタルモデルの基盤をなす神経回路からの類推に基づいて、脳の組織の相同性《ホモロジー》を見出すことで、意識に関して推測することができる。しかし鳥類には人間のものに似た意識が備わっていると結論するのであれば、その前にもっと慎重に考える必要がある。なぜなら、メンタルモデルを備えている鳥類は一部に限られており、それゆえ鳥類の意識と思しきものは、温血性と種に固有の選択圧が合わさった平行進化、いわゆる収斂進化の結果である可能性が考えられるからだ。

ここでは人間の意識的な心の状態を理解しようと試みているのだが、人間と他の哺乳類の関係に焦点を絞ることは、進化の観点から私の行ないたいことでもある。この観点からすれば、鳥類、爬虫類、両生類、魚類を考慮に入れることには意義がある。というのも、人間の脳は直接的にせよ、間接的にせよ、それらの動物の脳と関連性があることがよく知られているからだ。また私は、他の研究者たちが種々の前口動物（ミツバチ、ハエ、タコなど）、いやそれどころか原生動物や細菌をめぐってさえ意識に関する推測を行なっていることを問題だとは思っていない。とはいえ私自身は、それに時間を費やすつもりはない。それはそうと、動物の意識に関する議論で言及されることの多い有感性という概念についてここで少し触れておきたい。

有感性（Sentience）と科学（Science）

有感性という言葉は、外来の感覚情報に関する意識的な経験を指す場合が多い。また、そこに内受容性のシグナルに由来する感覚を含める哲学者や科学者もいる。有感性は、認知的な再表象／再記述が必要であるとは一般に見なされていないという点に鑑みると、原理的に言って、温血動物か冷血動物かに、あるいは堅実な認知能力を備えているか否かに関係なく、あらゆる動物が備えていると考えられる。事実有感性は、動物全般、場合によっては有機体全般の存在条件とされてきた。だが「有感性」という言葉はあいまいなので、これらの主張の是非を評価することはむずかしい。

有感性のもっとも単純な定義は、感覚刺激に対して反応する純然たる能力というものだ。すでに述べたように、動物が有感性を持つことの証拠としてマーカーの論文がよく引用される。しかしマーカーは、感覚刺激に対する反応性を指標に用いることで、生物意識（生きていて感覚刺激に対して反応すること）の例を示したにすぎない。有感性という言葉を使う人のほとんどは、意識があるとはどのようなことなのかという現象的な感覚を、つまり私たちが自らの経験をもとに人間に備わっていると想定している能力を人間以外の動物も備えていることが、感覚運動的な反応によって示されるという可能性を主張しようとしているのだ。しかし意識的な心の状態は、感覚的な反応性によっては測定できない。また動物に問題解決などの複雑な行動を取る能力が備わっている点を、動物における有感性の存在を裏づける証拠としてあげる研究者もいる。この見方はさらに行動寄りになるが、問題解決の能力は、いかにそれが印象的なものであろうと、それだけでは現象的な感覚の存在を裏づける証拠にはならない。

前章で私は、アノエシスが、感覚、記憶、身体の状態に関する低次の情報の中間皮質における再表象／再記述に起因する、原初的形態の意識的な心の状態（認知的な意識）であると論じた。またアノエシスは、ノエティック意識やオートノエティック意識の状態がしっくり感じられるようにするとも述べた。それがアノエシスの役割なら、意識があることが私たちにとってどのように感じられるかを説明するにあたって有感性を持ち出す必要はない。

しかしそのように規定されるアノエシスは、少なくとも中間皮質の手続き的なメタ認知（再表象／再記述）に基づくアノエティック意識を備えた動物しか備えていないのかもしれない。この条件によって、アノエシスを持つ動物は哺乳類に限られるのだろう。だがそれが正しければ、人間においてノエティック意識やオートノエティック意識によってアノエシスが曇らされているのと同様、人間や他の動物においてアノエシスによって曇らされている原初的な――おそらくは一次的な――状態（有感性）が存在するのではないかという問いが生じる。そのような状態は、アノエシスと生物意識の中間に位置するのかもしれない。そのことは、マリエ・ヴァンデケルクホフも意識の連続性に関連して指摘している。

アノエシスには、わずかであっても暗黙的な心の内容（しっくりしているという感覚、親近感、所有感、自信）が含まれる。それに対して一次的（非認知的）な神経生物的状態として規定される有感性は、内容がさらに少ない。その程度は、脊椎動物同士や無脊椎動物同士でも、あるいはそれら二つの系統のあいだでも異なるのかもしれない。

有感性が非認知的であるのなら、それに心の質がともなう可能性がまったく排除されるように思えるかもしれない。しかし人間の意識の一次理論（第21章参照）は、非認知的な心の状態に関する理論である。人間の複雑な経験に対してはより高次の説明が必要とされると私は考えているものの、オートノエシスとノエシスによってアノエシスのみならず、人間における原初的な基盤をなす非認知的な心の状態も覆い隠されている可能性がある。私はこの見方を支持するわけではないが、その可能性をまったく排除するつもりもない。人間を対象にした研究で有感性と心の一次状態がまったく同じであることが判明すれば、その発見は、一次的な感覚力には長い進化の歴史があるという見方に対する門戸を開いてくれるだろう。しかし、アノエシスと生物意識の両方から区別される一次的な有感性が人間に備わっていることを示すことができなければ、有感性は、一種の原初的な意識状態であることを示す明確な科学的な根拠を欠く、あいまいな概念のままで終わらざるをえないだろう。

有感性を取り上げた私の意図は、それが何であるかを解明することではなく、本書で築いてきた概念的な枠組みのどこにそれが位置づけられるかを示すことにある。人間以外の動物における有感性や、他の形態の意識の存在は、真でなければならないと感じられるほど明らかで直感的に正しい事実だと陰に陽に思われている。思うに、これが憶測にすぎないという認識が広がれば、有感性に関するそれらの業績は、より広く尊重され、強い影響力を持つものになるはずだ。有感性に関する研究分野を代表するジョナサン・バーチが最近述べているように、「動物の擁護者は、ときに正当化されない確信へと引き籠ることがある。自分の信念に拘泥していると、自分が間違っているという悩ましい考えを締め出すことができるのだ」

26　自分自身や他者について語るストーリー

ようやく、いかにして人間の意識的な経験（知覚、記憶、信念、喜び、悲しみ、希望、夢、怖れ、空想）が実際に生じるのかについて私がどう考えているのかを説明する段階に達した。本章で提起する説明は、分離脳患者を研究していた一九七〇年代以来の私の研究に、ある程度見て取ることができるはずだ。「はじめに」で述べたように、マイク・ガザニガと私は当時、私たち人間が、自己認識や、自分の行動の目的を理解する際に役立つ解釈を構築していると主張した。この主張によれば、そのような解釈は、行動が脳の複数のシステムによって非意識的に制御されているにもかかわらず、心の統合や意識的な統一感を維持するために必要であった。

次の数十年間、マイクは分離脳患者の研究を通じてこの考えを探究し続け、その基盤となるメカニズムを「解釈者《インタープリター》」と名づけた。私はと言えば、情動的な状況、とりわけ怖れを感じる状況のもとで、そのような解釈を強要する非意識的な脳のシステムについてもっと学ぶためにラットを用いた研究を行なうようになった。ワーキングメモリーに関する認知科学の進歩や、意識に関する哲学を注意深く追い、それらの知見に基づいて、人間の意識との関係で認知的な解釈が生じたいきさつについて理解を深めることができた。

現バージョンの私のインタープリター仮説は、ワーキングメモリー・メンタルモデルが、内面的な語り《ナレーション》によって意識的な経験へと変換されるというものだ。本章では、この語りは、言語、視覚などの認識可能なコードによってもたらされるのではないことを示す。それは、意識の内容を供給するだけでなく、私たちの発話や行動を制御する特定のモードとは独立した「アモーダル」な神経コードの形態を取る。なお、これはメンタリーズとも呼ばれている。

物語る人生

文学者のジョナサン・ゴットシャルは『ストーリーが世界を滅ぼす――物語があなたの脳を操作する』で、ストーリーが人間を作ると述べている。「意識の流れ」というウィリアム・ジェイムズの言葉に啓発された小説家たちは、人間の心の働きを模倣するような方法を駆使してストーリーを紡ぐことで、人間の精神生活の物語的な性質を利用しようとしてきた。ジェイムズの弟で小説家のヘンリーは、「冒険は、それを冒険として語る方法を心得ている人に起こる」と述べて、日常生活における物語の役割をみごとに捉えている。

自伝は著者のエピソード記憶に依存するため、明示的な形態の自己の語りだと言える。しかし、自伝は現実経験から逸脱することも多いため、実生活とフィクションの区別をあいまいにすると言われやすい。私はすでに、鮮明なエピソード記憶でさえ必ずしも正確ではなく、微に入り細を穿った詳細ではなく要点を捉えるものだと述べた。創造的なノンフィクションという分野は、ストーリーテリングにおける現実との緩い結びつきをはっきりと擁護する。

語りの心理について書いているマーク・フリーマンによれば、自伝や記憶は、文章形式の文学的な性質のゆえにやや非現実的になりやすい。その見方は正しいのかもしれないが、他の要因があることも確かだ。その一つとして、過去に関する異なる物語を想像して記憶を再構築したり再固定化したりすることで、最新バージョンの記憶が「現実」バージョンであるかのごとく思わせるメンタルモデルを構築する人間の能力があげられる。しかも再想像し再固定化する時間が長くなればなるほど、それだけ過去を再構築する機会が増える。

小説では、登場人物の道徳的な葛藤や倫理的な葛藤は哲学的な概念に満ちているが、これは両方向に当てはまる。哲学における事実上すべての理論は、ストーリーや観念であり、何かがいかに機能するかに関するものである。しかし、はっきりした説明の役割を語りに与える哲学理論もある。いくつか例をあげよう。ダニエル・デネットは、複数の一時的な草稿（物語）から、より持続する自己に関する物語が生じ、一般に意識的な経験とされているものの基盤を形作ると述べている。オーウェン・フラナガンはジリアン・アインシュタインとの共著『ナラティブと意識（*Narrative and Consciousness*）』で、「人間は、自己の人生に関するストーリーを心に保ち、語ることができる限りにおいて一つの人格たりうる」と述べている。またアラスデア・マッキンタイアは、「私たちの誰もが、人生を送るにあたって自らの物語を生き、自分が生きる物語の言葉で自己の人生を理解する」と記している。

科学者も、心の物語的な性質に関心を抱いている。たとえば認知科学の開拓者の一人であるジェローム・ブルーナーは、自分自身に関する理解が、その構造において「ストーリー化」されている、すなわち物語であることを強調する。

「ほんとうの自分について語ってください」と求められれば、その人は物語に慣例的に見られるさまざまな構成要素を交えながら、数々のストーリーを語るはずだ。（…）主人公である自分は、ある場面で特定の目標を達成するために立ち上がったものの、それがうまくいかず事態が悪化してしまう、などといった具合だ。人々が語るストーリーは、ジャンル性を帯びている。そこにはヒーロー物語や犠牲者の物語やラブストーリーを見出すことができるのだ。人生は芸術を模倣するというオスカー・ワイルドの言葉を疑う向きは、誰のものでも構わないので自伝を読んでみればよい。そうすれば疑いが晴れるはずだ。

ブルーナーによれば、生涯を通じて継続する心理的な実体としての感覚は、つねに自己の物語を現状に合わせて書き直し、書き直した物語を、記憶を通じて将来へと持ち越していくことで得られる。ブルーナーは、その種の物語の書き直しによって、既存の物語に挑戦する不調和な思考や感情が引き起こす認知的不協和が緩和されると主張する。

「自分の人生について語る」ことほど、認知的不協和の緩和に強い効果を発揮する方策はあるだろうか？　さまざまな不整合を克服して一枚の布地を織りあげるために用いられる戦略、この戦略によって記憶の検索が導かれるその程度、本来ははなはだしい齟齬に感じられるはずの不快さの欠如、文化的な物語が、多様さの見かけの統合を促すその程度、これらすべては、認知機能の主要なエンジンとしての認知的不協和の緩和に関するレオン・フェスティンガーの強力な洞察（一九五七）を実証する。

ブルーナーの記述は、前述した分離脳患者を対象に私が行なった博士研究を思い出させる。マイク・ガザニガと私は、認知的不協和を防止、もしくは緩和し、自分が意識的に知っていることと調和しない行動に直面したときに心理的一貫性の感覚を保つための一つの手段として、分離脳患者の作話を捉えた。だがここで、われわれはこの考えをすべての人間へと一般化した――つまり、人間は不協和をコントロールするために自分の人生を解釈したり物語ったりすると考えた。「作話」と「物語」のあいだに違いがあるとすれば、それは「作話」が、神経や心理の面における問題を相殺しようとする試みであるのに対し、「物語」は、私たちの誰もが日常生活で用いている、定型的でごく普通の説明プロセスであるという点である。

リンダ・エルフとラース゠クリスタ・ハイデンによれば、健常者は利用できる定型的な物語を数多く持っているのに対し、認知症者はそれがはるかに少なく、うまく思い出せないときには作話に頼ろうとする。アサフ・ギルボア、モリス・モスコヴィッチらは、健忘症者を対象に作話に関する大規模な研究を行なっている。また自閉スペクトラム症や統合失調症の患者を対象に作話を研究している研究者もいる。睡眠研究者アラン・ホブソンは、夢が、統合失調症者の幻覚と大きくは異ならない、自然に生じる形態の強力な物語／作話だと主張している。

リサ・ボルトロッティによれば、「作話する人は、自分が何をしているのかはわかっているものの、なぜそうしたのかに関する重要な情報にはアクセスすることができない」。エルフとハイデンは、作話の持つ問題解決機能をいくつか特定している。現在を理解するための感覚の醸成、自己のアイデンティティーを保つための自己の形成、外界との相互作用を組織化するための世界の生成の三つである。要するに、ジェイムズのいうしっくりしているという感覚を維持するのに通常の物語では不十分な場合に、作話が必要になるということだ。

健常者はエピソード記憶を用いて、さまざまなできごとに関する要素や思考を、自己認識や、自分の行動の目的に関する一貫性のある理解へと結びつける物語を構築する。これは、脳損傷によってエピソード記憶と、作話を含め物語を生成する能力を一時的に失った患者の次のような回想に劇的に示されている。「未来について考える能力を失いました。つまり未来について心配したり、期待したり、予知したりすることができなくなってしまったのです。（…）だから入院してから最初の四、五週間は、私はただ存在していたにすぎません」。より長期的な症例としては、エピソード記憶にきわめて特異な重い障害を負ったクライブ・ウェアリングの事例をあげることができる。彼は、直前の三〇秒間に起こったできごとだけを思い出し、それについて語ることができたのだ。

内面的な物語を欠くと、自分の素朴な心理に関する理解や、他者の心を理解すること（心の理論）におけるその役割は、雲散霧消する。ブルーナーが『物語としての人生（*Life as Narrative*）』で述べているように、素朴な心理は日常生活で生じる、起こることが予期されているありきたりのできごとに正当性や権威を与え、それに対する信念が侵犯されたり疑われたりした場合には、新たな物語が構築される。

グレゴリー・バーンズは『自己妄想（*The Self Delusion*）』で、個人的な物語に対するエピソード記憶の貢献を次のようにみごとに捉えている。

> 誰もが少なくとも三つのバージョンの自己を持っている。一つは、あなたがもっとも「あなた自身」であると考えることの多い現在の自己である。（…）しかし、現在とは幻想にすぎない。現在のあなたは長くは続かない。（…）今現在を生きていると感じているときですら、（…）私たちは過去に縛られている。これが二番目の自己である。（…）未来のあなたはその本性からしてあいまいだが、その

機能は実用的であるとともに熱望することでもある。私たちが今現在を生きていると考えているときには、脳はすでに起こったできごとを処理しているばかりでなく、直近の未来の予測も行なっている。（…）過去の自己、現在の自己、未来の自己は、統合的な存在へと切れ目なく結びつけられると通常考えられている。だがこれも、幻想にすぎない。ならば、自己とはいったい何なのか？　その答えは、「自分が自己と考えている何者か」というものだ。（…）私たちの脳は、人生に関する物語を構築し、（…）そのプロセスによって自己のアイデンティティーが形成されるのである。

物語の内容

物語の内容は、いかにして生み出されるのか？　記憶が重要であることは言うまでもない。だが、記憶が非常に重要である点は否定し難いとしても、記憶だけでは十分ではない。というのも、記憶の回収と内面的な物語の構築のあいだには他のいくつかのプロセスが介入するからだ。

文学理論家のロラン・バルトは「著者の死」というタイトルの論文で、「語っているのは言語であって著者ではない」と書いている。バルトは叙述（エクリチュール）の歴史を追うことで、「著者と読者は、言語に包摂される、より大きな文化的なストーリー（物語）の一部をなす」と、また、「著者はこの共有された言語と、それが含む文化的な知識を通じて読者と交換する」と主張している。

私は、たまたまバルトの引用に出くわしたのだが、彼の言葉によって、私たちが話したり書いたりするとき、脳内では何が起こっているのかについて考えさせられた。言葉は、個々の単語や文法をわざわざ意識することなく――意識する場合があったとしても、それは例外的だ――文章として発せられる。話したり書いたりするときに働く認知作用のほとんどは、ひそかに、すなわち非意識的なプロセスによって生み出される。バルトの言葉を言い直すと、「語っているのは、非意識的なメンタルモデルであって人間の意識ではない」。その意味において、私の結論はバルトの結論と大きくは異ならない。というのも、バルトも私も、話したり書いたりすることの少なくとも特定の側面から意識を除去するからだ。

まとめると、人は自分の言うこと、書くことを意識できることは明らかだとしても、その理由は意識して言ったり書いたりしているからではない。私の考えでは、発話表現と意識的な経験は、非意識的なメンタルモデルとその非意識的な物語による別の、すなわち平行的な出力結果なのである。

物語は前意識的でアモーダルである

本書で私は、いかなる意識的な状態であれ、それには非意識的な処理が先立つと何度か述べてきた。しかし、それについてもっと細かく説明するべきときがきた。意識的な経験に先立つ非意識的な状態は、「前意識」と呼んだほうがよかろう。なぜなら、すべての非意識的な状態が意識に先立つわけではないからだ。

内なる物語について考える自然な方法は、言葉という観点から見ることである。たとえば心理学者のジュリアン・ジェインズが一九七〇年代後半に刊行した『神々の沈黙——意識の誕生と文明の興亡』〔邦訳は二〇〇五年〕には、内なる声（語り）による幻聴が意識の進化に先立っていたという説が提起されている。頭のなかに響く声、すなわち心を駆け巡る独り言は、意識的な経験の基盤をなす語りなのかもしれない。この見方は、独り言に注意を向けそれを意識することができる——それどころか止められなくなることさえある――という事実によっても支持される。言葉による心の迷走《マインド・ワンダリング》に他ならない内なる独り言は、言語的な意識の形成に一役買っている。しかしそれは、私が言いたいことのほんの一部にすぎない。

初期の行動主義者は内語について、子どもが成長するにつれ徐々に静まり、やがて一般に心と呼ばれるものとして通用するようになる、音声をともなわない言葉として捉えていた。この考えは、一九三〇年代にロシアの心理学者レフ・ヴィゴツキーによって批判された。ヴィゴツキーは、子どもの心の発達や成人の心の健康において、「自己中心語《プライベートスピーチ》」が決定的な役割を果たしていると論じたのだ。今日でも、彼と同様、子どもにおける主観的な自己認識の出現とその継続的な維持に、プライベートスピーチが必須の役割を果たしていると考える心理学者がいる。

またプライベートスピーチは、ワーキングメモリー、実行機能、さらには心の理論、意識にも関連づけられている。ならば、脳損傷のせいでプライベートスピーチが失われると、自己の感覚が毀損されることは、特に意外なことではないだろう。ここで、脳損傷を負って入院しているあいだ、過去や未来について考えられなくなり、「ただ存在しているだけ」だと感じていた患者の事例を思い出されたい。

誰もが心のなかを駆け巡る言葉による語りを経験しているわけではない。言葉より視覚が際立つ人もいる。事実、言語が誕生する以前は、視覚的なコミュニケーションの手段としてパントマイムや模倣が用いられていたとされている。それどころか、これらの能力は、言語の誕生の基盤になったとさえ考えられている。視覚能力や言語能力には個人差があるとはいえ、たいていの人は、両方の能力を備えている。私たちが視覚的動物であるのは霊長類だからであり、言語的動物であるのは人間だからだ。映画では、視覚的な物語は言葉による脚本と同程度に、あるいはそれ以上に重要になることがある。初期の映画は、視覚映像のみでストーリーが展開されるサイレント映画だったことを思い出してみればよい。

ならば、私たちは言語的な語りと視覚的な語りのそれぞれに対して個別の発生器《ジェネレーター》を備え、必要に応じてそれらを使い分けているという可能性が考えられる。バドリーの最初のワーキングメモリーモデルにおける音韻ループと視空間スケッチパッドは、それぞれ言語的な物語ジェネレーターと視覚的な物語ジェネレーターの第一候補だと言えよう。しかし、脳が生み出す物語はそれら二種類に限られるわけではない。すべての感覚系に、物語のモードとして作用する可能性がある。しかし、これらの特定の感覚系に限定された物語のプロセスは、部分ではなく全体が経験されるマルチモーダルで形態的《ゲシュタルト》な状態を説明するには不十分であり、その説明には、同一の感覚モード、ならびに異なる感覚モードのさまざまな構成要素を結びつけ、さらにはそれを記憶とともに、より大きな統合体へと結びつけていく必要がある。

たとえばリンゴを見たとしよう。するとまず、同じ視覚モードに属する、リンゴのさまざまな特徴（たとえば色や形）が、視覚皮質で結びつけられる。次に頭頂葉や側頭葉に位置するコンバージェンスゾーンが関与するマルチモーダルな結合によって、視覚的な表象が、聴覚などの他の感覚モードによって形成された表象に結びつけられる。エピソード的でマルチモーダルな視覚像は、頭頂葉と海馬の神経回路で構築される。マルチモーダルな形態的表象の最終的な形成には、下顆粒中間皮質におけるスキーマの構築が必要とされる。次にこれらのスキーマは、顆粒ＰＦＣのワーキングメモリーに統合され、それによってその瞬間の前意識的なメンタルモデルの概念的基盤が提供される。

私の考えでは、前意識的なメンタルモデルの出力は、バドリーがエピソディック・バッファ仮説に関連して述べているように、マルチモーダルな内容を持つ意識的経験に至る。ただし彼は、いかにエピソディック・バッファが複雑な意識的経験を可能にしているかについては説明していない。したがって私は、彼の考えを先に進めて、いかにマルチモーダルの複雑な経験が、高次の状態として構築されるのかに焦点を絞る。

私の考えを簡潔に述べると、意識的経験は前意識的なメンタルモデルの直接的な出力ではなく、メンタルモデルによって生み出される抽象的な（つまりマルチモーダルな、すなわち特定のモードに依存しない）前意識的物語コード、いわば一種の「メンタリーズ」の形成に続いて生じる。とはいえメンタリーズとしての物語の性質について説明する前に、メンタリーズそれ自体について説明しておく必要があるだろう。

メンタリーズ

メンタリーズとは哲学者のジェリー・フォーダーが最初に提起した概念で、哲学者が従来「思考の言語」と呼んできたものの一バージョンである。メンタリーズは、統語的な規則によって複雑な要素（熟語や文）へと柔軟に結びつけることのできる、意味ある単語からなるという点で、人間における自然言語の能力に類似する。しかし自然言語とは異なり、メンタリーズは、思考（概念）を生成することと、生成したいくつかの思考をより複雑な思考へと柔軟に組み立て直していくことの両方が可能な、抽象的で汎用的なコードである。これらの思考の抽象性——すなわち特定のモードに依存しないという性質——は、あらゆる種類の外的、内的な感覚刺激、さらには知覚や記憶に関する思考や、思考それ自体すら含め、さまざまな要素を結びつけて認知的に表象すること（それに関する思考を持つこと）を可能にする。

メンタリーズによって構成された物語の抽象的な一般性をめぐっては誤解があり、そのせいでメンタリーズを行使するためにはメンタリーズ語やその意味にアクセスする認知能力が人間に求められるはずだということを根拠にメンタリーズは批判されてきた。しかしマイケル・レスコラが指摘するように、「思考とは、〈メンタリーズによって自分自身に語りかけること〉ではない。思考する人は通常、メンタリーズによる表現を表象、知覚、解釈、反省するのではない。メンタリーズは、解釈の対象ではなく思考が生じる際の媒介として作用するのだ。自然言語を理解していると言う場合と同じ意味でメンタリーズを理解していると言うべきではない」。私は、この意味でメンタリーズという言葉を用いている。

ジェイク・キルティ＝ダンらは最近、思考の言語を時代遅れと見なしている人もいると述べている。しかし彼らによれば、思考の言語説は、心的表象の理解という点で「もっともすぐれた選択肢」として静かに認められつつあるとのことだ。

メンタリーズと脳

フォーダーは「機能主義者」である。つまりメンタリーズを含めて、脳に対する心の関係をコンピューターのハードウェアに対するソフトウェアの関係に類似するものとして見ている――ソフトウェアは、ハードウェアとは独立して情報を処理する、独自の操作のルールを持つ。このように認知を情報処理として強調している点を考慮すると、フォーダーを始めとする初期の認知主義者の多くは、意識に特に関心を抱いていたとは思えない。彼は、意識に関する自身の見方を一九九一年に発表した「人間の心にはむずかしすぎる?」というタイトルの論文で要約している。そこには、「認知科学者たちはたいてい、意識を忌々しい厄介な物と考えている。(…)あるいは意識についてまったく考えていない」とある。

脳と心の関係をめぐる発見はフォーダーには無縁だったが、他の研究者は、意識との関連性を含め脳内におけるメンタリーズの意義を追及していた。たとえば、情動や目標指向的な行動における中間皮質の役割に関する研究の開拓者であった神経科学者のエドマンド・ロールズは、意識に関する高次の統語理論を提唱した。この理論は、意味的表象の統語的操作が心の状態の基盤をなすとする点でメンタリーズ理論とよく似ている。とはいえ、抽象的なメンタリーズではなく脳の自然言語システムに依拠しているという点で、ロールズの理論はメンタリーズ理論とは異なる。

それに対して哲学者のスーザン・シュナイダーは、意識のグローバル・ワークスペース理論に関連づけた思考の言語（メンタリーズ）仮説を提起している。したがって彼女の言うメンタリーズは、フォーダーのメンタリーズとは異なり、心と脳をめぐる現代の神経科学的な理解と強い親和性がある。クレア・サージェントのグローバル・プレイグラウンド理論が――この理論では、私たちはグローバル・プレイグラウンドで、外的な刺激、身体の状態、心の状態をめぐって心を迷走させると考えられている――シュナイダーの仮説に織り込まれれば、意識とメンタリーズの関係に関してさらに洗練された見方が得られるかもしれない（第21章参照）。

スティーヴン・フランクランドとジョシュア・グリーンは、私が特に関心を抱いている、脳に依拠する思考の言語仮説を提起している。彼らの仮説では、抽象的な概念はデフォルト・モード・ネットワークによって形成され互いに結びつけられる。私なら、デフォルト・モード・ネットワークそれ自体ではなく、それに属しているいくつかの特定の脳領域を強調したいところではあるが。その領域には、意味／概念に関する記憶やエピソード記憶に関与している側頭葉と頭頂葉の新皮質の諸領域、記憶やスキーマの処理に関与している下顆粒（中間皮質）PFCの諸領域、ワーキングメモリーや他の高次の認知に関与している顆粒（前頭極や背外側）PFCの諸領域が含まれる。二人によれば、これらの相互結合した諸領域は、フォーダーの思考の言語における文のような統語構造ではなく、トールマンの認知マップのようなものを用いて表象を生成している。フランクランドとグリーンの仮説の鍵は、側頭葉の空間マップに関連して第Ⅳ部で取り上げたグリッド細胞にある。二人が特に強調していることとして、側頭葉と頭頂葉のグリッド細胞、ならびにそれと下顆粒ＰＦＣや顆粒ＰＦＣの諸領域の相互作用によって、抽象的でアモーダルな（すなわち特定のモードに依存しない）神経コードが、概念マップや心のシミュレーションに寄与することを可能にしているという点があげられる。アモーダルな概念を、複数のモードをまたぐ高次の統合の結果と見なす彼らの仮説は、一つのモードに特化した抽象的な概念を強調する他の仮説より好ましく思われる。

フランクランドとグリーンは意識の問題を避けて通っている。しかし彼らが強調している神経回路は、私が提起する意識に関する階層的マルチステートＨＯＴの神経回路（図22・1参照）と大幅に重なるので、二人の理論は、メンタルモデルによるアモーダルな物語の出力と、統合された複雑な意識的経験におけるその役割に関する神経学的な説明を提供してくれるかもしれない。

メンタリーズによる物語の流れとその分流

私のメンタリーズ理論の出発点は、高次の状態が、顆粒ＰＦＣの前意識的なワーキングメモリー・メンタルモデル内に確立されるというものだ（図26・1参照）。メンタルモデルの内容は、一時的に活性化された低次の入力状態（感覚、記憶、スキーマ、言語、目標の価値、ホメオスタシスなどに関する状態）を反映する。

仮に前意識的なメンタルモデルに含まれている内容が、視覚刺激のみ、あるいは記憶のみ、もしくは言語的な心の迷走（内的発話）のみだったら、その唯一のモードによって、物語の内容も決定されるだろう。

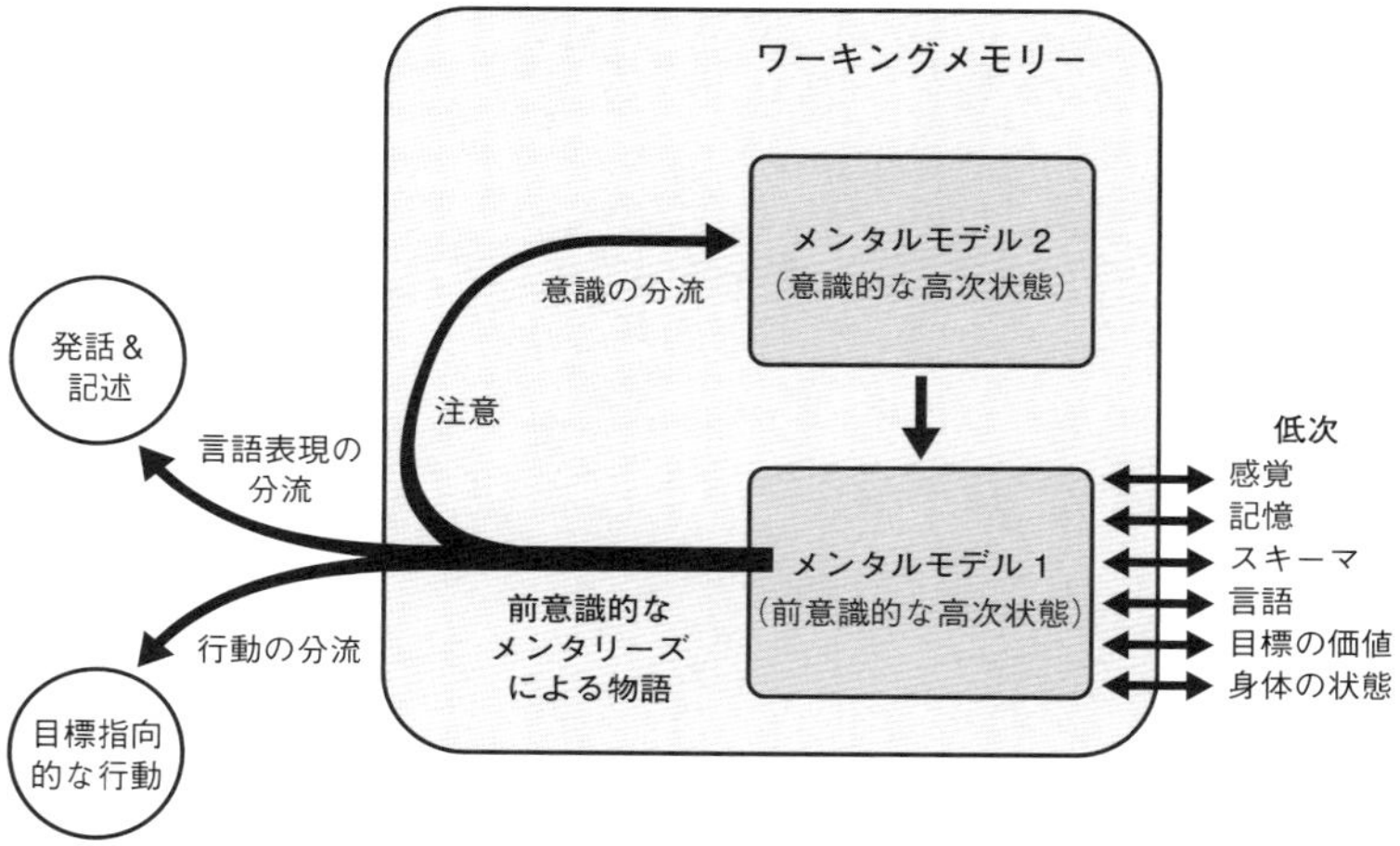

図26・1　メンタリーズによる語りは顕在的で意識的な心の状態、発話、目標指向的な行動を個別に基礎づける。

それに対して日常生活では頻繁に起こるように、複数の種類の刺激が入ってきて、それらがメンタルモデルによって統合される場合には、それに応じてより複雑な内容を持つ物語が形成される。

瞬間的な心の状態は、数百ミリ秒のあいだに起こったことを反映する、短く一貫性のある神経的な事象からなる一瞬の神経活動を必要とする。すでに述べたように、これらの事象は「事後処理」によって「イベントチャンク」として束ねられる。言い換えると、現在の瞬間のメンタルモデル（つまり高次状態）の前意識的な内容は、イベントチャンクとして存在するのである。

前意識的なメンタルモデルの出力の一部は、低次の神経回路の入力として送り返され、メンタルモデルを更新維持する再帰的な活動を設定する（右下の双方向矢印）。だが私の理論の鍵は、前意識的なメンタルモデルの他の出力を、現在の瞬間に関する抽象的でアモーダルなメンタリーズによる物語と見なす点にある。

特定のモードに依存しないアモーダルな物語の性質によって、その概念的な内容は、下流に位置するさまざまな処理機構《プロセッサー》によって利用されうる。たとえばそれは、話す、書く、サインランゲージを使うなど、言語を用いて反応したり、さまざまな目標指向的な行動（歩く、走る、泳ぐ、登る、叩く、ハグする、指差す、手を振る、中指を立てる、しかめ面をする、微笑む、あざ笑う、含み笑いをするなど）を通じて非言語的に反応したりすることを可能にする。

言い換えると、抽象的なメンタリーズによる物語は、前意識的なメンタルモデル〔図のメンタルモデル1〕から分流する三つの大きな支流を持つ「心の流れ《メンタルストリーム》」として捉えることができる（図26・1参照）。支流の一つは「言語表現の分流」で、皮質の言語神経回路へと達し、物語の内容に関する外向けの言語コミュニケーションを可能にする。二つ目の支流は「行動の分流」で、大脳基底核や皮質の運動神経回路との結合を介して目標指向的な行動を制御する。三つ目の支流は「意識の分流」で、顕在的な意識的経験の基準点をなす。「意識の分流」は他の二つの支流とは異なり、PFCのワーキングメモリー内に留まり、二次的なメンタルモデル〔図のメンタルモデル2〕に情報を投入する。メンタルモデル2は意識的であり、高次の意識状態という形態で顕在的な内容を持つ。

以上は、「PFCの高次の状態は、さらに高次の状態によって再表象／再記述された場合にのみ意識される」とする、ローゼンタールによるメンタルモデルの説明である。この再表象／再記述は、メンタルモデル2によってなされる――前意識的なメンタルモデルの内容の意識的経験を可能にする。ローゼンタールの理論では、メンタルモデル2の内容を意識するためには、別のメンタルモデルが必要になり、その内容を意識するためにはさらに別のメンタルモデルが必要になるといった具合に無限後退に陥らざるをえない。だが、そのような再表象／再記述の無限後退は回避できる。意識的なメンタルモデルが前意識的なメンタルモデルにフィードバックし、後者が前者にフィードフォワードすると見なせば、このループによってメンタルモデル2がそれ自体の内容を意識し、さらにそれが低次の前意識的なメンタルモデル1への入力によって更新されることが可能になるのだから。

マティアス・ミシェルは、私のこの理論をHOHO理論と呼ぶべきだと言う。HOHO理論では、低次の状態は神経生物的次元の、一次の高次状態は認知的次元の、二次の高次状態は意識的次元のプロセスに相当する。

各支流は、メンタリーズによる物語を目標の神経回路へと運ぶ神経経路を表す。そしておのおのが、物語のシグナルを独自の方法で処理する個別的な神経経路なので、目標の神経回路に到達した内容は、互いにいく分異なりうる。たとえば、言語表現と顕示的行動は前意識的なメンタリーズによる物語の異なる結果として生じるので、言動と行動が一致しないこともある。これはまた、口頭報告が、その瞬間の意識的経験の指標として信頼に足るものではあれ、本人の経験を必ずしも完全に反映するわけではない理由を説明する——私たちは、意識していることのすべてを言葉として表現できるとは限らない。さらには、刺激が劣化していたり、処理が困難だったりすると（周辺視野で生じたなど）、報告が不完全になる理由をも説明する。

この二重メンタルモデル仮説では、複雑な事象に関する顕在意識は顆粒PFCの状態と下顆粒PFCの状態の相互作用によって生じる。PFC以外の低次の脳領域の状態は、PFCに対する入力として関与することも多いとはいえ、高次の意識的経験には必ずしも必要とされない。言い換えると、前意識的なメンタルモデルによって構築される高次の状態である思考は、メンタルモデル2を介して高次の意識的状態を満たすのに十分である。いわば、これはHOTのHO HO HOROR バージョンだ！（失礼、このジョ

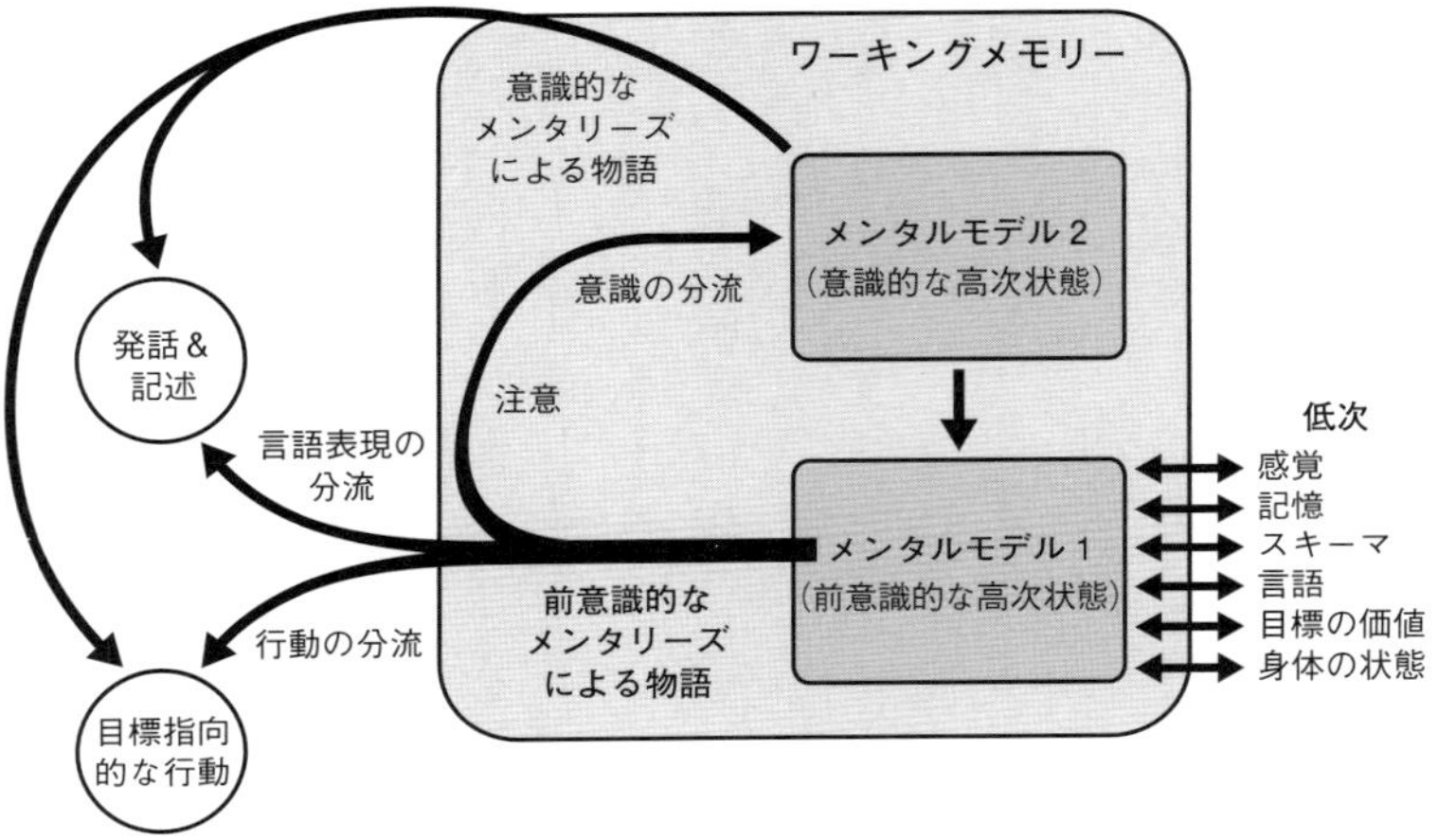

図26・2　意識的なメンタルモデルと前意識的なメンタルモデル。それらのメンタリーズによる物語は、発話と目標指向的な行動の両方を制御する。

ークを抑えきれなかった）。

図26・2は、意識的なメンタルモデルの出力が、前意識的なメンタルモデルの出力と非常によく似て、顕示的行動や言語表現を制御する運動神経回路へと達する分流に情報を提供する（意識的ながら）抽象的なメンタリーズによる物語であることを示している。これは、私たちには自由意志として知られる意識的な行為主体性が備わっていることを意味する。私たちはほんとうに意識的な選択をすることができるのか否かに関しては論争があり、意識的に選択しているという感覚は錯覚にすぎないという人もいる。しかし自由意志が実際に存在していたにせよ、私たちは、誤って自分の行動の原因を意識的な制御に帰そうとすることがある。たとえば、意識的なメンタルモデルがその制御下にない反応行動に気づき、その行動を正当化するなどといった場合がそれにあたる（分離脳患者ポールの事例を思い出されたい）。ポールの研究が行なわれていた頃の一九七八年に発表された古典的な論文で、リチャード・ニスベットとティモシー・ウィルソンは、

その種の正当化を「自分が知っていること以上を言う」ことの例としてあげている。

認知、意識、エネルギー

私は第Ⅳ部で、認知的次元に属する事象が神経生物的次元の事象より多くのエネルギーを費やす理由を説明した。同様に、意識的な心の状態の構築は、非意識的な認知状態（前意識的なものを含む）の構築より多くの神経資源とエネルギーを必要とする。前意識的なメンタルモデルの維持にはそれほどエネルギーが必要とされないので、通常の状況下ではそれが手頃なメカニズムになる。意識的なメンタルモデルは、それによって必要とされるエネルギー消費に見合った利益が得られる場合に限って動員される。

しかし意識の状態のタイプが異なれば、エネルギー需要も異なってくる。意識の基本的な《デフォルトの》状態は、エネルギー需要の低い暗黙的なアノエシスである。アノエシスは手続き的なメタ認知を用いて暗黙的に低次の状態を概念化し、意識的なメンタルモデルにおける辺縁的な経験を維持する。エネルギー需要の高いノエティック意識は、外的、内的な事象を明示的に分類して概念化し、のみならずしっくりしているというアノエティックな感覚を検証したり、しっくりしないという感覚に対処したりするために、事実や概念に関する明示的な内容が必要になったときに動員される。エネルギー需要が非常に高いオートノエティック意識は、特定の状況や心的時間旅行における個人的な関与を明示的に概念化するためにエピソード記憶を動員するときに、そしてその場合にのみ必要とされる。

オートノエシスはエネルギーコストが高くつくが、それに見合った働きをする。メンタルモデルの新たな要素を提供し、ノエシスやアノエシスでは、あるいは非意識的な認知制御（前意識的なものを含む）ではなしえない、行動や環境の非常に高度で柔軟な制御を可能にするのだ。この考えは、柔軟な行動制御には、エピソード記憶、よっておそらくはオートノエシスを司る脳領域が関与していることを示す研究結果にも合致する。

難題を知る

図26・1と図26・2に示されている二重メンタルモデルは、第Ⅳ部で取り上げた、人口に膾炙している二重システムによる認知という見方と混同すべきではない。そこで私は、認知システムに関する従来の仮説で提起されているプロセスを再構成し、三つのシステムに編成し直したことを思い出されたい。繰り返すと、私の言うシステム1のプロセスは認知的でも意識的でもなく、システム2のプロセスは認知的ではあるが意識的ではない。またシステム3のプロセスは認知的かつ意識的である。したがって私の図式では、モデルフリーのプロセス（システム1）は、モデルベースのプロセス（システム2とシステム3）から分離されている。しかし、前意識的なモデルベースのプロセス（システム2）と意識的なモデルベースのプロセス（システム3）も、互いに分離されている。総合すると、私が提起する三つのシステムは神経生物的存在次元（システム1）、認知的存在次元（システム2）、意識的存在次元（システム3）に対応する。

前意識的なメンタルモデルと意識的なメンタルモデルは、顕示的行動や言語表現を別々に制御する能力を備えているという私の考えが正しければ、科学的な意識の理解は、思っていた以上に複雑なものになるのかもしれない。なぜか？　なぜならそれは、任意の瞬間にどのメンタルモデルが私たちの言動や行動を制御しているのかがわからなくなることを意味するからだ。この問題は実際、意識をめぐる実験に対して、複雑な難題を課す。しかし利点もある。何が難題であるかを知ることは、それが障害ではなく特徴になるような理論の構築を促してくれるかもしれない。『孫子の兵法』の言葉を借りると、戦いに勝つためには敵を知らねばならない。まさにその通りで、口頭報告や行動が意識的にも前意識的にも制御されうることを知れば、意識の性質の科学的な解明がかくも扱いにくいものである理由がわかるはずだ。また、自分で自分の行動を意識的に制御しているという感覚が、錯覚なのかリアルなのかに関する議論に決着をつけることが非常に困難である理由もわかるだろう。本書の観点からすれば、前意識的なメンタルモデルによって生み出された反応にともなう意識的な行為主体の感覚は錯覚であろう。しかし、意識的なメンタルモデルが反応を制御している場合には、リアルな意識的行為主体が関与しているはずだ。

哲学者のホルヘ・モラレスは最近、行動がどの程度非意識的に制御されるのかを問うている。彼は、意識的経験をめぐる内観は非常に強力なのだから、複雑な行動制御が非意識的に起こりうるという考えに抵抗すべきだと主張する。しかし前意識的な行動制御は、無意識的な行動制御と同じではない。私の二重メンタルモデル理論が正しければ、彼は自分の立場を再考して、前意識的な行動制御と意識的な行動制御の両方を認めるべきだろう。

最近、本書の考えのいくつかについてイェール大学で講義したとき、ジョーン・オングチョコという名の大学院生が、前意識的な口頭報告と意識的な口頭報告を実証的に区別する方法に関する提案を私に送ってきた。そこには次のようにあった。

一つの可能性として、二つのメンタルモデルによって制御される口頭報告の差は表面的な文（つまり何を言ったか）のみならず、文のあいだの関係（つまり一つの考えから別の考えにいかに移行するのか）

にも起因するということが考えられます。このプロセスは「意味的推移」と呼ばれています。前意識的な状態から生じる、より潜在的かつ「自発的」に構築された口頭報告は、意識的なメンタルモデルから生じる、「意図的」に構築された報告に比べ、観念から観念への「飛躍」がより多く含まれていると考えられます。意味的推移は、単語同士や文同士のあいだの意味的相似性を計算する既存の自然言語処理モデル（潜在的意味解析、教師なし埋め込み解析）によって実際に測定することができます（たとえば、同じ段落の単語同士は、二つの異なる段落の単語同士より、強い意味的相似性を示すはずです）。事実このタイプの解析手法は、物語テクストや映画における観念の展開の調査に使われており、前意識的な心の状態に基づく報告と意識的な心の状態に基づく報告を区別するために活用することができるかもしれません。

オングチョコの実に興味深く有益な提案が有効であれば、彼女が提起する測定法は、前意識的なメンタルモデルと意識的なメンタルモデルの基盤をなす脳の神経ネットワークを見出すための一つの手段になるだろう。

心と機械——リトマス試験

意識が神経回路によってなされる何かにすぎないのなら、コンピューターを「自己認識する」オートノエティックな行為主体にするためには、オートノエティックな神経回路の構成を詳細に解明してその結合性をデジタル的に復元し、かくして構築された機械に意識的状態について尋ねてみるだけで済むように思われる。だが私は、いわゆるチューリングテストを額面通りに受け取っていると思しき、この「強《ストロング》いAI」の論理《ロジック》を懸念せざるをえない。

アラン・チューリングによって一九五〇年に提案されたチューリングテストの背後にある考えは、コンピューターの応答と人間の応答の区別がつかないのなら、コンピューターには知性が備わっていると考えられるというものだ。強いAIの話をするなら、ここでいう「知性」は「意識」に置き換えればよい。しかし私にとって、こんな手品はリトマス試験をパスしない。哲学者のジョン・サールが一九八〇年に指摘したように、機械は意識がなくても知的に作動する。彼によれば、意識は脳の神経生物的メカニズムを必要とする。彼はこの立場を「生物学的自然主義」と呼んだ。もっと最近では、哲学者のティム・ベインが、消化や呼吸に類似するものとして意識を扱う、サールの提案に似た「自然なタイプ」というアプローチを提示している。この見方は、意識を実体化するものとして解釈するのでなければ、妥当に思われる。要するに、意識は消化、呼吸、反射、条件づけられた反応、習慣、さらには前意識的な認知と同程度に身体的なものなのだ。言い換えると、意識は以上のプロセスと同様、自然科学の妥当なトピックなのである。

動物に関して意識的に反応しているのか非意識的に反応しているのかを行動の観察によって決定できないのであれば、どうしてコンピューターの出力を見て意識の有無を判定できるのか？　少なくとも動物、とりわけ哺乳類や人間以外の霊長類に関して言えば、それらの動物が持つ神経回路は、人間が備える神経回路の進化の基盤になったと見なすべき理由がある（初期の哺乳類のアノエシスは、霊長類のノエシス、ならびに人間と、おそらくは他の大型類人猿のオートノエシスに至る道を開いた）。あらゆる哺乳類にアノエティック意識が、またあらゆる霊長類にノエティック意識が何らかの形態で備わっていることを示すすぐれた科学的証拠があるとはいえ、実際にそれを実証するとなると話は違ってくる（第25章参照）。

神経系が人間の持つもののようなオートノエティック意識を可能にする神経回路を進化させるのには、数億年かかっている。この神経回路の細かな特徴について知ることは、脳がいかに人間を意識的な存在にしているのかを理解するためには不可欠だとしても、非生物的な物理システムに反省的な自己認識（オートノエティック意識）を再現するためには十分でない。人間の意識を生んでいる神経回路は、何らかの微視的な細胞、分子、遺伝子による数十億年にわたる適応の結果として形成された。アノエシスを再現するためには、それらの微視的な変化のおのおの――その多くは、たまたま有益な結果が得られた偶然的な事象にすぎない――を特定し再構成するだけでなく、それらの変化が起こった物理的、社会的な環境が完璧に再現されるよう、おのおのの変化を引き起こさなければならない。加えて、それを達成する各段階において生じた環境条件の変化に応じて進化してきた、行動反応から神経系へのフィードバックの影響を考慮に入れることも必要だ。

以上のすべてが可能であったとしても、今では月並みになった表現を借りると、「そこには「それ」があるのか？*（there is any 'there' there）」という問いには答えられないだろう。言い換えると、完璧なコンピューターシミュレーションやロボットがあったとして、人間が生物的、神経生物的、認知的、意識的な進化を通じて獲得してきたもののような意識的な状態をそれらが実際に備えているのか、それとも人間の反応に似た一連の高度な反応を呈する能力を備えているにすぎないのかは、わからないはずだ。

私の考えでは、私たちが人間の意識として考えているものを構成する、すべての神経生物的プロセスや認知的プロセスを、非生物的な物理システムに寸分たがわず実装するだけでは十分ではない。この私の考えは間違っているのかもしれないが、現状を見たところ、人間の意識は、人間が経てきた進化の歴史と同じ経緯を持つ生物的存在にしか持つことはできないように思われる。そのことは、何らかの形態の意識を持つ、あるいは持つ可能性のあるすべての生物に当てはまる。

私たちは私たちのニューロンであり、私たちのニューロンは私たちのものである

本書の主題は、「人間は、ほぼ一つの統合システムとして機能する階層的に組織化された生物的ユニットである」というものだ。社会科学者のドナルド・キャンベルは一九七四年に、そのようなシステムについて、「低次の階層は、高次の階層の働きによって抑制される」と述べた。「制御される」でも、「決定される」でもなく、「抑制される」と述べたのだ。脳内では、意識的なプロセスは前意識的な認知プロセスより、またそれらは両者とも、意識から隔離された他の非認知的プロセスより、さらにはそれらのプロセスは神経生物的プロセスより高次である。

マイク・ガザニガは、神経的な抑制の働きに関する理解を助けるために次のたとえを用いた。車が、それ自体によって生み出される交通量《トラフィック》によって抑制されるのと同じように、心的プロセスの基盤をなす神経プロセスは、それ自体が生み出す心的プロセスによって抑制される。この関係は、人間が持つ存在領域のおのおのに属するプロセスは、より低次の階層のプロセスに依存し、それを抑制すると見なすことで紐解くことができる。ならば最終的には、人は――道徳的にも法的にも――統合的な有機体を構成するその人が行なうことのすべてに責任を負う。もちろん例外はある（重度の精神病にかかっている場合や、心の状態の所有感を失っている場合など）。それらの例外は、少なくとも現時点では、脳領域や非意識的な行動のせ

＊ there is any (no) 'there' there はガートルード・スタインの言葉。

いにする型通りの弁護に頼るのではなく、ケースバイケースで対処するべきだ。とどのつまり、私たちは私たちを構成するニューロンではあるが、ニューロンは私たちのものでもあるからだ——ニューロンは人間が持つ四つの存在次元の個人的、集合的な歴史を反映する。

二〇世紀前半の博識な科学者アルフレッド・ロトカは次のように述べている。「文章を書くことの必要条件は、書こうとしている著者の意思であると言うことと、脳の特定の物質的状態や配置であると言うことは、（…）おそらく同じことを二通りの表現で言っているにすぎないのだろう」。ロトカのこの言葉を拝借すると、意識と、その基盤をなす神経回路の活動は、同じ事象の現れを二つの形態で表現したものにすぎない。しかし内観をめぐる素朴心理学的な理解から引き出される心理的な記述がなければ、脳の神経回路の働きを知ることなどできないだろう。心とは何かを知るためには、まさに心が必要とされるのである。

円環を閉じる

分離脳患者ポールが——あるいはポールの脳の左半球が——実際にはしていない行動をした理由を説明する話をでっち上げた一九七〇年代、マイク・ガザニガと私は、そのような作話が、意識的に生み出されたものではないと結論した。それは、ポールの心の非意識的な領域のどこかから勝手にあふれ出し、それによっておかしな行動によって引き起こされた瞬間的な不調和の感覚を説明し尽くそうとするものであるように思われた。

本書でここまで述べてきた考えに照らして言えば、現在の私は、そのときポールの脳で起こっていたと考えられることを指摘できる。われわれが自分の行動の理由をポールに尋ねたとき、彼（の話す能力を持つ左半球）が反応しなかったがゆえに、その瞬間の彼のオートノエティックな気づきは、アノエティックな不調和の（しっくりしないという）感覚をともなっていた。それから一瞬のうちに前意識的なメンタルモデルが出現して、メンタリーズによる物語が紡ぎ出され、それが発話を制御するプロセスに達し、彼の口から説明が発せられた。同時にメンタリーズによる物語は、自己の発話行為を自分のした行動に関する適切な説明として解釈する意識的なメンタルモデルを生成し、それによって落ち着かない不調和の感覚を緩和して、意識的に「しっくりと」感じられるようにしたのである。

なぜ人間の脳は、その手のおとぎ話を紡ぎ出すのか？　それに対してダニエル・デネットは、「物語は防御戦術であり、自己に関する自分の理解を規定し保護する一手段なのだ」と答えている。同様にジュリア・ハイロヴァらによれば、私たちは過去や未来の自己の評価（物語）を調節することで、現在の自己に関する好ましい見方を保とうとする。デネット、ギャラガー、フラナガン、ブルーナー、ガザニガら、そして私が、自己と意識とナラティブを結びつけるとき、われわれはオートノエティック意識について語っているのだが、オートノエシスという言葉を用いているかどうかは関係ない（し、通常は用いていない）。ジークムント・フロイトの理論は、無意識的な自我の防御メカニズムに関する理論を含め、現代の哲学、心理学、神経科学の嘲笑の的になっている。しかし「非意識的な」メンタルモデルから流れ出る物語は、自己認識（自我）に関するオートノエティックな理解を「防御する」という考えを聞いたら、草葉の陰でフロイトが笑い出すだろう。

アノエティック意識、ノエティック意識、オートノエティック意識が依拠する前意識的な認知プロセスや記憶プロセスの神経基盤が知られているという、あるいは少なくとも知りうるという事実は、前意識的なプロセスの最後の瞬間――つまり意識に到達する瞬間――の解明につながる。そしてそのあとは、メンタリーズによる物語が面倒を見てくれる。

哲学者や科学者はこの仮説に眉を顰めるかもしれない。しかし、メンタリーズによる物語をめぐる説が正しかろうが正しくなかろうが、私たちの意識的経験が前意識的なメンタルモデルと意識的なメンタルモデルによって構築される複雑な混合物であるという考えが、行動や認知に関する神経科学に基づく知見であり、それによって意識について考え、研究する新たな方法が提供されるという点に変わりはない。

意識について学ばねばならないことはまだたくさん残されているとはいえ、すぐれた概念は、つねに科学的な理解に至る最善の道になる。本書で構築してきた概念はきわめてすぐれたものであると私は考えているものの、その是非は時が教えてくれるだろう。それまで私はこの道を歩み続け、何が起こるかを見届けるつもりだ。読者も、あなたの責任で後に続いてくれるとよいのだが！

訳者あとがき

本書は *The Four Realms of Existence: A New Theory of Being Human*（The Belknap Press of Harvard University Press, 2023）の全訳である。著者のジョセフ・ルドゥーは、神経科学、心理学、精神医学、発達心理学を専攻する神経科学者でニューヨーク大学教授を務めている。既存の邦訳には、『エモーショナル・ブレイン――情動の脳科学』（松本元・川村光毅・小幡邦彦・石塚典生・湯浅茂樹訳、東京大学出版会、二〇〇三年）、『シナプスが人格をつくる――脳細胞から自己の総体へ』（谷垣暁美訳、みすず書房、二〇〇四年）、『情動と理性のディープ・ヒストリー――意識の誕生と進化40億年史』（駒井章治訳、化学同人、二〇二三年）がある。ルドゥーは一般には情動研究でよく知られているが、その主張に関しては最近立場を変えている、というより彼の情動の見方に関しておもにメディアが流布した、「扁桃体は恐怖中枢《フィアセンター》である」などといった短絡的な誤解を訂正しているので注意されたい。本書では、二八九～九三ページにかけてのシャドーがかった補足説明を除けば、情動にはほとんど言及されていないのでここでつけ加えておくと、現在のルドゥーの見方の大きな特徴は、情動には認知的なプロセスが関与していると見なす点にあり、それについてはとりわけ前著の『情動と理性のディープ・ヒストリー』の終盤で詳しく論じられている。なおこの見方は、本書でも何度か名前が言及され、情動の形成に「概念」が重要な役割を果たしていると見なす、『情動はこうしてつくられる――脳の隠れた働きと構成主義的情動理論』(紀伊國屋書店、二〇一九年)の著者リサ・フェルドマン・バレットも共有している。

次に全体的な概要を説明しよう。前著の『情動と理性のディープ・ヒストリー』には、前半と後半が別の本であるかのような、不統一な印象を受けたが、最新刊の『存在の四次元』は、五部、二六の断章からなるにもかかわらず構成が単純かつ明瞭なため、非常にまとまっているという印象がある。

第I部は、本書における問題提起の部分と見なすことができ、従来的な「自己」(「2 自己を疑う」)や「人格」(「3 人格」)などの哲学的、心理学的な概念がきわめてあいまいで人間の本質がうまく捉えられていないと主張する。たとえば「自己」に関して次のように述べられている。「物質的な世界の自然な実体として自己を客観化し、自己と意識を融合したものとしてとらえる一七世紀の西洋哲学の見方は、今日でも存続している。だから私たちは、個人としての人間の本質を自己という用語でとらえているのだ。また自己を、さまざまな性質を持つ実体としてとらえ、この実体に基づいて思考や行動を説明しようとする。さらには自己という概念が哲学、心理学、精神医学、神経科学、生物学などのさまざまな分野で大規模に、そして盛んに研究されている理由もそこにある(一九ページ)」。そのように論じたうえで、著者は人間の本質を理解するためのまったく新たな概念が必要とされているとして次のように主張する(「5 四つの存在次元」)。「私の考えでは、人間の本質に関する最善の理解は、哲学的な推論の高みから得られるのでも、また自己や人格のような高次の概念を対象とする、ボトムアップの実証科学的な観点から得られるのでもない。私たちがとるべき道は、人間という生物の理解を目指すことだ(四五ページ)」。この新たな概念とは、タイトルにもあるように、生物的次元、神経生物的次元、認知的次元、意識的次元という四つの次元から構成される「存在の四次元」なのである。

それ以後の四つの部では、これら四つの次元のおのおのが順次詳細に検討されている。次にそれら四つの存在次元の概略を述べておこう。

第Ⅱ部では「生物的次元」が取り上げられている。生物的次元とは、「もっとも単純な微生物からもっとも複雑な植物や動物に至るまで、あらゆる生命形態に見出される（五六ページ）」存在次元（「6 生命の秘密」）であり、身体（「7 身体」）がその中心を占める。なお「8 生物的存在の二重性」で検討される、古生物学者で比較解剖学者でもあったアルフレッド・ローマーの内的な「内臓的動物」と外的な「体壁的動物」の区別は、第Ⅲ部で取り上げられる「神経生物的次元」への橋渡し的な役割を果たしている。

第Ⅲ部で論じられている「神経生物的次元」は、神経系を備えた生物、すなわち動物が対象になる。神経系でもとりわけ重要になるのは脳で、脊椎動物における後脳、中脳、前脳からなる脳の構成は、第Ⅲ部のみならず、「第Ⅳ部　認知的次元」と「第Ⅴ部　意識的次元」でも不可欠な知見になる。本文の訳注にも加えておいたが、「10 脊椎動物とその神経系」の「哺乳類の大脳半球のおもな領域」という節に記述されている脳領域の分類（一〇六～七ページ）は、後の章でも非常に重要になるので適宜参照されたい。ここで注意すべき点の一つは、この分類によれば前頭前皮質（ＰＦＣ）が新皮質と中間皮質の両方にまたがっており、そのためにのちの部で、「中間皮質ＰＦＣ」などといった、両者を区別するための、一般にはあまり耳にしない脳領域名が見受けられることである。また第Ⅲ部では第Ⅱ部で導入されたローマーの「内臓的動物」と「体壁的動物」の区別に基づき、前者の側面に関して「12 内臓学」、後者の側面に関して「13 行動」で詳しく論じられている。なおその際留意すべきは、「11 ローマーによる再構成」の図11・1にあるように、著者は従来的な見方とは異なり、ローマーの考えに基づいて、内臓的動物と体壁的動物の区別を中枢神経系と末梢神経系の区別より上位に置いている点である。これはおそらく、生物的次元から主要な移行を経て神経生物的次元が進化したと考える著者は、前者の区別が先にあってその後に後者の区別が出現したと考えているからであろう。

第Ⅳ部では認知的次元が取り上げられている。著者の認知に関する見方の革新的な側面についてはあとで取り上げるので、ここでは簡単に全体的な概要を述べるに留める。著者はまず、ダーウィン以後の認知研究の歴史的な流れを概観する（「14 外界の内化」）。次に認知の定義を明確化し、認知におけるワーキングメモリーの重要性を強調する（「15 認知とは何か？」）。ただし著者の言うワーキングメモリーとは、同時には七項目程度しか保持できない記憶メカニズムなどといったよくある見方とは異なり、かなり複雑な、認知の一般的なメカニズム（具体的な定義は一六三ページを参照されたい）を想定していることに留意されたい。そしてこのワーキングモデルに依拠するメンタルモデル（「16 メンタルモデル」）に基づいて作動するモデルベースの認知（「17 モデルベースの認知の進化」）について論じられる。さらには階層的な関係推論、再帰的思考、心的時間旅行《メンタルタイムトラベル》、未来のシミュレーションなどの、言語を獲得した人類が持つ認知能力の特徴が検討され（「18 心のなかで採餌する」）、最後に認知的な脳の構成、つまり脳生理学的な基盤がかなり詳細に論じられる（「19 認知的な脳」）。

最後の第Ｖ部では意識について検討されている。まず著者は、デイヴィッド・チャーマーズの有名な「ハードプロブレム」など、意識に関する哲学的、心理学的な概念を取り上げ（「20 意識は謎なのか？」）、次に科学者が提起するさまざまな意識の理論について検討する（「21 意識の種類」）。それには大きく分けて、「一次理論（ＦＯＴ）」「高次理論（ＨＯＴ）」「グローバルワークスペース理論」の三種類があるが、著者はそのなかでも「高次理論」を支持しており、その理由が述べられている。さらに著者は、意識における記憶の重要性について論じ、「意識の階層的マルチステート高次理論」と著者自身が名づける独自の意識の理論を提唱する（「22 意識を意味あるものにする」）。ちなみに認知や意識における記憶の関与の重要性は、本書の主要なテーマの一つをなす。そして記憶に関して細かく検討し、その種類に基づいて「世界に関する意味的な事実や概念に基づく心的内容（二六八ページ）」を持つ、意味記憶に依拠する「認識的意識《ノエティック》」と、「自己認識に関する個人的な知識に結びつく（二六八ページ）」、エピソード記憶に依拠する「自己認識的意識《オートノエティック》」に分ける、エストニア出身の心理学者、認知神経科学者エンデル・タルヴィングの見解を紹介し、その神経科学的基盤を解説する（「23 事実認識と自己認識」）。

しかし著者はさらに踏み込んで、タルヴィングが提唱したにもかかわらず本人自身は重要視していなかったと見られる、潜在的な手続き記憶に基づく意識の状態である「アノエティック意識」に着目し、この辺縁的なアノエティック意識によって、顕在的な意識の状態であるノエティック意識やオートノエティック意識に「しっくりしている」という感覚が与えられると主張する（「24　非認識的意識」）。その点は次のような主張に如実に反映されている。「エトムント・フッサールやジャン＝ポール・サルトルらの現象学者たちは、前反省的な状態によって反省的な自己認識が可能になると主張した。フッサールやサルトルの考えをもとに、ショーン・ギャラガー［アメリカの哲学者］やダン・ザハヴィ［デンマークの哲学者］は、前反省的な状態が存在しなければ、反省的な意識と呼べるようなものは存在しなくなるだろうと述べている。アノエシスが一種の前反省的な状態であるとするなら、ギャラガーやザハヴィの考えは、「アノエティック意識が存在しなければ、ノエティック意識やオートノエティック意識と呼べるようなものは存在しなくなるだろう」と言い換えられるはずだ（二八三ページ）」。それから著者は動物の意識について論じ（「25　動物の意識とは、どのようなものでありうるか」）、最後に、意識における物語《ナラティブ》の重要性に言及したうえで、ここまでに提起されてきた意識の見方を、著者が提起する意識の階層的マルチステート高次理論を適用しつつ総括する（「26　自分自身や他者について語るストーリー」）。

ここまでは本書の内容の概要説明だが、ここから先の内容は著者が明示的に述べているわけではなく、訳者個人の見解なのでその点に留意して読まれたい。本書には、洞察に満ちた考えが全編にわたって散りばめられているが、ここでは「認知は意識なくしても作用する」「直観は認知作用の一つでもある」という認知的次元に関する二つの主張に絞って検討したい。

まず、「二重システムを三重システムに改変する（一六七ページ）」で提起されている、システム1、システム2、システム3から成る三重システムを参照されたい。この分類には注目すべき点が二つある。一つは認知に関して、システム２に分類される「認知的で非意識的な行動制御（認知的次元）」とシステム３に分類される「認知的で意識的な行動制御（意識的次元）」が区別されている点と、もう一つは「直観」がシステム１に分類される「非認知的で非意識的な行動制御（神経生物的次元）」と、（非意識的な直観として）システム２の両方に含まれている点である。これは従来の直観、認知、意識の概念とは大幅に異なる。たとえば従来の考え方を代表するダニエル・カーネマンによる二重システム理論は、「意志的な努力を必要とせず、無意識裏に自動的に生じる（一六四ページ）」直観（システム１）と、「意志的な努力を要し、より緩慢で意識的（一六四ページ）」な熟慮（システム２）という、無意識的か意識的かに基づく二つの区別しか設けていない。そのように考えた場合には、認知は意識的なシステム２に分類し、直観は無意識裏に生じる非合理な原初的能力であると見なさざるをえない。ルドゥーの三重システム理論は、そのような見方が持つ問題に真っ向から切り込む（ただし直観が無意識的に作用すると考える点に関しては同じだが）。

実のところ昨今の脳科学や認知科学においては、このようなカーネマン流の見方に異議が唱えられるようになりつつある。その代表例の一つとして、ここでは認知科学者のヒューゴ・メルシエとダン・スペルベルの共著 *The Enigma of Reason*（Harvard University Press, 2017）を取り上げよう。この本では、「Introduction」にいきなり、次のような記述が見られる。「思考に関する最近の見方の多く（たとえばダニエル・カーネマンのよく知られた『ファスト＆スロー――あなたの意思はどのように決まるか？』（早川書房、二〇一二））では、直観（intuition）と合理的思考（reasoning）が、あたかも互いにまったく異なる形態の推論能力であるかのごとく、対立し合うものとして論じられている。われわれは、それとは異なり、合理的思考はそれ自体、一種の直観的な推論であると主張したい（同書七ページ）」。つまり二人は、ルドゥーの言葉を借りて言えば、直観と合理的思考はともに認知的次元以上の次元に属すと考えていると見なすことができよう。

それに対して熟慮のみを重視して直観を軽視するという見方には大きな落とし穴がある。その一つは、そのような見方のせいで、一見すると熟慮の結果であるように見えるものの、「事実」「論理」そして「直観」による裏づけのない信念やイデオロギーや陰謀論が、世論として世の中を覆ってしまうことである。メディア研究者の佐藤卓己氏は、合理的な意見が重視される輿論《よろん》と「空気を読む」に等しい世論《せろん》を区別すべきだと主張しているが、まさに根拠に乏しい世論が、信念、イデオロギー、陰謀論などの形態で世の中に蔓延しており、昨今その状況がさらに深刻化していることは読者の誰もが知るところだろう。

このような世論の問題を考察する際に役立つ認知科学の本がある。それは、前述した *The Enigma of Reason* で提起されている考えに基づいて書かれたヒューゴ・メルシエ著『人は簡単には騙されない──嘘と信用の認知科学』（青土社、二〇二一年）で、そこには次のようにある。「個人的な関与の少ない反省的信念に関しては、開かれた警戒メカニズムの出番はそれほどないと考えるべきだろう。（…）私の考えでは、デマのほとんどは、反省的な信念としてのみ保持される。なぜなら、直観的な信念として保持されれば、個人的な影響がはるかに大きくなるからだ（同書二〇二ページ）」。引用文中の「開かれた警戒メカニズム」とはメルシエ氏独自の概念で、「伝達された情報に対して警戒するのと少なくとも同程度にオープンに外界に接する（同書五六ページ）」ことを可能にする、進化によって人類が獲得した能力を指し、この能力のおかげで、人間は生存や生活を脅かす事象を避けつつ、なおかつ新たなものごとに挑戦できる。この引用ではデマのみが対象になっているが、原理主義などの宗教的信念やイデオロギーなどにも同じことが当てはまるだろう。つまり「開かれた警戒メカニズム」という無意識的に作用する認知的なチェックが作用していないと、人は根拠に乏しい言説を信じ込んでしまうのだ。裏を返せば、認知作用の一つである熟慮は、同様に認知作用の一つである直観に補完されてこそ威力を発揮するのである。明らかにこれは、ルドゥーの三重システム理論にも整合する。

さてここまでは最近の脳科学、認知科学の知見をもとにルドゥーの三重システム理論のメリットについて考えてきた。しかし実はその意義は、すでにはるか昔の哲学者が考えていたことに、吉田量彦著『スピノザ――人間の自由の哲学』(講談社現代新書、二〇二二年)を読んでいて気づかされた。吉田氏によれば、スピノザは知のあり方を「想像の知」「理性の知」「直感の知」の三つに分け*、後二者を前一者に対置していたらしい。それら三つの知は、『エチカ』の第二部定理四一によれば、「最初の「想像の知」が十全でない観念を含んだ知であり「誤りの唯一の原因」とされます。これに対し残りの二つ、理性の知と直観の知は、十全な観念のみで成り立っていて「必然的に正しい」と言われます(同書三二九～三〇ページ)」。「想像の知」が「誤りの唯一の原因」とされている点に注目されたい。

では、「想像の知」に対して「理性の知」と協同しつつ対抗する「直感の知」とは何か? それについて次のようにある。スピノザによれば「余計な手続きを必要としない、(…)直ちに観取できる知こそ、直観の知だというのです(同書三三一～二ページ)」。これだけでは同語反復のようにも聞こえるので、さらに引用すると次のようにある。「わたしたちは現実世界で出会うありとあらゆるものごとを、その具体的な細部に関する理性的吟味を一切すっ飛ばし、先ほどの根本原理[「あらゆるものは神のうちにあり、神を通して考えられる」とする原理」に直接照らして、神の何らかの様態、いわばXモードの神として、わたしたちの精神のうちに「直ちに」位置づけることができます。これこそスピノザが直観の知と呼ぶものに他ならない、とわたしは解釈しています(同書三三三ページ)」。「神」という、科学の概念から大幅に逸脱する言葉が登場するが、個人的にはメルシエ&スペルベルの見方を適用して「進化によって人間が獲得し、遺伝子を介して受け継がれてきた形質(ここで言う進化には遺伝的進化と文化的進化の両方が含まれる)」と読み替えればよいと思う。このように考えてみると、メルシエの言う「反省的信念」は、スピノザの言う「想像の知」に近いと見なせる。そして前述のとおり、スピノザはこの「想像の知」こそが「誤りの唯一の原因」だと見なしている。

現在の世論の根本的な病理は、まさにこのスピノザの言う「想像の知」、またメルシエの言う「反省的信念」

に絡み取られたテレビ番組のコメンテーターやネットのインフルエンサーたちが幅を利かせていることにも如実に見て取ることができる。もっと一般的な言い方をすれば、問題含みの「想像の知」にすぎないものが「理性の知」と取り違えられているということだ。さらに言えば本人にとってさえそのような欺瞞を見通しにくくしている原因の一つとして、「認知は意識的にしか働かず、したがって無意識的に生じる直観は認知的ではありえない」という誤った観念が世の中に広く流布しているからだと考えられる。ここまで述べてきたルドゥー、メルシエ&スペルベル、スピノザの見方を総合すると、現代の世論の病理を次のように読み解くことができる。直観は認知的ではありえないと見なされて「理性の知」を強力に支援する「直観の知」が軽視されているために「理性の知」が骨抜きになる。そしてその代わりに「想像の知」、すなわち「開かれた警戒メカニズム」のチェックを受けない「反省的信念」が徐々に優勢になる。その結果自分では直観的に信じていないことを口走ったりSNSで発信したり自分の「想像の知」に合致する言説を安易に信じ込んだりするのだ。本書で提起されている三重システム理論は、そのような欺瞞を明らかにし、根本から断ち切るための科学的な一助になりうると個人的には考えている。

ポピュラーサイエンス書の翻訳者という職業柄、脳科学や認知科学に関連する、英米のめぼしい新刊はできるだけ読むようにしているが、そのなかでも本書は確実にベストの内容を持つと言える。ここでは認知的次元に関する主張のみを取り上げたが、他の次元に関しても啓発的な考えをあちこちに見出すことができる。まさに絶対

＊吉田氏は『スピノザ』で「直観」ではなく「直感」と記しているが、本書では、「直観」は認知的次元に属する歴然たる能力を指して、また、「直感」はたとえば「虫の知らせ」のようなあいまいな素朴心理学的見方に言及して用いている。

的に推薦できる脳科学書だと自信を持って言える。

最後に、このすばらしい本の刊行を引き受けてくれたみすず書房と、担当編集者の武石良平氏、ならびに多忙にもかかわらずいくつかの質問に答えてくださった著者のジョセフ・ルドゥー氏にお礼の言葉を述べたい。

二〇二四年一二月　　高橋　洋

ジョセフ・ルドゥー
存在の四次元
意識の生物学理論
高橋 洋訳

2025年 3月10日 第1刷発行

発行所 株式会社 みすず書房
〒113-0033 東京都文京区本郷2丁目20-7
電話 03-3814-0131(営業) 03-3815-9181(編集)
www.msz.co.jp

本文印刷所 精文堂印刷
扉・表紙・カバー印刷所 リヒトプランニング
製本所 東京美術紙工
装丁 今垣知沙子

ISBN 978-4-622-09763-1
[そんざいのよじげん]

著者略歴

ジョセフ・ルドゥー（Joseph E. LeDoux）

ニューヨーク大学神経科学センター教授．神経科学，心理学，精神医学，発達心理学を専門とする脳神経科学者．情動を司る「扁桃体（amygdara）」という脳部位の研究業績で有名．ニューヨーク大学の同僚たちと，ザ・アミグダロイズというロックバンドを組んでおり，作詞作曲とギターを担当している．本書の献辞には，その歌詞の一部を掲載している．邦訳書に『エモーショナル・ブレイン――情動の脳科学』（松本元・川村光毅訳，東京大学出版会，2003年），『シナプスが人格をつくる――脳細胞から自己の総体へ』（森憲作監修，谷垣暁美訳，みすず書房，2004年），『情動と理性のディープ・ヒストリー――意識の誕生と進化40億年史』（駒井章治訳，化学同人，2023年）がある．また，かつての指導教官マイケル・ガザニガとの共著に『二つの脳と一つの心――左右の半球と認知』（柏原恵龍ほか訳，ミネルヴァ書房，1980年）がある．

訳者略歴

高橋洋（たかはし・ひろし）翻訳家．訳書に，グリンカー『誰も正常ではない』（みすず書房，2022），メスキータ『文化はいかに情動をつくるのか』（2024），オサリバン『眠りつづける少女たち』（2023），バレット『情動はこうしてつくられる』（2019）（以上、紀伊國屋書店），フォスター『体内時計の科学』（2024），メルシエ『人は簡単には騙されない』（2021），カンデル『なぜ脳はアートがわかるのか』（2019）（以上，青土社），トマセロ『行為主体性の進化』（白揚社，2023）ほか多数．

索　引

アルファベット

あ

た

な

は

ま

や

ら・わ

参考文献（一部）と読書案内

本書は膨大な数の文献を参照している。各参考文献が参照されている章の一覧［各部ごとの著者名のアルファベット順の一覧］を、https://www.cns.nyu.edu/ledoux/The-Four-Realms-of-Existence.html →「sources」→「Citations by Parts and Chapters」に掲載しておいた。また本書で取り上げたトピックに関してより詳しく知りたい読者は、以下にあげる文献を参照されたい。

はじめに

Gazzaniga, M. S. *The Bisected Brain.* New York: Appleton-Century- Crofts, 1970.

——. "One Brain—Two Minds?" *American Scientist* 60（1972）: 311–317.

Gazzaniga, M. S., and J. E. LeDoux. *The Integrated Mind.* New York: Plenum, 1978.〔『二つの脳と一つの心——左右の半球と認知』柏原恵龍ほか訳、ミネルヴァ書房、1980年〕

LeDoux, J. *The Deep History of Ourselves: The Four-Billion- Year Story of How We Got Conscious Brains.* New York: Viking, 2019.〔『情動と理性のディープ・ヒストリー——意識の誕生と進化40億年史』駒井章治訳、化学同人、2023年〕

LeDoux, J. E., D. H. Wilson, and M. S. Gazzaniga. "A Divided Mind: Observations on the Conscious Properties of the Separated Hemispheres." *Annals of Neurology* 2（1978）: 417–421.

1章

Boring, E. G. *A History of Experimental Psychology.* New York: Appleton-Century- Crofts, 1950. 308

Hall, C. S., G. Lindzey, and J. B. Campbell. *Theories of Personality.* New York: John Wiley & Sons, 1998.

Hyman, S. E. "Revolution Stalled." *Science of Translational Medicine* 4（2012）: 155cm111.

Insel, T., B. Cuthbert, M. Garvey, R. Heinssen, D. S. Pine, K. Quinn, C. Sanislow, and P. Wang. "Research Domain Criteria（RDoC）: Toward a New Classification Framework for Research on Mental Disorders." *American Journal of Psychiatry* 167（2010）: 748–751.

Schneider, S. *Artificial You: AI and the Future of Your Mind.* Princeton, NJ: Princeton University Press, 2019.

Taschereau-Dumouchel, V., M. Michel, H. Lau, S. G. Hofmann, and J. E. LeDoux. "Putting the 'Mental' Back in 'Mental Disorders': A Perspective from Research on Fear and Anxiety." *Molecular Psychiatry* 27（2022）: 1322–1330.

2章

Chalmers, D. "Strong and Weak Emergence," in P. Clayton and P. Davies, eds., *The Re-Emergence of Emergence: The Emergentist Hypothesis from Science to Religion.* Oxford Academic, May 2008. https://doi.org/10.093/acprof:oso/9780199544318.003.0011, accessed October 9, 2022.

Danziger, K. "The Historical Formation of Selves." Pp. 137–159 in R. D. Ashmore and L. J. Jussim, eds., *Self and Identity: Fundamental Issues.* New York: Oxford University Press, 1997.

Dennett, D.C. "The Self as a Center of Narrative Gravity." Pp. 103–115 in F. Kessel et al., eds., *Self and Consciousness: Multiple Perspectives.* Hillsdale, NJ: Erlbaum, 1992.

Flanagan, O. "Neuroscience: Knowing and Feeling." *Nature* 469 (2011): 160–161.

Gallagher, S. "Philosophical Conceptions of the Self: Implications for Cognitive Science." *Trends in Cognitive Sciences* 4 (2000): 14–21.

Gardner, H. *The Mind's New Science: A History of the Cognitive Revolution.* New York: Basic Books, 1987.［『認知革命——知の科学の誕生と展開』佐伯胖・海保博之監訳、産業図書、1987年］

Hall, C. S., G. Lindzey, and J. B. Campbell. *Theories of Personality.* New York: John Wiley & Sons, 1998.

James, W. *Principles of Psychology.* New York: Holt, 1890.

Metzinger, T. *Being No One.* Cambridge, MA: MIT Press, 2003.

3章

Damasio, A. *Self Comes to Mind: Constructing the Conscious Brain.* New York: Pantheon, 2010.［『自己が心にやってくる——意識ある脳の構築』山形浩生訳、早川書房、2013年］

Hall, C. S., G. Lindzey, and J. B. Campbell. *Theories of Personality.* New York: John Wiley & Sons, 1998.

Johnson, M. "What Makes a Body?" *Journal of Speculative Philosophy* 22 (2008): 159–169.

LeDoux, J. E. *Synaptic Self: How Our Brains Become Who We Are.* New York: Viking, 2002.［『シナプスが人格をつくる——脳細胞から自己の総体へ』森憲作監修、谷垣暁美訳、みすず書房、2004年］

Metzinger, T. "First-Order Embodiment, Second-Order Embodiment, Third-Order Embodiment: From Spatiotemporal Self-Location to Minimal Selfhood." Pp. 272–286 in R. Shapiro, ed., *The Routledge Handbook of Embodied Cognition.* New York: Routledge, 2014.

Northoff, G. P., T. Qin, and E. Feinberg. "Brain Imaging of the Self-Conceptual, Anatomical and Methodological Issues." *Consciousness and Cognition* 20 (2011): 52–63.

Panksepp, J. *Affective Neuroscience.* New York: Oxford University Press, 1998.

4章

Brick, C., B. Hood, V. Ekroll, and L. de-Wit. "Illusory Essences: A Bias Holding Back Theorizing in Psychological Science." *Perspectives on Psychological Science* 17, no. 2 (2021):

491–506.

Bruner, J. "The 'Remembered' Self." Pp. 41–54 in R. Fivush and U. Neisser, eds., *The Remembering Self: Construction and Accuracy in the Self-Narrative.* Cambridge, UK: Cambridge University Press, 1994.

Danziger, K. *Naming the Mind: How Psychology Found Its Language.* London: Sage, 1997.〔『心を名づけること――心理学の社会的構成（上・下）』河野哲也監訳、勁草書房、2005年〕

LeDoux, J. E. "Semantics, Surplus Meaning, and the Science of Fear." *Trends in Cognitive Sciences* 21（2017）: 303–306.

Mandler, G., and W. Kessen. *The Language of Psychology.* New York: John Wiley & Sons, 1959.

Schaffner, K. F. *Construct Validity in Psychology and Psychiatry.* Submitted for publication.

5章

Bruner, J. "The 'Remembered' Self." Pp. 44–54 in R. Fivush and U. Neisser, eds., *The Remembering Self: Construction and Accuracy in the Self-Narrative.* Cambridge, UK: Cambridge University Press, 1994.

Dennett, D. C. *Darwin's Dangerous Idea.* New York: Simon and Schuster, 1995.〔『ダーウィンの危険な思想――生命の意味と進化（新装版）』山口泰司監訳、石川幹人・大崎博・久保田俊彦・齋藤孝訳、青土社、2023年〕

――. "The Self as a Center of Narrative Gravity." Pp. 103–115 in F. Kessel et al., eds., *Self and Consciousness: Multiple Perspectives.* Hillsdale, NJ: Erlbaum, 1992.

Fireman, G. D., T. E. McVay, and O. J. Flanagan, eds. *Narrative and Consciousness: Literature, Psychology, and the Brain.* Oxford, UK: Oxford University Press, 2003.

Gazzaniga, M. S. *The Social Brain.* New York: Basic Books, 1985.〔『社会的脳――心のネットワークの発見』杉下守弘・関啓子訳、青土社、1987年〕

Ginsburg, S., and E. Jablonka. *The Evolution of the Sensitive Soul.* Cambridge, MA: MIT Press, 2019.〔『動物意識の誕生――生体システム理論と学習理論から解き明かす心の進化（上・下）』鈴木大地訳、勁草書房、2021年〕

Metzinger, T. "First-Order Embodiment, Second-Order Embodiment, Third-Order Embodiment: From Spatiotemporal Self-Location to Minimal Selfhood." Pp. 272–286 in R. Shapiro, ed., *The Routledge Handbook of Embodied Cognition.* New York: Routledge, 2014.

Volk, T. *Quarks to Culture: How We Came to Be.* New York: Columbia University Press, 2017.

6章

Alanen, L. *Descartes's Concept of Mind.* Cambridge, MA: Harvard University Press, 2003.

Bechtel, W., and R. C. Richardson. "Vitalism." In E. Craig., ed., *Routledge Encyclopedia of Philosophy,* vol. 9. London: Routledge, 1998.

Bernard, C. *An Introduction to the Study of Experimental Medicine.* New York: Collier, 1961.

Cannon, W. B. *Bodily Changes in Pain, Hunger, Fear, and Rage.* New York: Appleton, 1929.

Garrett, B. J. “What the History of Vitalism Teaches Us about Consciousness and the ‘Hard Problem.’ ” *Philosophy and Phenomenological Research* 72（2006）: 576–588.

Haigh, E. “The Roots of the Vitalism of Xavier Bichat.” *Bulletin of the History of Medicine* 49（1975）: 72–86.

Shields, C. “Aristotle’s Psychology.” In E. N. Zalta, ed., *The Stanford Encyclopedia of Philosophy,* Metaphysics Research Lab, Stanford University, 2020. https://plato.stanford.edu/archives/win2020/entries/aristotle-psychology, accessed February 24, 2021.

7章

Buss, L. W. *The Evolution of Individuality.* Princeton, NJ: Princeton University Press, 1987.

Dawkins, R. *The Selfish Gene.* New York: Oxford University Press, 1976.〔『利己的な遺伝子（40周年記念版）』日高敏隆・岸由二・羽田節子・垂水雄二訳、紀伊國屋書店、2018年〕

Godfrey-Smith, P. *Darwinian Populations and Natural Selection.* Oxford, UK: Oxford University Press, 2009.

Hull, D. “Individual.” In E. F. Keller and E. A. Lloyd, eds., *Keywords in Evolutionary Biology.* Cambridge, MA: Harvard University Press, 1992.

Lewontin, R. C. “The Units of Selection.” *Annual Review of Ecology and Systematics* 1（1970）: 1–18.

Maturana, H. R., and F. J. Varela. *The Tree of Knowledge: The Biological Roots of Human Understanding.* Boston: New Science Library, 1987.

Pradeu, T. “What Is an Organism? An Immunological Answer.” *History and Philosophy of the Life Sciences* 32（2010）: 247–267.

Wilson, R. A., and M. J. Barker. “Biological Individuals.” In E. N. Zalta, ed., *The Stanford Encyclopedia of Philosophy,* Metaphysics Research Lab, Stanford University, 2019.

8章

Romer, A. S. “The Vertebrate as a Dual Animal—Somatic and Visceral.” Pp. 121–156 in T. Dobzhansky et al., eds., *Evolutionary Biology,* vol. 6（New York: Springer, 1972）.

——. “The Vertebrate as a Dual Animal—Visceral and Somatic.” *Anatomical Record* 132（1958）: 496.

——. *Vertebrate Body.* Philadelphia: W.B. Saunders, 1955.〔ローマー、パーソンズ『脊椎動物のからだ——その比較解剖学』平光厲司訳、法政大学出版局、1983年〕

9章

Ginsburg, S., and E. Jablonka. “The Evolution of Associative Learning: A Factor in the Cambrian Explosion.” *Journal of Theoretical Biology* 266（2010）: 11–20.

Hills, T. T. “Animal Foraging and the Evolution of Goal-Directed Cognition.” *Cognitive Science* 30（2006）: 3–41.

LeDoux, J. *The Deep History of Ourselves: The Four-Billion-Year Story of How We Got Conscious Brains.* New York: Viking, 2019.〔『情動と理性のディープ・ヒストリー』〕

10章

Cisek, P. "Evolution of Behavioural Control from Chordates to Primates." *Philosophical Transactions of the Royal Society London B Biological Sciences* 377, no. 1844 (2022): 20200522.

Kaas, J. H., H. X. Qi, and I. Stepniewska. "Escaping the Nocturnal Bottleneck, and the Evolution of the Dorsal and Ventral Streams of Visual Processing in Primates." *Philosophical Transactions of the Royal Society London B Biological Sciences* 377, no. 1844 (2022): 20210293.

LeDoux, J. *The Deep History of Ourselves: The Four-Billion- Year Story of How We Got Conscious Brains*. New York: Viking, 2019.〔『情動と理性のディープ・ヒストリー』〕

MacLean, P. D. "Some Psychiatric Implications of Physiological Studies on Frontotemporal Portion of Limbic System (Visceral Brain)." *Electroencephalography and Clinical Neurophysiology* 4 (1952): 407–418.

——. *The Triune Brain in Evolution: Role in Paleocerebral Functions*. New York: Plenum, 1990.〔『三つの脳の進化——反射脳・情動脳・理性脳と「人間らしさ」の起源（新装版）』法橋登編訳・解説、工作舎、2018年〕

Striedter, G. F., and R. G. Northcutt. *Brains through Time: A Natural History of Vertebrates*. New York: Oxford University Press, 2020.

11章

Arendt, D., M. A. Tosches, and H. Marlow. "From Nerve Net to Nerve Ring, Nerve Cord and Brain—Evolution of the Nervous System." *Nature Reviews Neuroscience* 17 (2016): 61–72.

Holland, N. D. "Early Central Nervous System Evolution: An Era of Skin Brains?" *Nature Reviews Neuroscience* 4 (2003): 617–627.

Romer, A. S. "The Vertebrate as a Dual Animal—Somatic and Visceral." Pp. 121–156 in T. Dobzhansky et al., eds., *Evolutionary Biology*, vol. 6 (New York: Springer, 1972).

——. "The Vertebrate as a Dual Animal—Visceral and Somatic." *Anatomical Record* 132 (1958): 496.

12章

Bichat, X. *Physiological Researches on Life and Death.* New York: Arno Press, 1977.

Blessing, B., and I. Gibbins. "Autonomic Nervous System." *Scholarpedia* 3 (2008): 2787.

Blessing, W. W. "Inadequate Frameworks for Understanding Bodily Homeostasis." *Trends in Neurosciences* 20 (1997): 235–239.

Cannon, W. B. *Bodily Changes in Pain, Hunger, Fear, and Rage.* New York: Appleton, 1929.

Gibbins, I. "Functional Organization of Autonomic Neural Pathways." *Organogenesis* 9 (2013): 169–175.

13章

Dezfouli, A., and B. W. Balleine. "Habits, Action Sequences, and Reinforcement Learning." *European Journal of Neuroscience* 35 (2012): 1036–1051.

Fanselow, M. S., and L. S. Lester. "A Functional Behavioristic Approach to Aversively Motivated Behavior: Predatory Imminence as a Determinant of the Topography of Defensive Behavior." Pp. 185–211 in R. C. Bolles and M. D. Beecher, eds., *Evolution and Learning.* Hillsdale, N. J.: Erlbaum, 1988.

Fanselow, M. S., and A. M. Poulos. "The Neuroscience of Mammalian Associative Learning." *Annual Review of Psychology* 56 (2005): 207–234.

Graybiel, A. M. "Habits, Rituals, and the Evaluative Brain." *Annual Review of Neuroscience* 31 (2008): 359–387.

LeDoux, J. E. *The Deep History of Ourselves: The Four-Billion- Year Story of How We Got Conscious Brains.* New York: Viking, 2019.〔『情動と理性のディープ・ヒストリー』〕

——. *The Emotional Brain.* New York: Simon and Schuster, 1996.〔『エモーショナル・ブレイン――情動の脳科学』松本元ほか訳、東京大学出版会、2003年〕

——. "Rethinking the Emotional Brain." *Neuron* 73 (2012): 653–676.

——. *Synaptic Self: How Our Brains Become Who We Are.* New York: Viking, 2002.〔『シナプスが人格をつくる』〕

Poldrack, R. A. *Hard to Break: Why Our Brains Make Habits Stick.* Princeton, NJ: Princeton University Press, 2021.〔『習慣と脳の科学――どうしても変えられないのはどうしてか』神谷之康監訳、児島修訳、みすず書房、2023年〕

Robbins, T. W., and R. M. Costa. "Habits." *Current Biology* 27 (2017): R1200–R1206.

Schroer, S. A. "Jakob von Uexküll: The Concept of Umwelt and Its Potentials for an Anthropology beyond the Human." *Ethnos* 86 (2021): 132–152.

Sherrington, C. S. *The Integrative Action of the Nervous System.* New Haven: Yale University Press, 1906.

Shettleworth, S. J. "Animal Cognition and Animal Behaviour." *Animal Behaviour* 61 (2001): 277–286.

Thorndike, E. L. "Animal Intelligence: An Experimental Study of the Associative Processes in Animals." *Psychological Monographs* 2 (1898): 109.

14章

Craik, K. J. W. *The Nature of Explanation.* Cambridge, UK: Cambridge University Press, 1943.

Hebb, D. O. *The Organization of Behavior.* New York: John Wiley and Sons, 1949.〔『行動の機構――脳メカニズムから心理学へ(上・下)』鹿取廣人・金城辰夫・鈴木光太郎・鳥居修晃・渡邊正孝訳、岩波書店、2011年〕

Keller, F. S. *The Definition of Psychology.* New York: Appleton-Century- Crofts, 1973.

Lashley, K. "The Problem of Serial Order in Behavior." Pp. 112–146 in L. A. Jeffers, ed., *Cerebral Mechanisms in Behavior.* New York: Wiley, 1950.

Mandler, G. "Origins of the Cognitive (R) evolution." *Journal of the History of the Behavioral Sciences* 38 (2002): 339–353.

Miller, G. "The Magical Number Seven, Plus or Minus Two: Some Limits on Our Capacity for Processing Information." *Psychological Review* 63 (1956): 81–97.

Miller, G. A., E. G. Glanter, and K. H. Pribram. *Plans and the Structure of Behavior.* New York: Holt, Rinehart, and Winston, 1960.〔『プランと行動の構造――心理サイバネティクス序説』十島雍蔵ほか訳、誠信書房、1980年〕

Neisser, U. *Cognitive Psychology.* Englewood Cliffs, NJ: Prentice Hall, 1967.

Scoville, W. B., and B. Milner. "Loss of Recent Memory after Bilateral Hippocampal Lesions." *Journal of Neurology and Psychiatry* 20 (1957): 11–21.

Tolman, E. C. "Cognitive Maps in Rats and Men." *Psychological Review* 55 (1948): 189–208.

15章

Baddeley, A. "The Episodic Buffer: A New Component of Working Memory?" *Trends in Cognitive Sciences* 4 (2000): 417–423.

Baddeley, A., and G. J. Hitch. "Working Memory." Pp. 47–89 in T. Bower, ed., *The Psychology of Learning and Motivation,* vol. 8. New York: Academic Press, 1974.

Dickinson, A., and B. W. Balleine. "Motivational Control of Goal-Directed Action." *Animal Learning and Behavior* 22 (1994).

Evans, J. S., and K. E. Stanovich. "Dual-Process Theories of Higher Cognition: Advancing the Debate." *Perspectives on Psychological Science* 8 (2013): 223–241.

Fuster, J. *The Prefrontal Cortex.* New York: Academic Press, 2008.

Goldman-Rakic, P. S. "Circuitry of Primate Prefrontal Cortex and Regulation of Behavior by Representational Memory." Pp. 373–418 in F. Blum, ed., *Handbook of Physiology,* vol. 5: *Higher Functions of the Brain.* Bethesda, MD: American Physiological Society, 1987.

Kahneman, D. *Thinking, Fast and Slow.* New York: Farrar, Straus, and Giroux, 2011.〔『ファスト&スロー――あなたの意思はどのように決まるか？（上・下）』村井章子訳、早川書房、2012年〕

Kihlstrom, J. F. "The Cognitive Unconscious." *Science* 237 (1987): 1445–1452.

Lundqvist, M., J. Rose, M. R. Warden, T. Buschman, E. K. Miller, and P. Herman. "A Hot-Coal Theory of Working Memory." bioRxiv (2021). https://doi.org/10.101/2020.12.30.424833.

Miller, E. K., and J. D. Cohen. "An Integrative Theory of Prefrontal Cortex Function. *Annual Review of Neuroscience* 24 (2001): 167–202.

O'Keefe, J., and L. Nadel. *The Hippocampus as a Cognitive Map.* Oxford, UK: Clarendon Press, 1978.

Squire, L. *Memory and Brain.* New York: Oxford University Press, 1987.

16章

Daw, N. D., Y. Niv, and P. Dayan. "Uncertainty-Based Competition between Prefrontal and

Dorsolateral Striatal Systems for Behavioral Control." *Nature Neuroscience* 8 (2005): 1704–1711.

Dijksterhuis, A., and L. F. Nordgren. "A Theory of Unconscious Thought." *Perspectives on Psychological Science* 1 (2006): 95–109.

Fleming, S. M. *Know Thyself: The Science of Self-Awareness.* New York: Basic Books, 2021.

Johnson-Laird, P. N. *Mental Models: Towards a Cognitive Science of Language, Inference, and Consciousness.* Cambridge, MA: Harvard University Press, 1983. [『メンタルモデル——言語・推論・意識の認知科学』AIUEO 訳、産業図書、1988年]

Kelley, C. M., and L. L. Jacoby. "Adult Egocentrism: Subjective Experience versus Analytic Bases for Judgment." *Journal of Memory and Language* 35 (1996): 157–175.

Koriat, A. "Metacognition and Consciousness." In E. Thompson et al., eds., *The Cambridge Handbook of Consciousness.* Cambridge, UK: Cambridge University Press, 2007.

LeDoux, J. *The Deep History of Ourselves: The Four-Billion- Year Story of How We Got Conscious Brains.* New York: Viking, 2019. [『情動と理性のディープ・ヒストリー』]

LeDoux, J., and N. D. Daw. "Surviving Threats: Neural Circuit and Computational Implications of a New Taxonomy of Defensive Behaviour." *Nature Reviews Neuroscience* 19 (2018): 269–282.

Melloni, L. "Consciousness as Interference in Time: A Commentary on Victor Lamme." Pp. 881–893 in T. Metzinger and J. M. Windt, eds., *Open MIND.* Cambridge, MA: MIT Press, 2015.

Reber, T. P., R. Luechinger, P. Boesiger, and K. Henke. "Unconscious Relational Inference Recruits the Hippocampus." *Journal of Neuroscience* 32 (2012): 6138–6148. PMC6622124.

Seth, A. *Being You: A New Science of Consciousness.* New York: Penguin Random House, 2021. [『なぜ私は私であるのか——神経科学が解き明かした意識の謎』岸本寛史訳、青土社、2022年]

Strick, M., A. Dijksterhuis, M. W. Bos, A. Sjoerdsma, R. B. van Baaren, and L. F. Nordgren. "A Meta-Analysis on Unconscious Thought Effects." *Social Cognition* 29 (2011): 738–762.

17章

Abramson, C. I., and H. Wells. "An Inconvenient Truth: Some Neglected Issues in Invertebrate Learning." *Perspectives on Psychological Science* 41 (2018): 395–416. PMC6701716.

Bennett, M. S. "Five Breakthroughs: A First Approximation of Brain Evolution from Early Bilaterians to Humans." *Frontiers in Neuroanatomy* 15 (2021): 693346. PMC8418099.

Chittka, L. *The Mind of a Bee*. Princeton, NJ: Princeton University Press, 2022. [『ハチは心をもっている—— 1 匹が秘める驚異の知性、そして意識』今西康子訳、みすず書房、2025年]

Clayton, N. S., and A. Dickinson. "Episodic-like Memory during Cache Recovery by Scrub Jays." *Nature* 395 (1998): 272–274.

Clayton, N. S., D. P. Griffiths, N. J. Emery, and A. Dickinson. "Elements of Episodic-like

Memory in Animals." *Philosophical Transactions of the Royal Society London B Biological Sciences* 356（2001）: 1483–1491. PMC1088530.

Giurfa, M. "Social Learning in Insects: A Higher-Order Capacity?" *Frontiers in Behavioral Neuroscience* 6（2012）: 57. PMC3433704.

Godfrey-Smith, P. *Metazoa: Animal Life and the Birth of the Mind.* New York: Farrar, Straus, and Giroux, 2020.［『メタゾアの心身問題――動物の生活と心の誕生』塩﨑香織訳、みすず書房、2023年］

LeDoux, J. *The Deep History of Ourselves: The Four-Billion- Year Story of How We Got Conscious Brains.* New York: Viking, 2019.［『情動と理性のディープ・ヒストリー』］

LeDoux, J. E. "What Emotions Might Be Like in Other Animals." *Current Biology* 31（2021）: R824–R829.

Murray, E. A., S. P. Wise, and K. S. Graham. *The Evolution of Memory Systems: Ancestors, Anatomy, and Adaptations.* Oxford, UK: Oxford University Press, 2017.

Perry, C. J., A. B. Barron, and K. Cheng. "Invertebrate Learning and Cognition: Relating Phenomena to Neural Substrate." *Wiley Interdisciplinary Reviews: Cognitive Science* 4（2013）: 561–582.

Stone, T., B. Webb, A. Adden, N. B. Weddig, A. Honkanen, R. Templin, W. Wcislo, L. Scimeca, E. Warrant, and S. Heinze. "An Anatomically Constrained Model for Path Integration in the Bee Brain." *Current Biology* 27（2017）: 3069–3085, e3011. PMC6196076.

18章

Corballis, M. C. "The Uniqueness of Human Recursive Thinking." *American Scientist* 95（2007）: 240.

Dennett, D. C. *Kinds of Minds: Toward an Understanding of Consciousness.* New York: Basic Books, 1996.［『心はどこにあるのか』土屋俊訳、筑摩書房、2016年］

Hills, T. T., P. M. Todd, and R. L. Goldstone. "Search in External and Internal Spaces: Evidence for Generalized Cognitive Search Processes." *Psychological Science* 19（2008）: 802–808.

Kaas, J. H., H. X. Qi, and I. Stepniewska. "Escaping the Nocturnal Bottleneck, and the Evolution of the Dorsal and Ventral Streams of Visual Processing in Primates." *Philosophical Transactions of the Royal Society London B Biological Sciences* 377（2022）: 20210293. PMC8710890.

Murray, E. A., S. P. Wise, and K. S. Graham. *The Evolution of Memory Systems: Ancestors, Anatomy, and Adaptations.* Oxford, UK: Oxford University Press, 2017.

Penn, D. C., K. J. Holyoak, and D. J. Povinelli. "Darwin's Mistake: Explaining the Discontinuity between Human and Nonhuman Minds." *Behavioral and Brain Sciences* 31（2008）: 109–130; discussion 130–178.

Preuss, T. M. "Evolutionary Specializations of Primate Brain Systems." In M. J. Ravosa and M. Dagosto, eds., *Primate Origins: Adaptations and Evolution.* Boston: Springer, 2007.

Read, D. W. “Working Memory: A Cognitive Limit to Non-Human Primate Recursive Thinking Prior to Hominid Evolution.” *Evolutionary Psychology* 6（2008）: 676–714.

Rudebeck, P. H., and A. Izquierdo. “Foraging with the Frontal Cortex: A Cross-Species Evaluation of Reward-Guided Behavior.” *Neuropsychopharmacology* 47（2022）: 134–146. PMC8617092.

Schacter, D. L., and D. R. Addis. “On the Constructive Episodic Simulation of Past and Future Events.” *Behavioral and Brain Sciences* 30（2007）: 331–332.

Seed, A., and M. Tomasello. “Primate Cognition.” *Topics in Cognitive Science* 2（2010）: 407–419.

Suddendorf, T., J. Redshaw, and A. Bulley. *The Invention of Tomorrow*. New York: Basic Books, 2022.〔『「未来」を発明したサル――記憶と予測の人類史』波多野理彩子訳、早川書房、2024年〕

Zamani, A., R. Carhart-Harris, and K. Christoff. “Prefrontal Contributions to the Stability and Variability of Thought and Conscious Experience.” *Neuropsychopharmacology* 47（2022）: 329–348. PMC8616944.

19章

Balleine, B. W. “The Meaning of Behavior: Discriminating Reflex and Volition in the Brain.” *Neuron* 104（2019）: 47–62.

Bramson, B., D. Folloni, L. Verhagen, B. Hartogsveld, R. B. Mars, I. Toni, and K. Roelofs. “Human Lateral Frontal Pole Contributes to Control over Emotional Approach-Avoidance Actions.” *Journal of Neuroscience* 40（2020）: 2925–2934. PMC7117901.

Burgess, P. W., I. Dumontheil, and S. J. Gilbert. “The Gateway Hypothesis of Rostral Prefrontal Cortex（Area 10）Function.” *Trends in Cognitive Sciences* 11（2007）: 290–298.

Gilboa, A., and H. Marlatte. “Neurobiology of Schemas and Schema-Mediated Memory.” *Trends in Cognitive Sciences* 21（2017）: 618–631.

Jacobsen, C. F. “Studies of Cerebral Function in Primates. I. The Functions of the Frontal Associations Areas in Monkeys.” *Comparative Psychology Monographs* 13（1936）: 3–60.

Kaas, J. H. “The Evolution of Brains from Early Mammals to Humans.” *Wiley Interdisciplinary Reviews: Cognitive Science* 4（2013）: 33–45. PMC3606080.

Mannella, F., M. Mirolli, and G. Baldassarre. “Goal-Directed Behavior and Instrumental Devaluation: A Neural System-Level Computational Model.” *Frontiers in Behavioral Neuroscience* 10（2016）: 181. PMC5067467.

Mansouri, F. A., E. Koechlin, M. G. P. Rosa, and M. J. Buckley. “Managing Competing Goals—A Key Role for the Frontopolar Cortex.” *Nature Reviews Neuroscience* 18（2017）: 645–657.

Miller, E. K., and J. D. Cohen. “An Integrative Theory of Prefrontal Cortex Function.” *Annual Review of Neuroscience* 24（2001）: 167–202.

Miller, E. K., M. Lundqvist, and A. M. Bastos. “Working Memory 2.0.” *Neuron* 100（2018）: 463–475.

Passingham, R. E., J. B. Smaers, and C. C. Sherwood. “Evolutionary Specializations of the Human Prefrontal Cortex.” Pp. 207–226 in J. H. Kaas and T. M. Preuss, eds., *Evolution of Nervous Systems.* New York: Elsevier, 2017.

Postle, B. R. “Working Memory as an Emergent Property of the Mind and Brain.” *Neuroscience* 139 (2006): 23–38. PMC1428794.

Preuss, T. M. “The Human Brain: Rewired and Running Hot.” *Annals of the New York Academy of Sciences* 1225, supp. 1 (2011): E182–191. PMC3103088.

Preuss, T. M., and S. P. Wise. “Evolution of Prefrontal Cortex.” *Neuropsychopharmacology* 47 (2022): 3–19.

Rudebeck, P. H., and A. Izquierdo. “Foraging with the Frontal Cortex: A Cross-Species Evaluation of Reward-Guided Behavior. *Neuropsychopharmacology* 47 (2022): 134–146. PMC8617092.

Schacter, D. L., and D. R. Addis. “On the Constructive Episodic Simulation of Past and Future Events.” *Behavioral and Brain Sciences* 30 (2007): 331–332.

20章

Bruner, J. “Life as Narrative.” *Social Research* 54 (1987): 11–32.

Carnap, R. *The Unity of Science.* London: Kegan Paul, Trench, Trubner, and Co., 1934.

Chalmers, D. *The Conscious Mind.* New York: Oxford University Press, 1996.［『意識する心——脳と精神の根本理論を求めて』林一訳、白揚社、2001年］

Churchland, P. M. *Matter and Consciousness.* Cambridge, MA: MIT Press, 1984.

Lau, H., and M. Michel. “A Socio-Historical Take on the Meta-Problem of Consciousness.” *Journal of Consciousness Studies* 26 (2019): 136–147.

Michel, M., et al. “Opportunities and Challenges for a Maturing Science of Consciousness.” *Nature Human Behaviour* 3 (2019): 104–107. PMC6568255.

Nagel, T. “What Is It Like to Be a Bat?” *Philosophical Review* 83 (1974): 4435–4450.

Seth, A. *Being You: A New Science of Consciousness.* New York: Penguin Random House, 2021.［『なぜ私は私であるのか』］

Tononi, G., and C. Koch. “Consciousness: Here, There and Everywhere?” *Philosophical Transactions of the Royal Society London B Biological Sciences* 370 (2015). PMC4387509.

21章

Baars, B. J. *A Cognitive Theory of Consciousness.* New York: Cambridge University Press, 1988.

Block, N. “Concepts of Consciousness.” Pp. 206–218 in D. Chalmers, ed., *Philosophy of Mind: Classical and Contemporary Readings.* New York: Oxford University Press, 2002.

Brown, R. “The HOROR Theory of Phenomenal Consciousness.” *Philosophical Studies* 172 (2015): 1783–1794.

Brown, R., Lau, H., and J. E. LeDoux. “Understanding the Higher-Order Approach to Consciousness.” *Trends in Cognitive Sciences* 23 (2019): 754–768.

Changeux, J.-P., and L. Naccache. "The Global Neuronal Workspace Model of Conscious Access: From Neuronal Architectures to Clinical Applications." Pp. 55–84 in S. Dehaene and Y. Christen, eds., *Characterizing Consciousness: From Cognition to the Clinic?* Berlin: Springer Berlin Heidelberg, 2011.

Cleeremans, A., D. Achoui, A. Beauny, L. Keuninckx, J. R. Martin, S. Munoz-Moldes, L. Vuillaume, and A. de Heering. "Learning to Be Conscious." *Trends in Cognitive Sciences* 24 (2020): 112–123.

Crick, F., and C. Koch. "The Problem of Consciousness." *Scientific American* 267 (1992): 152–159.

Dehaene, S., H. Lau, and S. Kouider. "What Is Consciousness, and Could Machines Have It?" *Science* 358 (2017): 486–492.

Fleming, S. M. "Awareness as Inference in a Higher-Order State Space." *Neuroscience of Consciousness* 1 (2020). PMC7065713.

Graziano, M. S. A. "Consciousness and the Attention Schema: Why It Has to Be Right." *Cognitive Neuropsychology* 37 (2020): 224–233.

Lau, H. "Consciousness, Metacognition, and Perceptual Reality Monitoring." *PsyArXiv Preprints,* 2019. https://doi.org/10.31234/osf.io/ckbyf.

——. *In Consciousness We Trust: The Cognitive Neuroscience of Subjective Experience.* New York. Oxford University Press, 2022.

Lau, H., and R. Brown. "The Emperor's New Phenomenology? The Empirical Case for Conscious Experience without First-Order Representations." Pp. 171–197 in A. Pautz and D. Stoljar, eds., *Blockheads! Essays on Ned Block's Philosophy of Mind and Consciousness.* Cambridge, MA: MIT Press, 2019.

LeDoux, J. E., M. Michel, and H. Lau. "A Little History Goes a Long Way toward Understanding Why We Study Consciousness the Way We Do Today." *Proceedings of the National Academy of Sciences USA* 117 (2020): 6976– 6984. PMC7132279.

Morales, J., H. Lau, and S. M. Fleming. "Domain-General and Domain-Specific Patterns of Activity Supporting Metacognition in Human Prefrontal Cortex." *Journal of Neuroscience* 38 (2018): 3534–3546. PMC5895040.

Rosenthal, D. M. *Consciousness and Mind.* Oxford, UK: Oxford University Press, 2005.

Rosenthal, D., and J. Weisberg. "Higher-Order Theories of Consciousness." *Scholarpedia* 3 (2008): 4407.

Sergent, C., M. Corazzol, G. Labouret, F. Stockart, M. Wexler, J. R. King, F. Meyniel, and D. Pressnitzer. "Bifurcation in Brain Dynamics Reveals a Signature of Conscious Processing Independent of Report." *Nature Communications* 12 (2021): 1149. PMC7895979.

Shea, N., and C. D. Frith. "The Global Workspace Needs Metacognition." *Trends in Cognitive Sciences* 23 (2019): 560–571.

22章

Brown, R., H. Lau, and J. E. LeDoux. "Understanding the Higher-Order Approach to Consciousness." *Trends in Cognitive Sciences* 23（2019）: 754– 768.

Dijkstra, N., P. Kok, and S. M. Fleming. "Perceptual Reality Monitoring: Neural Mechanisms Dissociating Imagination from Reality." *Neuroscience and Biobehavioral Reviews* 135（2022）: 104557.

Friston, K. J., and C. D. Frith. "Active Inference, Communication and Hermeneutics." *Cortex* 68（2015）: 129–143. PMC4502445.

Lau, H., M. Michel, J. E. LeDoux, and S. M. Fleming. "The Mnemonic Basis of Subjective Experience." *Nature Reviews Psychology* 1（2022）: 479–488. https://doi.org/10.1038/s44159-022-00068-6.

LeDoux, J. *The Deep History of Ourselves: The Four-Billion- Year Story of How We Got Conscious Brains.* New York: Viking, 2019.［『情動と理性のディープ・ヒストリー』］

LeDoux, J. E., and H. Lau. "Seeing Consciousness through the Lens of Memory." *Current Biology* 30（2020）: R1018–R1022.

Michel, M., and J. Morales. "Minority Reports: Consciousness and the Prefrontal Cortex." *Mind and Language* 35（2020）: 493–513.

Odegaard, B., R. T. Knight, and H. Lau. "Should a Few Null Findings Falsify Prefrontal Theories of Conscious Perception?" *Journal of Neuroscience* 37（2017）: 9593–9602. PMC5628405.

Schacter, D., and D. Addis. "Memory and Imagination: Perspectives on Constructive Episodic Simulation." Pp. 111–131 in A. Abraham, ed., *The Cambridge Handbook of the Imagination.* Cambridge, UK: Cambridge University Press, 2020.

Zamani, A., R. Carhart-Harris, and K. Christoff. "Prefrontal Contributions to the Stability and Variability of Thought and Conscious Experience." *Neuropsychopharmacology* 47（2022）: 329–348. PMC8616944.

23章

Buckner, R. L., and D. C. Carroll. "Self-Projection and the Brain." *Trends in Cognitive Sciences* 11（2007）: 49–57.

Conway, M. A. "Episodic Memories." *Neuropsychologia* 47（2009）: 2305–2313.

Dafni-Merom, A., and S. Arzy. "The Radiation of Autonoetic Consciousness in Cognitive Neuroscience: A Functional Neuroanatomy Perspective." *Neuropsychologia* 143（2020）: 107477.

Fleming, S. M., E. J. van der Putten, and N. D. Daw. "Neural Mediators of Changes of Mind about Perceptual Decisions." *Nature Neuroscience* 21（2018）: 617–624. PMC5878683.

Loftus, E. F. "Resolving Legal Questions with Psychological Data." *American Journal of Psychology* 46（1991）: 1046–1048.

Metcalfe, J., and L. K. Son. "Anoetic, Noetic and Autonoetic Metacognition." In M. Beran et al., eds., *The Foundations of Metacognition.* Oxford, UK: Oxford University Press, 2012.

Miyamoto, K., "Identification and Disruption of a Neural Mechanism for Accumulating Prospective Metacognitive Information Prior to Decision-Making." *Neuron* 109 (2021): 1396–1408. PMC8063717.

Schacter, D. *The Seven Sins of Memory.* Boston: Houghton-Mifflin, 2001.

Schacter, D., and D. Addis. "Memory and Imagination: Perspectives on Constructive Episodic Simulation." Pp. 111–131 in A. Abraham, ed., *The Cambridge Handbook of the Imagination.* Cambridge, UK: Cambridge University Press, 2020.

Suddendorf, T., J. Redshaw, and A. Bulley. *The Invention of Tomorrow.* New York: Basic Books, 2022.〔『「未来」を発明したサル』〕

Tulving, E. *Elements of Episodic Memory.* New York: Oxford University Press, 1983.

――. "Episodic Memory and Autonoesis: Uniquely Human?" Pp. 4–56 in H. S. Terrace and J. Metcalfe, eds., *The Missing Link in Cognition.* New York: Oxford University Press, 2005.

――. "The Origin of Autonoesis in Episodic Memory." Pp. 17–34 of H. L. Roediger et al., eds., *The Nature of Remembering: Essays in Honor of Robert G Crowder.* Washington, DC: American Psychological Association, 2001.

Wheeler, M. A., D. T. Stuss, and E. Tulving. "Toward a Theory of Episodic Memory: The Frontal Lobes and Autonoetic Consciousness." *Psychological Bulletin* 121 (1997): 331–354.

24章

Damasio, A. *Descartes's Error: Emotion, Reason, and the Human Brain.* New York: Gosset / Putnam, 1994.〔『デカルトの誤り――情動、理性、人間の脳』田中三彦訳、筑摩書房、2010年〕

Fanselow, M. S., and Z. T. Pennington. "The Danger of LeDoux and Pine's Two-System Framework for Fear." *American Journal of Psychiatry* 174 (2017): 1120–1121.

Festinger, L. *A Theory of Cognitive Dissonance.* Evanston, IL: Row Peterson, 1957.

Fleming, S. M. *Know Thyself: The Science of Self-Awareness.* New York: Basic Books, 2021.

Gallagher, S., and D. Zahavi. "Phenomenological Approaches to Self-Consciousness." In E. N. Zalta, ed., *The Stanford Encyclopedia of Philosophy,* Metaphysics Research Lab, Stanford University, 2021. https://plato.stanford.edu/archives/spr2021/entries /self-consciousness-phenomenological.

Girn, M., and K. Christoff. "Expanding the Scientific Study of Self-Experience with Psychedelics." *Journal of Consciousness Studies* 25 (2019): 131–154.

James, W. *Principles of Psychology.* New York: Holt, 1890.

Klein, S. B. "The Feeling of Personal Ownership of One's Mental States: A Conceptual Argument and Empirical Evidence for an Essential, but Underappreciated, Mechanism of Mind." *Psychology of Consciousness: Theory, Research, and Practice* 2 (2015): 355–376.

Koriat, A. "Metacognition and Consciousness." In E. Thompson et al., eds., *The Cambridge Handbook of Consciousness.* Cambridge, UK: Cambridge University Press, 2007.

Lane, T. "Toward an Explanatory Framework for Mental Ownership." *Phenomenology and the Cognitive Sciences* 11 (2012): 251–286.

Lau, H., M. Michel, J. E. LeDoux, and S. M. Fleming. "The Mnemonic Basis of Subjective Experience." *Nature Reviews Psychology* 1 (2022): 479–488. https://doi.org/10.1038/s44159-022-00068-6.

LeCun, Y., Y. Bengio, and G. Hinton. "Deep Learning." *Nature* 521 (2015): 436–444.

LeDoux, J. E. "Coming to Terms with Fear." *Proceedings of the National Academy of Sciences USA* 111 (2014): 2871–2878.

——. "Rethinking the Emotional Brain." *Neuron* 73 (2012): 653–676.

LeDoux, J. E., and H. Lau. "Seeing Consciousness through the Lens of Memory." *Current Biology* 30 (2020): R1018–R1022.

Mangan, B. "The Conscious 'Fringe': Bringing William James Up to Date." Pp. 741–759 in B. J. Baars et al., eds., *Essential Sources in the Scientific Study of Consciousness.* Cambridge, MA: MIT Press, 2003.

Metcalfe, J., and L. K. Son. "Anoetic, Noetic and Autonoetic Metacognition." In M. Beran et al., eds., *The Foundations of Metacognition.* Oxford, UK: Oxford University Press, 2012.

Reber, A. S. "Implicit Learning and Tacit Knowledge." *Journal of Experimental Psychology: General* 118 (1989): 219–235.

Tulving, E. "Episodic Memory and Autonoesis: Uniquely Human?" Pp. 4–56 in H. S. Terrace and J. Metcalfe, eds., *The Missing Link in Cognition.* New York: Oxford University Press, 2005.

——. "The Origin of Autonoesis in Episodic Memory." Pp. 17–34 in H. L. Roediger et al., eds., *The Nature of Remembering: Essays in Honor of Robert G Crowder.* Washington, DC: American Psychological Association, 2001.

Vandekerckhove, M., and J. Panksepp. "A Neurocognitive Theory of Higher Mental Emergence: From Anoetic Affective Experiences to Noetic Knowledge and Autonoetic Awareness." *Neuroscience and Biobehavioral Reviews* 35 (2011): 2017–2025.

Winkielman, P., M. Ziembowicz, and A. Nowak. "The Coherent and Fluent Mind: How Unified Consciousness Is Constructed from Cross-Modal Inputs via Integrated Processing Experiences." *Frontiers in Psychology* 6 (2015): 83. PMC4327174.

Zamani, A., R. Carhart-Harris, and K. Christoff. "Prefrontal Contributions to the Stability and Variability of Thought and Conscious Experience." *Neuropsychopharmacology* 47 (2022) : 329–348. PMC8616944.

25章

Birch, J., A. K. Schnell, and N. S. Clayton. "Dimensions of Animal Consciousness." *Trends in Cognitive Sciences* 24 (2020): 789–801. PMC7116194.

Birch, J., et al. "How Should We Study Animal Consciousness Scientifically?" *Journal of Consciousness Studies* 29 (2022): 8–28.

Browning, H., and J. Birch. "Animal Sentience." *Philosophical Compass* 17 (2022): e12822. PMC9285591.

Chittka, L. *The Mind of a Bee.* Princeton, NJ: Princeton University Press, 2022.［『ハチは心

をもっている』〕

Crump, A., and J. Birch. "Separating Conscious and Unconscious Perception in Animals." *Learning & Behavior* 49 (2021): 347–348.

Dennett, D. C. *Consciousness Explained.* Boston: Little, Brown, 1991. 〔『解明される意識』山口泰司訳、青土社、1998年〕

Gazzaniga, M. S. *The Consciousness Instinct: Unraveling the Mystery of How the Brain Makes the Mind.* New York: Farrar, Straus, and Giroux, 2018.

Kennedy, J. S. *The New Anthropomorphism.* New York: Cambridge University Press, 1992.

Key, B. "Fish Do Not Feel Pain and Its Implications for Understanding Phenomenal Consciousness." *Biology and Philosophy* 30 (2015): 149–165. PMC4356734.

Knoll, E. "Dogs, Darwinism, and English Sensibilities." Pp. 12–21 in R. W. Mitchell et al., eds., *Anthropomorphism, Anecdotes, and Animals.* Albany: State University of New York Press, 1997.

LeDoux, J. E. "As Soon as There Was Life, There Was Danger: The Deep History of Survival Behaviours and the Shallower History of Consciousness." *Philosophical Transactions of the Royal Society London B Biological Sciences* 377 (2022): 20210292. PMC8710881.

——. "What Emotions Might Be Like in Other Animals." *Current Biology* 31 (2021): R824–R829.

Lewis, M. *The Rise of Consciousness and the Development of Emotional Life.* New York: Guilford Press, 2014.

Merker, B. "Consciousness without a Cerebral Cortex: A Challenge for Neuroscience and Medicine." *Behavioral Brain Science* 30 (2007): 63–81, 81–134.

26章

Baddeley, A. D., R. J. Allen, and G. J. Hitch. "Binding in Visual Working Memory: The Role of the Episodic Buffer." *Neuropsychologia* 49 (2011): 1393–1400.

Barthes, R. "The Death of the Author." In Richard Howard, trans., *The Rustle of Language.* Berkeley: University of California Press, 1986.

Bayne, T. "On the Axiomatic Foundations of the Integrated Information Theory of Consciousness." *Neuroscience of Consciousness* (June 29, 2018): niy007. PMC6030813.

Bruner J. "Life as Narrative." *Social Research* 54 (1987): 11–32.

——. "The 'Remembered' Self." Pp. 41–54 in R. Fivush and U. Neisser, eds., *The Remembering Self: Construction and Accuracy in the Self-Narrative.* Cambridge, UK: Cambridge University Press, 1994.

Campbell, D. T. " 'Downward Causation' in Hierarchically Organized Biological Systems." Pp. 176–186 in F. Ayala et al., ed., *Studies in the Philosophy of Biology: Reduction and Related Problems.* London: Macmillan, 1974.

Caruso, G. *Free Will and Consciousness.* Lanham, MD: Lexington Books, 2012.

Dennett, D. C. *Consciousness Explained.* Boston: Little, Brown, 1991. 〔『解明される意識』〕

Dennett, D. C., and G. D. Caruso. *Just Deserts: Debating Free Will.* Medford, MA: Polity Press, 2021.〔『自由意志対話――自由・責任・報い』木島泰三訳、青土社、2022年〕

Einstein, G., and O. Flanagan. "Sexual Identities and Narratives of Self." Pp. 209–231 in G. D. Fireman et al., eds., *Narrative and Consciousness: Literature, Psychology and the Brain.* New York: Oxford University Press, 2003.

Fodor, J. *The Language of Thought.* Cambridge, MA: Harvard University Press, 1975.

Frankland, S. M., and J. D. Greene. "Concepts and Compositionality: In Search of the Brain's Language of Thought." *Annual Review of Psychology* 71（2020）: 273–303.

Gazzaniga, M. S. *Who's in Charge? Free Will and the Science of the Brain.* New York: Harper Collins, 2012.〔『〈わたし〉はどこにあるのか――ガザニガ脳科学講義』藤井留美訳、紀伊國屋書店、2014年〕

Gottschall, J. *The Storytelling Animal: How Stories Make Us Human.* New York: Houghton Mifflin Harcourt, 2013.〔『ストーリーが世界を滅ぼす――物語があなたの脳を操作する』月谷真紀訳、東洋経済新報社、2022年〕

Lotka, A. J. *Elements of Physical Biology.* Baltimore, MD: Williams and Wilkins, 1925.

Nisbett, R. E., and T. D. Wilson. "Telling More Than We Can Know: Verbal Reports on Mental Processes." *Psychological Review* 84（1977）: 231–259.

Quilty-Dunn, J., N. Porot, and E. Mandelbaum. "The Best Game in Town: The Re-Emergence of the Language of Thought Hypothesis across the Cognitive Sciences." *Behavioral and Brain Sciences*（December 6, 2022）: 1–55.

Rescorla, M. "The Language of Thought Hypothesis." In E. N. Zalta, ed., *The Stanford Encyclopedia of Philosophy,* Metaphysics Research Lab, Stanford University, 2019. https://plato.stanford.edu/archives/sum2019/entries/language-thought, accessed April 11, 2022.

Rolls, E. T. "Emotion, Higher-Order Syntactic Thoughts, and Consciousness." Pp. 131–167 in L. Weiskrantz and M. Davies, eds., *Frontiers of Consciousness: Chichele Lectures.* Oxford, UK: Oxford University Press, 2008.

Schneider, S. *The Language of Thought: A New Direction.* Cambridge, MA: MIT Press, 2011.

Searle, J. R. "Minds, Brains, and Programs." *Behavioral and Brain Sciences* 3（1980）: 417–424.

Vygotsky, L. S. *Thinking and Speech: The Collected Works of Lev Vygotsky,* vol. 1. 1934; New York: Plenum, 1987.〔『思考と言語（新訳版）』柴田義松訳、新読書社、2001年〕

Wearing, D. *Forever Today: A Memoir of Love and Amnesia.* London: Doubleday, 2005.〔『七秒しか記憶がもたない男――脳損傷から奇跡の回復を遂げるまで』匝瑳玲子訳、ランダムハウス講談社、2009年〕